AF534430

Ingrid Gräfin zu Solms-Wildenfels

Schweigen ist Silber

Zeitreise einer Frau in Reden

Angelika Lenz Verlag

www.lenz-verlag.de

Originalausgabe
© 2023 by Angelika Lenz Verlag
Ortrun E. Lenz M.A.
Beethovenstraße 96 | 63263 Neu-Isenburg
Coverbild: Wonge Bergmann
Druck: Druckerei Siefert GmbH | Frankfurt/Main
Printed in Germany
ISBN 978-3-943624-85-4

Wenn du die Welt verbessern willst,
so versuche es, bevor du sie verlässt!
Wer Zukunft gestalten will,
muss heute beginnen.

INHALT

ISRAEL

STEUBEN-SCHURZ-GESELLSCHAFT

INGRID ZU SOLMS STIFTUNG

FRAUEN IM GESPRÄCH

Einleitung

Eigentlich bin ich aus Versehen zur Rednerin geworden. Oder als Ersatzfrau. Wie die meisten Dinge in meinem Leben nicht geplant passiert sind – sonst wären sie vielleicht besser, zumindest anders abgelaufen.

Ich wurde an einem Tag im Jahr 1976 in dem Seniorenwohnstift, in dem ich als niedergelassene Internistin und Psychotherapeutin eine offene Praxis hatte, gebeten, in deren „Herrentreff" einen Vortrag über Stress zu halten, da den Herren der Redner plötzlich abhanden gekommen war.

In diesem Seniorenstift war ich als Stiftsärztin von 1973–98 für die medizinischen Belange des Hauses und dessen Bewohner (auf deren Wunsch) allein verantwortlich, gleichzeitig hatte ich eine offene Praxis, die für den ganzen Ort zugänglich war. Dabei kam es zu dieser ersten Rede, in der ich meine Zuhörer wie folgt ansprach:

Zunächst möchte ich mich bei Ihnen, Herr Kranenberg, als Vorsitzendem des Herrentreffs, für die ehrenvolle Einladung zu diesem Vortrag bedanken. Sie baten mich ursprünglich, über „Stress bei Managern" zu reden mit dem vorsichtigen Hinweis: an sich ein Männerthema! Ihnen war der ursprünglich gebetene männliche Redner plötzlich abhanden gekommen. Ich war als Notbehelf gefragt, mit der vorsichtigen Anfrage, ob ich zu so einem „Männerthema" überhaupt reden könne. Das hat in mir spontan Regungen wachgerufen, die ich zuvor gar nicht in mir selbst vermutet hatte! Denn Sie bezweifelten offensichtlich, dass Frauen über ein „Männerthema" reden können. Denn es war offensichtlich, dass für Sie Manager männlich sind. Oder bezweifelten Sie gar, dass Frauen überhaupt Stress haben, oder etwa, dass Frauen Reden halten können?

Gleichzeitig ist Ihre Einladung meiner Person in diesen Herrenclub bei den weiblichen Bewohnern des Wohnstifts bekannt geworden. Sie, liebe Frau Schleussner, kamen daraufhin aufgebracht mit den Worten zu mir in die Praxis: WAS haben Sie mit den Herren im Club zu reden, was wir Frauen nicht hören dürfen? Beides hat mich in meinem Gedanken bestärkt, dass ich nicht in einem Herrenclub, in dem Frauen nicht zugelassen sind, über ein Thema sprechen kann, welches nicht nur Männer, sondern auch Frauen angeht: Stress. So sind wir heute hier, nicht mehr nur im Herrenclub, sondern im Theatersaal, und ich spreche zu dem Thema: Seelische Entspannung als Gesundheitsprophylaxe unter besonderer Berücksichtigung der Stress-Situation bei Managern – auch bei weiblichen! Herzlich willkommen!

Ich hatte damals keine Ahnung, was diese Anfrage alles für mich und in mir bewegen sollte. Frauenrechte, Reden, Öffentliches Leben – absolut fremd. Diese erste Rede wurde jetzt also im Theatersaal des Wohnstifts Augustinum gehalten, welcher nicht nur den Bewohnern, sondern der gesamten Öffentlichkeit zugänglich war. 300 Plätze, der Saal war voll – was für die Rednerin bei der ersten Rede ihres Lebens eine gewisse psychische Belastung darstellte. Aber die Rede kann nicht ganz schlecht gewesen sein, denn hinterher kam eine Dame zu mir, die sich als Leiterin des Deutschen Katholischen Akademikerinnenverbands vorstellte und mich bat, diese Rede in ihrem Verband nochmals zu halten. Das war dann der echte Startschuss – denn für diesen Verband bin ich, eine geschiedene Protestantin, redend mehrmals in Deutschland unterwegs gewesen, bis hinauf nach Münster. Gleichzeitig wurde ich, zu demselben Zweck und denselben Themen, auch vom Deutschen Staatsbürgerinnenverband entdeckt.

Die für mich persönlich schönste Entdeckung geschah aber durch Gerd Iben! Er war Professor für Soziologie an der Universität Frankfurt. Aber zuvor war er ein Schulfreund am Ernst-Ludwig-Gymnasium in Bad Nauheim bis zur Obersekunda gewesen; dann trennten sich unsere Wege, bis wir uns bei einem Altschülertreffen wiedersahen. Beim Essen zufällig nebeneinandersitzend erzählten wir uns unsere Tätigkeiten: ich hauptsächlich geriatrisch tätig, er gerade mit der Gründung eines Vereins mit Namen „Universität des 3. Lebensalters" in Frankfurt beschäftigt. Das passte! Er holte mich in den Wissenschaftlichen Beirat der Uni III in Frankfurt und in eine aufregende Gründungszeit. Da es anfänglich an Finanzen und Genehmigungen haperte, konnten wir uns kaum Professoren aus der Frankfurter Universität leisten und mussten selbst einspringen. So fand ich mich als Vortragende im großen Hörsaal der Universität wieder, an der ich selbst studiert hatte, nun über Psychosomatik und Psychotherapie im Alter redend. Dies hat nicht nur mein rednerisches Selbstbewusstsein fraglos gestärkt! Dem Beirat der Uni III war ich in den kommenden 20 Jahren verbunden.

Ich wurde nun auch zu Veröffentlichungen in Fachzeitschriften gebeten, denn mit der Kombination Innere Medizin/Geriatrie und Psychotherapie war ich in den 1980er Jahren ein Ausnahmemodell. Alte hatten damals einen ähnlichen Stellenwert wie Kinder und litten noch stärker als heute immer noch (!) unter festgezurrten Vorverurteilungen. Psychotherapie galt für alte Patienten als unnötig, da sie möglicherweise keine Lebenszeit für eine Besserung ihrer Beschwerden zur Verfügung haben könnten. Außerdem wurde Alten eine für Verhaltensänderungen zu rigide Persönlichkeitsstruktur automatisch unterstellt.

Die Themen für meine Auftraggeber wurden vielfältiger, drehten sich aber immer um Gesundheit und Alter. Sie wurden zumeist vom Akademikerinnenverband vorgegeben oder angeregt. Eine Rede sollte das Thema haben: „Sexualität im Alter"; ob ich dazu etwas sagen könne? Ich war verblüfft! Dazu sollte die Rede in einem Ordenshaus abgehalten werden. Ich erbat Bedenkzeit. Dann habe ich doch recht schnell zugesagt, denn dies erschien mir in der Mitte der 80er Jahre eine Herausforderung, und eine solche nahm ich auch damals schon gern an!

Die Rede ist mir nicht nur wegen des vorgegebenen Themas in Erinnerung geblieben, sondern durch die Frage einer Ordensfrau in der Diskussionsrunde, was ich von Masturbation hielte. Damit hatte ich nicht gerechnet, aber es hat mir manches erklärt.

Es war das Ende meiner Reden für die beiden Verbände, aber der Startschuss für eine Zusammenfassung aller Reden als Buch „Aktiv und selbstbewusst", Programm für ein gesundes Altern. Herausgegeben 1987 beim Umschau-Verlag, Frankfurt, brachte ein Banner über der Straße bei der Buchmesse Aufmerksamkeit bis in die Medien.

Die Herausgabe des Buches war auch eine Story für sich. Ich hatte das Manuskript (Schreibmaschine!) am Küchentisch meines Lebensgefährten fertig geschrieben, während er kochte. Jetzt musste ein Verlag her! Blauäugig schrieb ich die ersten großen Verlage an – Absage oder gar keine Antwort! Nun versuchte ich es im Freundeskreis. Ich bekam bei einer Freundeseinladung vom Verleger des Umschau-Verlags eine Absage: „Wir verlegen keine Bücher mit medizinischem Hintergrund." Die ganze Arbeit vergebens? Noch einmal einen letzten Versuch bei jenem Umschau-Verlag, denn der Verleger hatte ja das Manuskript nie gelesen. Ich telefonierte, um vom Portier zu hören: „Der Verleger ist in einer Konferenz, wie kann ich weiterhelfen?" Ich: „Ich möchte ein Manuskript vorstellen." „Einen Moment, ich verbinde mit dem Lektor." Mit einem Lektor hatte ich bisher noch nie zu tun gehabt! Dieser war gerade aus dem Urlaub zurück und sagte den glücksbringenden Satz: „Mein Schreibtisch ist noch leer, wenn Sie das Manuskript bringen, hören Sie in zwei Tagen von mir!" Schneller war ich noch nie unterwegs und warf es beim Por-

tier ab. Der Lektor rief bereits am nächsten Tag an: „Wenn Sie einen Vertrag wollen, dann kommen Sie vorbei!“

Ich bin vor Freude im Quadrat gesprungen! Quintessenz: Frag den Chef nur nach Chefsachen! Dieses Buch wurde durch den Umschau-Verlag bei der Buchmesse 1987 vorgestellt und machte mich in meinem Umkreis bekannter, als ich vorher war; indirekt führte es mich eines Tages als Begleiterin meiner Schulfreundin Christa Weber-Schwarz zu einem Vortrag in einen Zonta-Club. Die Schulfreundin wollte aus beruflichen Gründen dort gemeinsam mit einer Autorin (!) Flagge zeigen, ich hatte an dem Abend nichts Interessantes vor und ging halt mit. Wir wollten nach einer Stunde wieder gehen, um noch etwas zu quatschen – blieben aber bis Mitternacht! Wir hatten beide Lunte gerochen: Zonta International, eine weltweite Service-Organisation berufstätiger Frauen in Führungspositionen (decision maker!) mit dem Alleinstellungsmerkmal, sich für die Rechte der Frau einzusetzen – davon wussten wir zuvor nichts. Umsetzung von Rechten, die in den meisten Ländern zwar gesetzlich verankert, aber mangelhaft umgesetzt waren! Beide stiegen wir in das Thema voll ein. Aus diesem

Abend sind zwei neue Zonta Clubs entstanden, denn sie gründete Bad-Nauheim/Friedberg und ich Bad-Soden-Kronberg.

Auf meinem neuen Lebensweg „Zontian" habe ich dann eine gewisse Karriere gemacht. Zonta International, 1919 in Buffalo/NY,USA, gegründet, gliedert sich in Clubs, die sich in Areas von circa 20–30 Clubs zusammenschließen; diese wiederum gehören zu viert bis fünft jeweils in einen District mit einer District-Governor, welche an den Vorstand in Chicago berichtet. Dieser Vorstand, Board of Directors, ist die Geschäftsführung, an deren Spitze eine Internationale Präsidentin steht. Alle Positionen sind jeweils nur auf zwei Jahre besetzbar, Verlängerung unmöglich. Ich wurde nach der Gründung des ZC Bad-Soden-Kronberg zunächst Vice-Area Director und 1992 Area Director für ganz Deutschland (WEST!). Es war die Area 02 des Distrikts 14, der weltweit größten Area, mit über 50 Clubs größer als jeder andere District von Zonta International, und „denen in Chicago" daher ein Dorn im Auge, denn man liebte es nicht, wenn man aus der Reihe tanzte.

Schließlich wurde ich eine der International Directors, die zweite Deutsche in 75 Jahren damaligen Bestehens und nun Zonta-Rednerin! Während dieser Zeit hatte ich mich aber bereits für Frauenfragen wachgerüttelt, denn ich hatte mich gleichzeitig für den Deutschen Ärztinnenbund engagiert, führte die Gruppe Frankfurt und redete auch dort, bis circa Mitte der 1990er Jahre. Kaum war meine Zonta-Zeit vorbei (man kann bei Zonta in eine Position nicht wiedergewählt werden), wurde ich gefragt, in den Deutschen Freundes- und Förderkreis des Herzog Hospitals in Jerusalem einzutreten. Redend bis 2006!

Fragen Sie jetzt nicht nach meinen anfänglichen Reden. Da sie medizinischen Inhalt hatten, auch die, welche ich für den Deutschen Staatsbürgerinnenverband, für die Universität des 3. Lebensalters, ja, selbst die meisten, die ich für den Berufsverband Deutscher Ärztinnenbund hielt, außer einer, sind nach diesen vielen Jahren absolut uninteressant geworden, denn die Medizin hat sich in dieser Zeit sehr verändert, enorme Fortschritte gemacht. Es ist kaum mehr lesenswert.

2005 wurde ich zur Präsidentin der Steuben Schurz Gesellschaft, älteste deutschamerikanische Freundschaftsorganisation in der Bundesrepublik Deutschland, gewählt, der ich bis 2019 während 14 Jahren als solche vorstand – wieder redend. Hier drehten sich meine Themen um das allgemein Gesellschaftspolitische.

Die gesellschaftspolitischen Themen sind durch den Zeitenlauf mittlerweile interessant, da sie entweder eine enorme Wandlung erfahren haben oder immer noch auf diese warten.

Ich führe Sie daher jetzt zu Beginn in den Taunus, zur Gründung des Zonta Clubs Bad-Soden-Kronberg, Club 1179 von Zonta International, denn damit fing alles erst so richtig an. Zonta International (verkürzt: Zonta oder ZI) hat mich sehr geprägt. Diese Tätigkeit hat mir auch das Rüstzeug zur Führung anderer Vereine mitgegeben, scherzeshalber habe ich einmal gesagt: Zonta ist die große Löwennummer – wer hier durchkommt, kann in jeden Zirkus! Vor allem hat es mir erstmals die Augen für die damals aktuelle Situation der Frauen geöffnet – und ich habe redend darauf reagiert. Am Anfang war ich in der Wortwahl gemäßigt, gegen Ende habe ich mir auch erlaubt, meinen Geschlechtsgenossinnen den Spiegel vorzuhalten. Es ist nicht überall richtig verstanden worden. Zu einer leidenschaftlichen Verteidigerin der Frauenrechte bin ich allerdings erst durch meine Stiftung geworden, durch Lebensläufe, die mir von Preisträgerinnen erzählt wurden, und die ich teilweise miterlebt habe.

Aber zurück zum Anfang: Wir hatten viele Vorbereitungen für die Clubgründung getroffen, Stadt- und Zonta-Honoratioren bereits eingeladen – aber es fehlte immer noch an der Hauptsache: der Festrednerin! Es musste einfach eine außergewöhnliche Frau her! Bloß wer? Da hörte ich, dass Hannelore Kohl für ihre Stiftung „Kuratorium ZNS" gelegentlich Reden hält, und zwar gute! Sie war ja überhaupt eine der verkanntesten Personen ihrer Zeit, denn sie war schlagfertig, sprachgewandt, witzig, gebildet, interessiert und überhaupt kein Hausfrauenpüppchen.

Wie kommt man an die Frau des Bundeskanzlers heran? Ein Problem, denn Briefe landen meist im Papierkorb des Vorzimmers. Da hörte ich, sie sollte mit ihrem Mann, dem Bundeskanzler, an einer USO-Veranstaltung (United Services Organisation) in der Höchster Festhalle in Frankfurt teilnehmen. Nun wurde ich tätig! Viele Menschen aus der Frankfurter Politik bestätigten mir auf meine Frage, dass sie sie kennen; ob sie mich auch mit ihr bei diesem Anlass bekannt machen würden: natürlich, aber gern ... Ich war glücklich. Über meine einfache Mitgliedschaft bei der Steuben-Schurz-Gesellschaft bekam ich sogar eine Einladung und, oh Wunder, sogar einen Platz am Nebentisch von Frau Kohl. Dort saßen auch zwei der Personen, die mir ihre Hilfe zugesagt hatten; leider kannten sie mich an dem Abend aber gar nicht, erinnerten sich schon gar nicht ihrer Zusage! Der Abend neigte sich dem Ende zu, alles Lächeln, alle Gebärden hatten nichts geholfen; Fau Kohl stand auf, um sich von zwei anderen Damen stehend zu verabschieden. Ich stand auch auf und stellte mich direkt hinter sie, so nah, dass sie sich umdrehen musste, und ich sagen konnte: Frau Kohl, ich muss das so machen, denn sonst komme ich nicht an Sie ran, und ich will Sie zu einer Rede einladen! Sie sah mich überhaupt nicht an, sondern strikt an mir vorbei, als sie spitz fragte: „Rede?" „Ja, wir werden als Zonta Club neu gegründet und brauchen eine Festrednerin." Sie, eher ärgerlich: „WAS ist DAS?" Ich: „Zonta ist für Frauen, was Rotary für Männer ist!" Daraufhin sah sie mich das erste Mal an: „Das gibt es?" „Ja, und wir wollen viel erreichen!" Darauf sagte sie: „Schreiben Sie an mein Büro." Ich: „Darf ich Ihnen den Brief gleich mitgeben?" Sie: „Natürlich, das haben Sie bereits alles fertig! Geben Sie her. Sie hören von mir."

Eine Woche später kam die Zusage aus ihrem Büro. Sie kam, hielt eine hinreißende Rede und fand selbst Gefallen an Zonta, wurde

IzS mit Hannelore Kohl inoffiziell

schließlich selbst Zontian in Ludwigshafen. Es begann auch eine jahrelange gute Verbindung zwischen ihr und mir, welche auf der gleichen Sicht der Frauenfragen basierte; ich wurde zu Kanzlerfesten eingeladen und durfte sie mehrere Male zu Bällen/Veranstaltungen begleiten, auf denen sie für ihre Stiftung sammelte; es war eine Zeit, die mit zu den besten Zeiten meines Lebens gehört. Als ich beim Friseur sitzend im Radio von ihrem Tod hörte, habe ich bitterlich geweint.

IzS mit Hannelore Kohl offiziell

Beginn einer Zonta-Zeit mit Hannelore Kohl

Charterfeier des Zonta-Club Bad-Soden-Kronberg Am 30. April 1988 in der Trinkhalle Bad-Soden

Anwesend alle Clubmitglieder
District Governor, Area-Direktorin, Mitglieder anderer Zonta Clubs .
Mitglieder des Zonta Clubs Bad-Homburg v.d.H.
als Patenschafts-Club

Die Bürgermeister von Bad-Soden und von Kronberg, Vertreter von Rotary International, Lions International, Soroptimist International. Als Festrednerin Frau Hannelore Kohl, Präsidentin des „Kuratoriums ZNS, Hilfe für Unfallverletzte Hirngeschädigte".

Im Namen der Mitglieder des ZC Bad-Soden-Kronberg habe ich das große Vergnügen und die Ehre, Sie alle sehr herzlich begrüßen zu dürfen. Wir ständen heute nicht hier ohne die Initiative des ZC Bad Homburg, dem wir unsere Gründung verdanken, da sie die Patenschaft über uns übernommen haben. Daher möchte ich den Damen aus Bad Homburg noch einmal für ihr eindrucksvolles Engagement danken, aus uns richtige Zontians zu machen! Es ist sicherlich nicht immer leicht gewesen. Sie haben es sich auch nicht leicht gemacht, damit alles mit rechten Dingen zuging! So haben Sie, liebe Frau Rodermund, mich sogar in meiner Praxis besucht, um sich ein Bild über die Art meiner Tätigkeit zu machen! Die Position einer leitenden Bankdirektorin musste auch hinterfragt werden, auch diese hielt Ihren Anfragen stand! Und sollte am Anfang eine von uns einmal Zweifel an der Sache gehabt haben, dann war es ein Satz von Ursel Rodermund, der immer wieder begeisterte. Ich erinnere gern an diesen Satz: „Was du für Zonta tust, tust du für dich!"

Dieser Club wurde am 22. Mai 1987 offiziell gegründet und unter der Nr. 1179 in die Urkundenrolle in Chicago eingetragen; heute erhalten wir die Charterurkunde feierlich überreicht! Die Gelegenheit möchte ich nutzen, um weiter aus dem Nähkästchen zu plaudern und berichten, dass wir uns nur 9 Monate davor, nämlich am 28. August 1986, das erste Mal getroffen haben. Wir waren damals 7 Frauen, von denen sich kaum zwei persönlich näher kannten! Beim 2. Treffen waren wir bereits 12, am 16. Dezember 1986 bereits 20 Frauen. So ging es weiter bis heute: 32 Frauen. Wir, die wir vor 1986 gar nicht wussten, was Zonta war (hieß es doch erst: Wie, Sie gründen einen Sonntag-Club?), oder dass es solch weibliche Serviceclubs überhaupt gab, wir sogen die Idee auf wie ein trockner Schwamm das Wasser – und wir gaben sie weiter! So ist in fast einem Jahr ein Club entstanden, der große aktive Hilfsbereitschaft ausstrahlte! Nicht, indem die Mitglieder Geld oder einen Scheck zückten, um sich anschließend befriedigt zurückzulehnen, sondern einzig und allein durch Taten! Besonders natürlich durch Arbeit auf Veranstaltungen oder Märkten – sozusagen als Marketenderinnen für eine gute Sache. In dieser Zeit wurde bereits von voll berufstätigen Frauen in verantwortlichen Positionen nebenbei und an Feierabenden Hunderte von Arbeitsstunden geleistet, um anderen zu helfen, denen es schlechter geht als uns. Ich möchte die Gelegenheit nutzen, um meinen Clubschwestern dafür heute hier zu danken! Wir werden so weitermachen! Bevor ich nun an die offiziellen Vertreterinnen und danach an unsere Festrednerin Hannelore Kohl weitergebe, möchte ich ein Letztes sagen:

Wir sind froh darüber, würdig empfunden worden zu sein, um nun offiziell in die Zonta-Familie aufgenommen zu werden! Wir freuen uns darauf, andere Zontians persönlich kennenzulernen, Kontakte zu knüpfen, Anschluss zu finden und uns in den Dienst stellen zu können des wichtigen Gedankenguts von Zonta International für die berufstätigen Frauen und deren Rechte weltweit. Herzlichen Dank!

Anlässlich dieser Charterfeier wurde mir übrigens erstmals typisch männliches Gebaren klar. Der Saal füllte sich, alle wurden gebeten, Platz zu nehmen; ich wartete am Eingang auf den Ehrengast, aber alle anwesenden Herren der CDU Stadtverwaltung wollten nicht von meiner Seite weichen; sie wollten mit der Festrednerin gemeinsam in den Saal nach vorne gehen, um zu zeigen, dass sie mit der Veranstaltung/Einladung des Ehrengastes zu tun hatten – was ja nicht stimmte. Dies schnell erkennend, habe ich den Herren klar gemacht, dass sie Platz nehmen müssen, damit ich alleine mit Frau Kohl hereingehen konnte, sonst würden wir hier stehen bleiben bis zum jüngsten Tag!. Gesagt – getan – gelernt!

Es ist nur eine kleine Begebenheit, aber sie zeigte mir, dass und wie Männer auch solche kleinen Begebenheiten benutzen, um sich darzustellen.

Meine kleine Zonta-Karriere nahm schnell Fahrt auf. Bereits 1990 wurde ich zur Vize-Area-Direktorin der Area 02 District 14 von Zonta International (ZI) gewählt, dies relativ problemlos. Das konnte man von der Wahl zur Areadirektorin allerdings nicht sagen. Damals war es üblich, dass die Vizeareadirektorin die Geschäfte der Area als Areadirektorin weiterführte. Es gab zwar eine Wahl, aber zur Wahl kaum Gegenkandidaturen. Nicht so 1992 in Hamburg! Der älteste ZC Deutschlands richtete die Wahl mit Empfang im Überseeclub sehr gekonnt aus. Trotzdem war meine Stimmung miserabel. Eine „Freundin", mit der ich ein paar Monate zuvor nach einer Zonta-Konferenz noch privat nach San Franzisco geflogen war, hatte ihre Kandidatur angesagt, ohne mir davon zu erzählen! Sie kandidierte und noch zwei andere Zontians. Dies geschah, da manche Clubs die Leitung der Area Deutschland nicht gern einer Frau übergeben wollten, die erst seit fünf Jahren Mitglied von Zonta war. Dies zu verhindern war der gedankliche Hintergrund dieser Kandidaturen. So weit, so gut. Am Vortag der Wahl kam selbige Freundin aber zu mir, um mir zu sagen, sie habe sich bei den Anwesenden umgehört und festgestellt, dass sie mehr Stimmen bekäme als ich, und es wäre im Sinne aller besser, ich zöge meine Kandidatur zurück. Ich habe es nicht gemacht und erhielt auch die meisten Stimmen – aber es hat mir insgesamt gezeigt, wohin ich ging.

Die Zeit als Areadirektorin war dann tatsächlich turbulenter als üblich, denn die Umstrukturierung in Europa stand an, vor allem die Teilung der Area Deutschland als der größten der Organisation. ZI hatte dies bereits zwei Jahre vorher erfolglos erbeten. Die Antwort der deutschen Zontians war: Wir sind als Land lange genug geteilt gewesen, nach der Wiedervereinigung gibt es keine Teilung unseres Frauenclubs. In diesem Fall hatte Zonta International aber recht. Denn satzungsgemäß musste eine Areadirektorin jeden Club der Area mindestens einmal im Jahr besuchen, um nach dem Rechten zu schauen. Das wurde für eine voll berufstätige ehrenamtlich arbeitende Areadirektorin unmöglich. Denn die Clubs tagten ja nie am Wochenende und lagen anfangs meiner Zeit zwischen Garmisch und Lübeck, zwischen Wiesbaden und Berlin. Wenn es mir gelang, die Teilung durchzusetzen, dann aus drei Gründen: Erstens sagte ich offen, dass die Arbeit einer

Areadirektorin (AD) unter den herrschenden Bedingungen nicht ausführbar war, vor allem wenn die Zahl der Clubs weiter steigen sollte; zweitens machte ich klar, dass man Europa in vier Distrikte teilen würde; eine gleich große Teilung in vier deutsche Areas brächte die Chance, in allen vier Distrikten präsent und auch wählbar (!) zu sein; drittens bot ich eine Möglichkeit des weiteren Zusammenseins unter deutscher Zunge an: die Gründung der Union deutscher Zontaclubs! Denn ich konnte nachweisen, dass es in der Schweiz eine solche Union bereits gab.

Es war trotzdem ein hartes Stück Arbeit! Aber es machte den Weg freier, um Zonta nach außen zu entwickeln und weniger nur im Innern in selbstverliebtem Service zu stagnieren.

Über den Geist der Frau
1989 in Wien bei einem Workshop des District-14-Treffens von Zonta International

„Über den Geist der Frau" reden heißt, diesen im Unterschied zum Mann sehen zu wollen. Kann man dies überhaupt? Ist Geist geschlechtsbezogen? Haben Frauen einen anderen Geist oder etwa keinen?

Sicher kommen Frauen von einem anderen Arbeitspatz als Männer, nämlich vom ältesten Arbeitsplatz der Welt: vom Herd. Auch dort, auch bei der Versorgung der Familie, die früher zumeist eine Großfamilie war, ist Geist gefragt – wenn auch anders geschult, anders geformt als draußen im Erwerbsleben. Aus diesem Jahrhunderte alten Unterschied der Schulung wurde ein genereller Unterschied im Geist zwischen Mann und Frau hergestellt. Zu Unrecht, wie ich meine.

Vor circa 100 Jahren hat in Deutschland die erste Frau als Biologin an der Universität Tübingen promoviert. Es war Maria Gräfin v. Linden. Sie stellte damals eine Sensation dar und wurde als solche herumgereicht. Bei ihrer eigenen Promotionsfeier durften nur Männer zugegen sein, nicht aber sie! Vom Kanzler der Universität wurde sie ermahnt, „solide zu sein" und keine „Abendgesellschaften" zu besuchen. 1908 übernahm sie die Leitung des Parasitologischen Instituts der Universität Bonn und wurde zwei Jahre später zur ersten Professorin in Deutschland habilitiert – natürlich ohne Lehrstuhl! Dies zeigt, woher wir kommen, meine Damen!

In Europa haben Frauen seither einen weiten, sehr erfolgreichen Weg zurückgelegt.

In Deutschland, dem Land, aus dem ich komme, waren im Wintersemester 1983/84 43,9 % der Erstsemester an deutschen Hochschulen weiblich. Immer mehr Mädchen machen Abitur, dazu mit besseren

Schulabschlüssen als die Jungen, sie brechen die Schule auch seltener ab als diese. Letzteres widerspricht jeder Voraussage. Frauen sind heute bei uns gleichberechtigt und in praktisch allen Berufen tätig. Sie sind es nicht nur in den unteren Etagen, sondern auch als entscheidungsberechtigte – als executives – in den oberen Etagen. Wenn auch noch zu einem wesentlich geringeren Prozentsatz als Männer.

Seit sicher 100 Jahren, aber auch schon früher, beweisen also Frauen in allen Berufssparten, dass sie dem Geist der Männer ebenbürtig sind, dass sie genauso logisch und folgerichtig denken wie diese. Sie beweisen, dass sie die gleichen, wenn nicht sogar bessere Voraussetzungen für das Denken mitbringen, wenn man sie nur lernen lässt. Die Herstellung der Schulpflicht für Mädchen ist sicher das Fanal zum Aufbruch des Geistes der Frau gewesen, gefolgt von der Zulassung zu Höheren Schulen und Hochschulen.Trotzdem sind sie nicht genauso erfolgreich. So können sich heute z.B. nur 5 % der Frauen hier eines Lehrstuhls erfreuen, sind die höchsten Beamtenetagen immer noch vorwiegend von Männern besetzt. Zum großen Teil mag es an der andersgearteten Erziehung liegen. Noch heute erziehen Mütter ihre Söhne zum Wettbewerb, ihre Töchter zum lieben Kind. So geht es Männern dann auch lebenslang um Macht. Frauen geht es um Gefühl, zumeist um Liebe.

Zum anderen Teil mag es daran liegen, dass es Frauen an der Solidarität untereinander mangelt. Männer suchen sich automatisch eine Seilschaft, der sie angehören können. Als ich als junge Assistentin an der Universität München arbeitete, empfahl mein Professor mir sogleich: Wenn Sie hier etwas werden wollen, müssen Sie sich Anschluss an eine Lob- und Hudelgesellschaft suchen – ein ehrlicher Rat – eigentlich nur unter Männern! Ein Rat, der Frauen gegen den Strich geht. So dauert es Jahre, ein berufliches Netzwerk für Frauen aufzubauen. Es ist deshalb langwierig, weil das Verständnis für gemeinsamen Wettbewerb im Interesse des gemeinsamen Erfolges und gegenseitige Hilfe im Beruf zu scheitern droht am Gefühl für althergebrachte Sitte. Oder dies wird einfach nicht als selbstverständlich angesehen. Man darf sich doch nicht vordrängen! Der Erfolg muss von selbst kommen, durch Fleiß und Anstand … Um es kurz zu machen:

Frauen haben den gleichen Geist wie Männer, aber eine stärkere Einwirkung ihres Gefühls in den geistigen Bereich – heute noch zu ihrem Nachteil, aber sollten sie sich denn endlich in allen Etagen, auch den oberen, durchgesetzt haben, wird die Einwirkung von etwas mehr Gefühl sicher zum Vorteil beiderlei Geschlechts sein.

Erstmals Areadirektorin – und eine große Aufgabe

25-Jahr-Feier des Zonta Clubs München II in der Residenz am 10. Oktober 1992

Anwesend u.a. District-Governor von Zonta International Dr. Klausser-Reucker, Staatsministerin Berghofer-Weichner

25 Jahre Clubleben, das ist eine lange Zeit, im Menschenleben ist es eine Generation. Wenn Sie diese Zeit als Club gemeinsam durchschritten haben, dann sind die meisten von Ihnen auch gemeinsam eine Generation älter geworden – in einer Ehe würden Sie Silberhochzeit feiern. Aber nicht alle feiern heute eine solche Silberhochzeit. Ehen sind laut Statistik dann zu 30 % schon geschieden: Sie sind nicht geschieden, überwiegend nicht; denn Sie feiern in der Bindung eines Clublebens diese 25 Jahre heute mit einer Mitgliederzahl von 48 Zontians, davon viele aus den ersten Jahren! So müssen Sie Toleranz und Gemeinschaftssinn bewiesen haben. Sie haben Zonta-Geist gezeigt.

Sie, liebe Präsidentin, sagten mir unlängst gesprächsweise: „Wir sind ja ein junger Club“ – es hat mich zunächst verblüfft. Aber wahrscheinlich ist damit der Schlüssel zu der Ausstrahlung, der Beständigkeit Ihres Clubs gegeben: Sie sind jung geblieben, haben Vigilanz gezeigt, indem Sie sich auch Anderen und Jüngeren immer wieder aufgeschlossen zeigten. Ich halte es für das Wichtigste eines Clublebens: zu neuen Ufern bereit sein! „Zu neuen Ufern lockt ein neuer Tag!“ Ein Goethezitat!

Viele werden sagen, Sie haben Freundschaft gehalten. Im weitesten Sinne des Wortes Freundschaft stimmt es sicher. Wir nennen uns Freundinnen, und wir halten Freundschaft mit vielen untereinander – der Begriff Freundschaft wird gern gebraucht bei uns in den Zonta

Clubs. Einige werden aber fragen: Freundschaft zu 34.000 Zonta-Mitgliedern? So viele sind wir heute, aber es ist eine ständig wechselnde Zahl. Ich möchte mich kritisch äußern: Wenn wir ganz ehrlich sind, müssen wir zugeben, dass man im Leben kaum mehr als eine Handvoll echte Freunde haben kann – nicht 34.000 –, ohne den Begriff inflationär auszuweiten. Das, was wir bei Zonta mit Freundschaft meinen, ist das Gefühl, sich untereinander wohlzufühlen, von vielen angenommen zu sein, von manchen verstanden zu werden, mit einigen ähnliche Probleme zu haben, darüber reden zu können, ja darüber hinaus, sich solidarisch zeigen zu können. Dass das Letztere dazukommt, die Solidarität verschiedenartiger Frauen, wenn es um ihre Rechte geht, ist m.E. das Wichtigste, Besondere, auch das Beglückendste!

Solidarität – nun ist das Wort gefallen, das wir auf unser Schild heben und das Frauen als Eigenschaft so gern abgesprochen wird. Frauen und Solidarität? Es wird spontan verneint. Natürlich ist dies ein Vorurteil, und Vorurteile, das wissen wir, sind immer falsch! Doch sind sie nicht immer auch ein bisschen richtig? Ist nicht irgendetwas – immer – dran? Lassen Sie uns gemeinsam dieses Vorurteil über die mangelnde Solidarität der Frauen hinterdenken, indem wir Eigenschaften von Frauen, Verhaltensmechanismen ergründen. Sie werden mir nicht verübeln, wenn ich es aus meiner beruflichen Sicht tue. Ich komme aus der medizinisch-psychotherapeutischen Ecke.

An sich kann das Vorurteil nicht stimmen, denn Frauen zeigen Solidarität in hohem Maße, wenn ihr Gefühl gefragt ist, z.B. in ihren Familien, mit ihren Kindern. Wagen Sie, die Kinder anzugreifen, Sie werden die Mutter erleben! Stärker als beim Angriff auf den geliebten Ehemann, der darf sich schon eher selbst verteidigen. Frauen neigen also zu Solidarität aus einer Mutterrolle heraus, als gefühlsmäßig Gebundene, gleichzeitig Verantwortung Tragende; mit anderen Worten: Frauen neigen zu Solidarität mit Schwachen! Deshalb gehen sie ja auch in Service-Clubs: Service wird weltweit überwiegend von Frauen immer noch nach Gattinnenart ausgeführt. Wie aber ist es mit der Solidarität der Frauen untereinander, im Beruf und/oder zu starken, ja stärkeren Frauen bestellt? Stimmt das Vorurteil da nicht doch gelegentlich? Können Frauen ertragen, oder mittragen, ja freudig helfen, dass eine andere Profil gewinnt? Können sie Missgunst unterdrücken, Neid nicht aufkommen lassen? Können sie, ähnlich den Männern, untereinander helfende Netzwerke bilden oder spielt ihnen hier ihr Frausein doch einen Streich? Wie oft hört man: Die will sich profilieren – mit negativem Unterton –, nicht freudig darüber, dass eine bereit ist, die Lampe zu tragen, mit der die Tragende doch so leicht stolpern, aber so wundervoll Licht spenden könnte, denen, die hinter ihr gehen!

Fassen Frauen z.B. Solidargemeinschaften gern als Club der Gleichen auf, neigen sie ein wenig zu Gleichmacherei? Lassen Sie uns nachdenken! Frauen werden zum Sozialen erzogen, anderen gefällig, sozial und konfliktscheu zu sein, was das große Problem im Beruf werden kann. „Sei ein liebes Mädchen“, wer von uns hat es nicht noch im Ohr? Und nichts sitzt tiefer als in der Kindheit Gehörtes. Das führt dazu, auch später „lieb“ sein zu wollen, eher „ja“ als „nein“ sagen zu können, oft sogar das Schlimmste: „ja“ zu sagen und „nein“ zu meinen. Es gilt die Regel, dass die sogenannten Durchschnittsfrauen eher ein passiv-aggressives Verhalten haben, sich nicht offen widersetzen. Dies ist eine von Machtlosen generell bevorzugte Strategie, Probleme zu bewältigen: Ja, Liebling, sagen und widerstrebend zu tun, was Liebling will, um sich heimlich zu rächen. Dies wird Kindern auch heute noch vorgelebt und zumindest durch Vorleben anerzogen. Es funktioniert im privaten Bereich auch zumeist merkwürdig gut, wohl, weil Männer damit umgehen können: Mutter verhielt sich gegenüber Vater genauso. Männer kennen dieses Verhalten also, es ist ihnen vertraut.

Im Berufsleben ist ein solches Verhalten aber nicht tragbar, müssen Konflikte, auch wenn man abhängig ist, offener und direkter angegangen werden. Ja sagen und nein tun, führt im Beruf eher zur Entlassung als zu einer Führungsposition. Ob Frauen sich im Berufsleben gut integrieren können, sich anpassen können, ohne Eigenständigkeit zu verlieren, sich mit Kolleginnen verstehen, zu Solidarität fähig sind und ihre Karriere dabei nicht aus dem Auge verlieren oder nicht – dies ist vorwiegend Sache des Erziehungsstils durch die Mutter. Wir Frauen verursachen unser Schicksal selbst! Viele werden sagen: Wieder einmal ist die Mutter schuld, was soll sie denn eigentlich tun? Nun, die Rolle der Frau als Mutter und Erzieherin ist die wichtigste Rolle überhaupt, die ein Mensch ausfüllen kann. Dies sei uns Frauen als Mütter zum Nachdenken ins Tagebuch geschrieben! Ob wir dominierend sind oder schwach, abweisend oder zänkisch, verwöhnend oder versagend, dies lässt unsere Töchter oft lebenslang unterschiedlich auf andere Menschen und besonders auf andere Frauen reagieren, lässt sie solidarisch oder unsolidarisch sein! Dominierende Mütter werden Töchter haben, die im Beruf mit Vorgesetzten entweder unterwürfig oder insofern falsch umgehen werden, als sie Vorgesetzte kaum tolerieren können. Unehrliche Mütter erziehen oft ebensolche unehrliche Töchter oder Wahrheitsfanatikerinnen, die es im Beruf auch schwer haben.

Quintessenz: Frauen reagieren auf Konflikte mit anderen Frauen im Beruf oder im öffentlichen wie privaten Leben sehr oft wie auf solche mit der Mutter: emotional!

Männer haben es bei Erziehung durch die gleiche Mutter leichter, da sie, zumeist unbewusst, anders, nämlich durchsetzungsfähiger, konfliktfähiger erzogen werden. Verkürzt gesagt haben sie dann im Geschäftsleben andere Manieren, realistischeres und emotionsfreieres Benehmen, stärkere Nerven, stärkeres Stehvermögen und bessere Ellbogen. Sie lernen im Kindesalter bereits auf dem Fußballplatz, dass sie den Ball nur dann ins Tor bekommen, wenn sie ihn sich zuspielen und einer dann zum Schuss für sie alle kommt! Da Männer das Berufsleben seit vielen Jahrhunderten aber prägen, werden wir es nicht nach der Hans-Albers-Methode: „Hoppla, jetzt komm ich“, ändern können, indem wir einfach sagen, „die Berufswelt muss emotionaler, weiblich werden“. Wir werden uns zunächst an den vorhandenen Tatsachen messen müssen, bevor wir sie – hoffentlich zum Besseren – allmählich ändern können.

Jetzt komme ich auf Zonta zurück.

Das, was ich eben abgehandelt habe, gilt ganz allgemein für Frauen, weniger für Zontians! Wir Frauen in Zonta sind laut Satzung decision makers, Entscheidungsträgerinnen, haben also das meiste schon gelernt. Denn Entscheidungsträger wird man nicht an einem Tag, sondern im Verlauf vieler Berufsjahre. Die meisten angerissenen Probleme betreffen uns also nur am Rande, betrafen uns vielleicht früher. Solidarität ist bei Zonta daher sehr wohl bekannt, sowohl mit schwachen Menschen als auch untereinander mit starken Frauen. Seit 1919, also 73 Jahren, identifizieren wir uns, ja zeigen wir uns solidarisch mit den Idealen und Zielen, die da sind: Service zu leisten und (seit 1931) einzutreten für die rechtlichen, politischen, sozialen und wirtschaftlichen Belange der Frau. Wir können, müssen Beispiel sein!

Wir in Deutschland bestehen als Area fast 30 Jahre. Auch wir identifizieren uns mit dieser Area, obwohl sie nur eine Organisationsebene ist. Wir identifizieren uns, obwohl sich in diesen 30 Jahren vieles verändert hat. Allein die Anzahl der Clubs hat sich in Deutschland mehr als verdoppelt. Auch eintretende Frauen haben sich geändert, sind jünger, anders, vielleicht ehrgeiziger geworden. Ein Teil von ihnen stammt aus der Epoche der 1960er Aufbruchsjahre, ja der 68er Jahre, die ein anderes Ideengut geprägt hat als das der Frauen der 1. Stunde, die noch den BdM kannten. Die Area hat sich damit geändert, wie ein Doppelgesicht ist sie gealtert und verjüngt – beides gleichzeitig! Das macht Spannungen: Alte und neue Bilder von Zonta stehen nebeneinander und sollen doch ein ganzes Bild nur sein.

Solche Spannungen können Probleme bringen, Probleme aber sind menschlich – und ich wage zu sagen: sie sind gesund! Wenn man sie nicht anstehen lässt, sondern in Solidarität mit der Organisation angeht, können sie nur zu einem befreienden Neuen führen. Unser heutiges Problem heißt Neu-Organisation des District 14 von ZI Als Solidargemeinschaft von Zonta International werden wir alle, wird auch diese Area, welche die größte von ZI ist, gefordert werden. Auch hier sind wir Solidarität schuldig, der internationalen Organisation schuldig, werden nicht auf uns selbst zurückgeworfen denken können. Es wird uns sicher nicht sehr belasten, wenn wir die Vorteile betrachten und wenn wir uns dabei wieder einmal vor Augen halten, was wir doch alle wissen: dass man nicht nur nehmen, sondern auch geben muss: do ut des!

Bei allem Erneuerungsschmerz bleibt eines: Bei allem Wachsen, Wandeln, Werden bleibt uns eins verbindend erhalten: Der jeweilige Club! Dies Letztere, das verbindende Band, liebe Münchnerinnen, haben wir bei Ihnen in den wenigen Stunden, die wir erst bei Ihnen sein durften, schon sehr empfunden. Sie strahlen heitere Zusammengehörigkeit aus – nach 25 Jahren Gemeinschaft. Es geht auf uns über. Wir bewundern es.

Im Namen der Area Deutschland danke ich Ihnen für Ihre Arbeit für Zonta, gratuliere Ihnen herzlich zu Ihrem Clubleben und wünsche Ihnen, dass Sie mindestens weitere 25 Jahre das Gefühl behalten mögen, das Ihre Präsidentin so wundervoll ausgedrückt hat: Wir sind ein junger Club!

Herzlichen Glückwunsch!

Am nächsten Tag habe ich die Teilung der Area unter dem Tagesordnungspunkt Verschiedenes aufgerufen, durchdiskutiert und danach die Stimmenmehrheit für die Teilung bekommen. Es war klar geworden, dass, wenn wir wachsen wollten, wir uns aus einer gemeinsamen Area trennen mussten. Gleichzeitig konnte ich verständlich machen, dass deutsche Clubs in vier verschiedene Distrikte verteilt auf internationa-

le Gremien mehr Einfluss nehmen konnten. Kaum zuhause, bekam ich Besuch von drei Juristinnen eines Zonta Clubs, die mir mitteilten, dass diese Teilung der Area nicht rechtens war, da sie unter keinem eigenen Tagespunkt aufgerufen worden war – und deshalb auch nicht vorher in den Clubs diskutiert werden konnte. Sie wollten meine Rücknahme der Teilung oder vor Gericht ziehen. Ich sah dies ein und nahm den Punkt: Teilung der Area 28 District 14 von ZI mit Bedauern in einem offiziellen Scheiben an alle Clubs zurück. Selbstverständlich stand dieser Punkt aber auf der Tagesordnung der nächsten Konferenz 3 Monate später in Berlin und ging mit mehr Stimmen durch als zuvor! Damit wurde ich zur letzten Areadirektorin ganz Deutschlands und verließ diese 1994 mit 17 neu gegründeten Clubs, viele im Osten.

Während der gesamten Zeit brauchte ich natürlich nicht nur zwei Stellvertreterinnen, nämlich Gerda Naujoks und Brigitte Siller, noch wichtiger waren aber die Positionen Sekretärin und Schatzmeisterin. Eine Areadirektorin, erst fünf Jahre Zontian, tat sich da schwer, denn niemand aus den anderen Clubs wollte mit einer Unbekannten zusammenarbeiten, von der man nicht wusste, wie sie tickte! Und so ein Wissen brauchen unsichere Frauen mehr als in Generationen an Zusammenarbeit mit Fremden geübte Männer. Hilfe kam aus meinem eigenen Club: Brigitte Kwasniok wurde Areasekretärin, Marlis Sommerlade-Brink Schatzmeisterin. Beide haben sich großartig eingesetzt, mit beiden, nein, mit allen vieren hatte ich eine großartige Zusammenarbeit und daneben auch noch eine richtig gute Zeit. Ich verdanke ihnen vieles. Das Ende dieses Teams haben wir 1994 bei einem verlängerten Wochenende in Italien gefeiert – aber wie!

Nun geht es aber zu der ersten Clubgründung meiner Amtszeit. Dieser war allerdings eine circa drei jährige „Arbeitszeit" vorausgegangen. Auch hier muss ich ausholen. Eines Tages im Jahr 1989 erschien ein Patient in meiner Praxis, welcher, ursprünglich aus Schmalkalden in Thüringen stammend, nach dem Mauerfall sofort dort eine „Zei-

tung" (ein Blättchen zum Einwurf) herausgab, um den Westen vorzustellen. Ihm fehlte ein Artikel über Frauenfragen. Ich hatte keine Zeit neu zu schreiben und gab, was ich über Zonta gerade in der Schublade hatte. Ich habe allerdings nicht für möglich gehalten, dass ein Herausgeber nicht nur meinen vollen Namen, sondern auch noch meine Adresse veröffentlichen würde! Daher hatte ich darüber auch gar nicht mit ihm gesprochen. Nun bekam ich viele Zuschriften von Frauen aus Schmalkalden und aus der Gegend, die Zontians werden wollten – was satzungsgemäß gar nicht ging. Was tun? Wir fuhren zur Recherche erst einmal nach Leipzig und Schmalkalden – erkannten, dass Potenzial brach lag, welches von ZI oder einem Club aber satzungsgemäß nicht bearbeitet werden konnte. Also kam ich auf den Gedanken, einen nicht eingetragenen Verein „Frauen im Gespräch" zu gründen. Als solche fuhren einige meiner Clubmitglieder unabhängig von unserem Zonta Club dann zwei Jahre lang alle 6 Wochen in meinem Auto zu zweit, dritt oder viert nach Suhl, Weimar/Erfurt und Schmalkalden, um unser Leben vorzustellen und um das Leben ostdeutscher Frauen zu verstehen. Die erste Fahrt ging nach Leipzig. Wir machten bald die Autofenster zu, denn wir konnten riechen, dass wir in der DDR waren. Im November wurde bereits geheizt: mit Braunkohle! Dort war mir ein Gespräch mit einer Pfarrerin angeboten worden. Um die Gemeinde zu finden, suchten wir herum. Schließich fanden wir ein Telefonhäuschen und hofften vergeblich auf ein Telefonbuch oder ein Telefon – nicht vorhanden. Wir fragten einen vorbeikommenden Mann, der uns entgeistert ansah: So etwas gibt es hier seit 30 Jahren nicht!. Das Gespräch mit der Pfarrerin war denkbar unergiebig. Sie hatte uns zwar eingeladen, sich dann aber vor irgendwelchen irrationalen Konsequenzen so sehr gefürchtet, dass sie wortkarg und abweisend war.

Bei unserem ersten Treffen in Schmalkalden lief es besser. Wir betraten einen Raum eines vorherigen Ferienheims, in dem circa zehn Frauen saßen im Alter circa zwischen 25 und 45 Jahren; sie saßen neben-

einander, aber mit Abstand, und redeten untereinander überhaupt nicht. Es kamen zögerliche Fragen auf, sehr oberflächlich und immer bedacht, dass keine der Schmalkaldenerinnen viel von sich oder von ihren Umständen erzählte. Fragen an uns wurden anfänglich in Gegenwart der anderen nicht gestellt. Misstrauen lag in der Luft! Aber es besserte sich, je öfter wir kamen. Als ich übrigens 2023 wieder nach Schmalkalden kam, um dort eine Laudatio für die Preisträgerin des Schmalkaldener Lutherpreises zu halten, konnte sich eine Dame noch an mich erinnern. Wir haben also Fussstapfen hinterlassen!

Wir haben damals viel gehört, auch Dinge, die für uns unfassbar waren und uns veranlassten, Bericht an den „Spiegel" zu geben mit der Bitte um weitere Recherche. Eine der Frauen hatte uns die Augen über die erstaunlich niedrigen Statistikzahlen der Frühgeburten in den Frauenkliniken der ehemaligen DDR geöffnet. So soll öfters ein Wassereimer neben dem Entbindungsbett gestanden haben, in dem das Frühchen vor dem ersten Atemzug sofort kopfunter landete. Es seien nur die gewesen, welche man nicht hätte durchbringen können, da meistens Inkubatoren fehlten! Die Erzählerin wurde nach Bekanntgabe der Hintergründe aus fadenscheinigen Gründen von der neuen (!) Klinikleitung (jetzt BRD) entlassen; den Verantwortlichen aus der alten Klinikleitung soll es nicht geschadet haben! Die Recherche des Spiegels brachte anscheinend auch nicht viel über den Wahrheitsgehalt dessen heraus, was uns berichtet wurde.Tatsache aber ist, dass die Statistik der DDR über Frühgeburten klein, aber sehr fortschrittlich war: wenig Todesfälle, denn vor dem ersten Atemzug gilt ein Frühchen als Fehlgeburt!

Uns „Frauen im Gespräch" (FriG) ging es in dieser emotional aufgeladenen Zeit darum, den ostdeutschen Frauen den Eintritt in die BRD zu erleichtern und gleichzeitig mehr von ihnen zu erfahren, um besser zu verstehen. Wir hatten sehr schnell gelernt, dass das Frausein in der DDR viel schwieriger als bei uns war, gleichzeitig aber auch selbstbewusster – so weit wie dies politisch möglich war! Ein Großteil dieser Frauen war aber nach der Wende ambivalent, wenn nicht unzufrieden: Aufzeichnungen, die ich direkt nach dem ersten Treffen in Erfurt-Südost in der Gustav-Adolf-Kirche gemacht hatte, ließ es uns erkennen. So sagte uns eine Lehrerin für Russisch an einer Erwachsenenschule: „Mir ist bedeutet worden, dass ich jetzt Englisch lehren sollte, was ich überhaupt nicht beherrsche. Versuche es in Abendkursen, aber wir sind als Andersdenkende im alten Regime in Ungnade gefallen, und im neuen hilft man uns nicht!" Eine andere: „Wir haben 40 Jahre nur geschuftet und gesorgt, jetzt wollen wir mal genießen! Ich bin 51 Jahre und zu alt, um wieder anzufangen. In dem Alter kann man nicht mehr wieder aufbauen!" Sie verstand unsere erstaunten Blicke nicht und unsere vielleicht übertriebene Ansage: Mit 51 ist man doch noch jung! Übrigens haben wir FriG in anderer Zusammensetzung Jahrzehnte später wieder aufleben lassen, 2016, als viele muslimische Frauen in Deutschland Schutz suchten. Was sich in Ostdeutschland so gut bewährt hatte, klappte beim zweiten Mal überhaupt nicht – dazu aber später. Die Reisen fokussierten sich mit der Zeit auf Weimar/Erfurt und Suhl. Aus beiden Städten unserer Reisen als „Frauen im Gespräch" (FriG) gingen dann die ersten Zonta Clubs der neuen Länder hervor. Ein kleines Politikum.

Erste Rede in den neuen Bundesländern

Charterfeier Zonta-Club Weimar-Area
Am 5. September 1992

Unter den Gästen: Dr. Wiese von Ofen, International Director von Zonta International, Dr. Klausner, District Governor von Zonta International, Staatssekretär Dr Krapp, Oberbürgermeister Dr. Bittner, Landtagspräsident, Dr. Pietsch: die neue Präsidentin des Zonta-Clubs Weimer Area, Regina Schwarz – im Landestheater Weimar

Ich begrüße Sie namens 63 anderer deutscher Zonta-Clubs, die zusammen die Area Deutschland bilden, das heißt, namens circa 2000 deutscher Zonta-Mitglieder in selbstständigen und nicht-selbständigen, aber entscheidungstragenden Berufen. Gemeinsam, und jetzt auch mit Ihnen gemeinsam, haben wir uns der Hilfsbereitschaft für Menschen in Not verschrieben, darüber hinaus dazu verschrieben, uns für die rechtlichen, sozialen und wirtschaftlichen Belange der Frau einzusetzen. Wir tun dies alles in Freundschaft untereinander. Ich bin überzeugt, dass sich jede Einzelne von uns ganz besonders freut, diese Freundschaft nun auch mit Ihnen zu teilen. Sehr lange haben wir diesen Tag ersehnt.

Für meinen Club Bad-Soden-Kronberg und für mich persönlich ist es dabei in mehrerlei Hinsicht ganz besonders berührend, denn mein Club Bad-Soden-Kronberg hat Ihren Club gegründet. Es ist für meinen Club und mich überhaupt der erste Club, den wir zu Zonta geführt haben. Darüber hinaus ist es meine erste Abhandlung als neue Area-Direktorin für Deutschland, gerade Sie unter uns aufzunehmen! Es ist ein außergewöhnlicher Weg, den wir zusammen gegangen sind, den ich aus meiner subjektiven Erinnerung heraus schildern möchte.

Im Frühjahr 1990 habe ich mit einigen meiner Clubschwestern den innerdeutschen Frauenkreis „Frauen im Gespräch“ gegründet. Wir suchten Kontakt mit Frauen in der damals noch „DDR“. Vielerlei hat uns damals bewegt: Wir wollten wissen, was in Köpfen vorgeht, die da rufen „Wir sind ein Volk“ – hinter Mauern aber gar nicht wissen konnten, wer die anderen zwei Drittel dieses Volkes waren. Das beruhte natürlich auf Gegenseitigkeit: Unser Wissen über Sie war nicht besser. Es war Schablonenwissen. Wir wollten unsere Unkenntnis über Sie verbessern und gleichzeitig uns Ihnen vorstellen und darstellen. Außerdem: Wir empfanden die Zeit damals als eine große Zeit – große Zeiten sind auch immer gefährliche Zeiten, in denen man sich am besten vor Ort informiert. Wir waren nur wenige, nämlich mit mir meine Clubschwestern Gamer, Röhl, Sabel, Sommerlade-Brink, etwas später kamen Heidrich und Ueck-Knoll dazu, noch später v. Leszczynski. Wir suchten Gespräche, bildeten Gesprächskreise. Anfänglich drei solcher Kreise: Schmalkalden, Suhl und Erfurt. Es ist sicher unnötig, darauf hinzuweisen, dass Regina Schwarz aus Weimar bald dazu gehörte, dass dieser bald in Erfurt/Weimar umgetauft wurde. Über zwei Jahre sind wir fast jeden zweiten Monat „nach drüben“ gefahren, wie wir es nannten. Wir diskutierten miteinander. Anfänglich hatten wir Schwierigkeiten dabei. Wir westdeutschen Frauen waren über die Schärfe Ihrer Worte betroffen. Aggressivität und Misstrauen beunruhigten uns, mit denen Sie weniger auf uns, als aufeinander zugingen. Sicher waren es sowohl Relikte der Vergangenheit als auch Ängste und Unsicherheit betreffs der Zukunft. Wir konnten es allmählich verstehen. Diskutieren heißt angstfrei andere Meinungen ertragen können, ohne Zorn und Eifer, also ohne aggressiv zu werden. Insofern ist Diskutieren können Übungssache, eine Kulturfrage. Die depressiven Schleier lüfteten sich, die wir über Ihnen liegen fühlten – auch die Verdächtigungen nahmen ab. Alle übten *frei* zu sein, das heißt vor allem: angstfrei diskutieren zu können als freie Bürgerinnen einer freien Welt. Auf Wunsch wurden

Fragen beantwortet und auf Wunsch Wege beschrieben, wie wir sie gehen; es wurden Informationen gegeben, immer mit dem Begleitsatz: „Entscheiden Sie selbst“. Wir haben Vorträge gehalten, so über „Soziales Netz“, Sabel; „Bankwesen“, Ueck-Knoll „Schule“, Gamer; „Steuern“, Sommerlade-Brink; „Miet- und Arbeitsrecht“, Heidrich; „Neues Gesundheitswesen“, Röhl und ich.

Das Schicksal unserer Schwestern hat uns berührt. Es hat uns nicht losgelassen. Wir haben viel über Sie und Ihre Möglichkeiten nachgedacht, alles war bei der Kürze der Zeit schwierig, wir mussten ja immer abends wieder weg, um am anderen Morgen zu arbeiten. Wir wussten anfänglich im Grunde gar nichts voneinander. Aber es hat sich geändert – dadurch geändert, dass wir unverdrossen immer wieder aufeinander zugegangen sind, auch dann, wenn es manchmal schwierig wurde, eben fremd. Dass Sie dabei mitmachten, uns nicht wegschickten, wie wir manchmal fürchteten, das war das Wichtigste und Schönste dabei.

Die Diskussionen mit Ihnen haben im Übrigen auch uns verändert. Sie haben uns erneut mit unserer eigenen Wirklichkeit konfrontiert, diese uns wieder bewusst gemacht, die wir ja oft gar nicht mehr reflektiert hatten, weil sie uns so selbstverständlich war. Im Grunde haben wir von Ihnen gelernt! Wir haben gelernt, dass man Freiheit ersehnen kann, dass sie, wenn sie da ist, dem Einzelnen aber lange nur Enttäuschung bringen kann. Wir haben lernen müssen, dass Sie nach 45 Jahren Unfreiheit nicht wissen konnten, dass Freiheit teuer ist. Sie kostet immer die harten Münzen „Eigenverantwortung“ und „Selbständigkeit“…

Leben heißt auch: lebenslang lernen – oder besser mit den Worten des Mannes ausgedrückt, der unser beider großer Sohn ist, der Ihre in Weimar, der unsere in Frankfurt: „Nur der erhält sich Freiheit wie das Leben, der täglich sie erobern muss“. Sie binden Ihr Selbstwertgefühl an Eroberung,an den schnellen äußeren Erfolg; wollen – verständlicherweise – *jetzt* sofort mit der gleichen Qualität leben können, wie die westlichen Nationen – scheinbar – immer gelebt haben. Sie möchten von uns Erreichtes auch erreichen – hinc et nunc – denn schließlich sind Sie ja auch wer, nämlich uns gleich. Lassen Sie mich mit dem französischen Moralisten Chamfort sagen: Erfolg erzeugt Erfolg. Gemeint ist: Einsatzwillen zeigen mit Mut zu kleinen Schritten, auch zunächst kleinen Erfolgen. Tatsächlich ist dabei Geduld das schwerste, am meisten gefragt. Geduld aber ist die Kunst, zu hoffen und dabei weiter zu tun … und weiter zu tun ... Diese Kunst ist schwer, sie wird uns allen abverlangt, ist aber oft der Schlüssel zum ersten, kleinen Erfolg. Erfolg erzeugt Erfolg! Machen Sie einfach weiter.

Spätestens hier muss natürlich einsetzen, dass auch wir Westdeutsche uns selbst hinterfragen. Vermitteln wir in den Medien die richtigen Bilder von uns, oder Seifenopern? Können wir unser Wissen, dass

Zonta-Präsidentin Regina Schwarz bei Charterfeier Weimar

die freie Marktwirtschaft, die unseren historischen Erfolg begründete, sich nicht planen lassen kann, ja planen lassen darf, richtig verdeutlichen? Ist uns Westdeutschen die Bereitschaft verloren gegangen, uns umzustellen, uns zu verändern, ja auf Teufel komm raus, einzusetzen? Sind wir träge geworden, unlustig, ja ein bisschen vergreist? Haben wir das Wichtigste verloren: dieses Stirb und Werde?

In der Politik wird immer gesagt, die Probleme sind ostdeutsche Probleme. Aber das stimmt nicht mehr. Es sind bereits unser aller Probleme geworden: deutsche Probleme! Ich wäre erst froh, wenn die Worte ostdeutsch und westdeutsch aus dem Sprachschatz beidseits gestrichen würden – ersetzt durch das Wort: deutsch …

(Hier minutenlanger Applaus)

Wir Frauen haben mit diesem Aufeinanderzugehen 1990 bereits den Anfang gemacht. Als wir damals den innerdeutschen Frauenkreis „Frauen im Gespräch" gegründet und am Leben gehalten haben, ahnten wir nicht, dass unter der tatkräftigen Hilfe des Mitglieds Regina Schwarz und der anderen Weimarer und Erfurter Frauen der Zonta Club Weimar Area einmal entstehen würde. Eines war uns aber immer klar: dass wir Vertrauen zueinander aufbauen müssen, um weiterzukommen. Dieses Geschenk des Vertrauens zueinander haben wir uns gegenseitig gemacht.

Es war die Basis zur Gemeinschaft. Wir deutsche Frauen, wir haben über dieses Vertrauen zueinander den gemeinsamen Weg zu Zonta International gefunden. Dieses kleine Zonta-Wunder ist geglückt. Möge es beispielhaft sein auf dem Weg zur inneren Einheit, an dessen Ende alle den Satz wahrmachen, der auf das Wunderbarste bereits Geschichte gemacht hat: Wir sind ein Volk!

Wir sind ein Beispiel – Zonta ist ein Beispiel.

Herzlich willkommen in der Area Deutschland!

(Minutenlanger stehender Applaus)

Zweite Rede in den neuen Bundesländern

Charterfeier Zonta-Club Leipzig
Am 9. März 1993

In Vertretung des Ministerpräsidenten des Freistaats Sachsen: Ingrid Biedenkopf, Oberbürgermeister Kagirius International Director of ZI Dr. Irene Wiese von Ofen, District Governor des Districts 14 von ZI Dr Cornelia Klauser. Vice-Chairman of the International Committee of Organization and Extension Marianne Schmidt, neue Präsidentin Carla Schönbeck!

Wir freuen uns, das darf ich sicher im Namen aller Zontians sagen, dass Leipzigerinnen zu uns gestoßen sind. Leipzig ist für Deutsche heute eine besondere Stadt. Hier steht die Wiege der Einheit. Wir verbinden deshalb mit dieser Stadt nicht mehr so sehr die Gedanken an Messen, Industrie und Handel, sondern wir verbinden damit den Gedanken an Montagsgebete und Demonstrationen, an Nikolai-Kirche, ja an Umbruch, an eine stille Revolution, an eine mit Kerzen! „Pflugscharen wurden hier zu Schwertern." Diese Situation hat nicht nur uns Deutsche in der damaligen Situation ergriffen, sondern die ganze Welt. Als ich 1991 anlässlich der Internationalen Convention von Zonta International in Dallas war, haben mir zwei Verkäuferinnen in einem Warenhaus gesagt, dass sie bei den Fernsehbildern aus Ihrer Stadt Leipzig vor Freude geweint hätten. Es waren Amerikanerinnen, die Deutschland nie gesehen hatten.

Leipzig ist ein Synonym geworden für Freiheitswünsche, aber nicht für den lodernden Wunsch nach Freiheit um jeden Preis, koste es, was es wolle, wie ihn z.B. die Französische Revolution demonstriert hat. Sondern für den beharrlichen Wunsch, den abwägenden, vielleicht sogar für den taktierenden Freiheitswunsch, den Wunsch, zu einer machbaren Freiheit zu kommen. Vielleicht war es sogar nur der Wunsch nach unpolitischer, konsumorientierter Freiheit? Wie dem auch sei, die Montagsdemonstrationen waren etwas Einmaliges, sie waren sozusagen eine „Art“ Revolution, eine leise Revolution mit den Füßen.

Wenn Menschen so ehrenvoll wie Sie ohne Blutvergießen Freiheit suchen nach 40 Jahren SED plus 12 Jahren NS-Herrschaft (das sind zusammen 52 schreckliche Jahre und ungefähr zwei Generationen Diktatur), so handeln sie nicht aus der eigenen Erinnerung heraus, sondern aus einem tiefen moralischen, Sie ehrenden Antrieb, welcher kein erlebtes Beispiel „Freiheit“ kennt, hinter Mauern kennen konnte. Aber offensichtlich auch nicht zu kennen brauchte! Freiheit ist eben doch etwas, das in den Seelen verwurzelt ist, als eine ganz primäre Sehnsucht, als ein Ur-Menschenrecht. Gemeint ist nicht die zügellose Freiheit des Draufloslebens, sondern (ich zitiere den französischen Staatsphilosophen Montesquieu) „das Recht zu tun, was die Gesetze gestatten“.

Die Hauptkritik an der DDR entzündete sich an vorenthaltenen Rechten. In vielen Gesprächen mit ostdeutschen Zontians haben wir gelernt, wie betrüblich es für Sie jetzt ist, sich in diesem nun vorhandenen Rechtsstaat oft hilflos zu sehen, ja, sich sogar übertölpelt zu fühlen! Wir verstehen das, es ist nämlich gar kein Wunder. Der neue Staat setzt mündige Bürger voraus, die ihre Rechte kennen und wahrnehmen. Diese Mündigkeit muss jeder Mensch erst erwerben, lernen! Auch wir. Lernen, ganz besonders Umlernen, fällt Menschen schwer. Aber lassen Sie uns alle nicht vergessen, dass es besser ist, den Preis des Umlernens zu zahlen, wie Sie es nun müssen, als etwa zu pseudofürsorglichem Obrigkeitsdenken zurückzukehren. Andere Alternativen gibt es kaum.

Wir bewundern, dass Sie Ihre Sehnsucht nach Gesetz und Recht durchgesetzt haben. Und wie Sie es taten: nämlich still. Es tut unserer

Geschichtsschreibung gut. Denn: verzeihen Sie den kleinen Ausflug in die Geschichte, Deutsche haben in der Vergangenheit, wie alle wissen, Revolutionen eher von anderen machen lassen. Wir haben sie höchstens vorgedacht (z.B. Marx und Engels). Auch Widerstand gegen diktatorische Staatsgewalt, wie etwa die Résistance der Franzosen, ist deutsche Sache nicht gewesen, oder nur am Rande, sehr vereinzelt (1848, oder später Stauffenberg et altera). Leider sind eher Diktaturen unsere Sache gewesen. Aber wir müssen unser Licht nicht unter den Scheffel stellen. Aus dieser Landschaft ist eine andere Bewegung hervorgegangen, die einen der wichtigsten Revolutionäre überhaupt hervorgebracht hat, einen, der auch mit der Kerze kam: Martin Luther!

Hier in Leipzig hat er 1519 im Streitgespräch mit Eck, der „Leipziger Disputation" das Primat des Papstes und die Unfehlbarkeit des Konzils bestritten, damit mit Rom gebrochen, und den Weg zur Erneuerung der Kirche, zur Reformation, beschritten!

Lassen Sie mich heute den Rückschluss wagen, dass stille Revolutionen vielleicht etwas mit dieser Landschaft, dem Sächsischen, zu tun haben. Zweimal in deutschem Lande sind sie von hier ausgegangen! Wie und in welchem größeren Zusammenhang die Geschichtsschreibung sie später auch beurteilen mag, in jedem Fall waren die stillen Ereignisse von 1989, der bedeutende Schritt zur Erfüllung des deutschen Traums der Wiedervereinigung. Kaum ist diese erreicht, so bringt sie Probleme! Aber das ist nur allzu menschlich. Ein Teil dieser Probleme mag an einer Einschätzung liegen, die ein Ostdeutscher, Richard Schröder, Professor der Humboldt-Universität in Ostberlin, von der Situation gibt, wenn er sagt: „Die Menschen hier wollten umerziehen, aber nicht umgestalten."

Gerade Umgestalten muss aber sein. Auch Westdeutsche tun sich damit schwer. Zum Gestalten gehören Aktivität, Selbständigkeit, Kreativität und neue Wertigkeiten. Kreatives Denken ist im Osten wie im Westen gefragt, kein Verharren in alten Denkschemata. Auch wenn sie noch so bequem sein mögen! Auch im Westen versteht man diesen Ruf nach erneutem Aufbau mittels Eigeninitiative nicht immer. Das mag für Sie tröstlich sein, macht es aber nicht besser.

Wir Zontians sind 1990, vor genau drei Jahren im März erstmals in die damals noch DDR gefahren, um Gespräche mit hiesigen Frauen zu führen als „innerdeutscher Frauenkreis Frauen im Gespräch", und haben sie bis zur Clubgründung in Weimar fortgesetzt. In langen, für beide Teile (Ost und West) nicht leichten Verständigungsprozessen haben wir dabei gelernt, dass viele dieser Probleme mit dem Umgestalten der alten DDR vielleicht dadurch erklärbar sind, dass westliche Normen nur teilweise akzeptiert werden können. Vielleicht weil hier ein bestimmter Satz eingeimpft worden war, nämlich: „Wir in der DDR sind die besseren Deutschen." Moralisch-sozialistische Größe sollte damals über Mängel des Regimes hinwegtäuschen. Solche Gefühle mögen überhöhen, Einzelnen oft guttun. Sie schaden heute dem Ganzen. Wir in Zonta als einer internationalen Organisation wissen besonders gut, dass es pauschaliter keine guten oder schlechten Deutschen, auch keine guten oder schlechten Ausländer, gibt, sondern eben nur Deutsche oder nur Ausländer. Das Ergebnis pauschalierender moralischer Qualifizierungen könnte nur Fehleinschätzung, Vorurteil, Abgrenzung und schließlich Rechtsextremismus sein. Und den wollen wir nicht. Viele haben die Wiedervereinigung erträumt, sowohl im Osten wie im Westen, wo viele leben, die ihre Kindheit, ihre Jugend, ihre Wurzeln in Mitteldeutschland oder anderswo im Osten haben. Der österreichische Lyriker Hans Loberger schreibt zu einem solchen Thema: Träume sind vorgegaukelte Wirklichkeiten, die nicht enden wollen, Wirklichkeiten aber sind Träume, die zu Ende sind.

Und da stehen wir nun im dritten Jahr der Wiedervereinigung vor völlig neuen Realitäten und Herausforderungen und am Ende unserer Träume, aber noch nicht richtig aufgewacht.

Als 1990 der damals noch bundesrepublikanische westdeutsche

Bundeskanzler Kohl mit sicherem Gespür für die große Stunde zupackte, da waren wir alle zumindest seelisch nicht vorbereitet. Ernest Hemingway, der amerikanische Dichter, drückte solche Situationen sehr romantisch und bildlich treffend aus: „Die Seele reist im Nachgepäck". Ich bin sicher, dass sie ankommen wird – in uns allen. Vielleicht dürfen wir nicht so lange auf sie warten, sondern sollten schneller aufwachen und unsere Zukunft erarbeiten, mit gutem Willen, mit Ideenreichtum, Eigeninitiative und mit den vielen Plagen, die Freiheit mit sich bringt; ohne diese gibt es aber Freiheit nicht und keine Würde!

Was darüber hinaus zu sagen bleibt, darf ich in Leipzig mit einem Bibelwort sagen: Einer trage die Last des anderen. Wir nennen es Solidarität oder: ZONTA-Geist der Hilfsbereitschaft. Wenn wir uns heute hier zusammenfinden, um den ZC Leipzig in die Gemeinschaft aller deutschen Zonta Clubs aufzunehmen, so erfüllt dies uns mit Dankbarkeit und auch mit besonderem Stolz, dass wir es nach der langen Zeit des Wartens können.

Liebe Leipzigerinnen: herzlich willkommen in der Area Deutschland!

Dritte Rede in den neuen Bundesländern

Charterfeier Zonta Club Dresden, 1993

Past Governor Ada Sieveking, Präsidentinnen, Zontians, Präsidentin Gisela Rudat

Wir freuen uns, dass Sie als ostdeutscher Club nach Weimar, Leipzig und Suhl zu uns gestoßen sind. Dresden ist nicht irgendeine Stadt in Deutschland, es war immer das deutsche Florenz an der Elbe: eine Metropole der Kunst, auch städtebaulicher Kunst, sächsischer Könige. Die zahlreichen Baudenkmäler zu nennen erübrigt sich, sie sind internationales Schulwissen gebildeter Schichten in der ganzen Welt. Wer kennt u.a. nicht die wundervollen Veduten von Canaletto, die das barocke Dresden darstellen, ein Dresden, das es so allerdings nicht mehr gibt. Zwar hatte diese Stadt den Siebenjährigen Krieg und die napoleonischen Truppen einigermaßen überstanden, die spätere Hitlerzeit hat sie ganz furchtbar büßen müssen mit einem der schrecklichsten Luftangriffe, die je geflogen wurden: im Februar 1945 auf das mit schlesischen Flüchtlingen überfüllte Dresden. Das Ergebnis: eine Nacht mit unendlichem Leid und eine verwüstete europäische Kulturmetropole. Auch später haben die Dresdner und Dresdnerinnen es nicht leicht gehabt. Später war es neben der Messestadt Leipzig und dem Kulturzentrum Weimar ein weiteres Aushängeschild der DDR, obwohl städtebaulich nicht gefördert – man konnte sich zum Wiederaufbau der Kulturdenkmäler aristokratischer Herkunft nur halbherzig oder gar nicht durchringen.

Wenn ich richtig orientiert bin, so war es Dresdner Bürgern infolge der geschützten Beckenlage an der Elbe in dieser Zeit kaum möglich, Westfernsehen zu empfangen. Sie hatten daher vergleichsweise weniger Informationen von uns, vom Westen, als die anderen DDR-Bürger. Trotzdem ist es anscheinend bereits im Februar 1989 hier in Dresden um ein Haar zu einem ernsten Aufstand gegen das Honecker-Regime gekommen, konnte durch Vermittlung der Kirche gerade noch Schlimmeres verhindert werden.

So waren auch die Dresdner an den Ereignissen beteiligt gewesen, die zur Wende führten, wie so viele andere Städte dieser Länder, die wir nun die neuen nennen. Neue Länder? Mit einer alten Geschichte, mit seiner unendlichen schönen Kulturgeschichte, die wir staunend neu erleben oder wiedererkennen. Diese alten, geschichtlichen Gemeinsamkeiten, um die wir alle sehr wohl wissen, sollten wir nicht vergessen, gerade in diesen schweren Zeiten des Umbruchs. Darin beweisen sich Kulturnationen. Sie haben dieses Kulturband, das bindet. Dresden ist ein kulturelles Bindeglied zwischen West- und Ostdeutschen, beide lieben es mit anderen Völkern gemeinsam. Gerade jetzt, wo wir uns nicht auseinanderdividieren dürfen, ist Dresden eine wichtige Stadt, die die Zeit der unglückseligen Trennung und ihre immer noch nicht gelungene Aufarbeitung vergessen machen kann.

In der Aufarbeitung dieser Trennung haben wir doch Konflikte, ganz reale Konflikte. Dabei müssen wir doch stolz sein! Eine solche Aufgabe, wie die, die wir nun lösen, hat noch nie eine Generation vor uns gestellt bekommen: Wir haben nicht nur gemeinsam einen zerbrechenden deutschen Staat aufzufangen, sondern müssen auch noch mit einem zerfallenden Weltimperium der Sowjetunion mit seiner ersatzlos (!!) zerfallenden Weltanschauung fertig werden. Ein großes Problem liegt sicher auch in dieser zerfallenden Weltanschauung, welche von vielen erst verdaut werden muss. So etwas braucht Zeit, Lehrzeit! Trotzdem müssen wir gemeinsam aktiv und hoffnungsvoll, positiv in die Zukunft sehen und uns gemeinsam diese Zukunft gestalten. Hier hat Dresden eine Schlüsselstellung, hier wird vieles nachgeholt werden. Dresden wird sicher wieder zu einer der großen Kulturstädte

Europas werden, im gleichen Atem zu nennen wie Paris oder Rom. Wir freuen uns darüber. Denn, ich habe es bereits in Bonn gesagt: Kultur zu erhalten, dem Leben dadurch andere Dimensionen zu geben als die des Alltags, der Geschäfte und der Oberflächlichkeit, ist überaus wichtig – in guten wie in schlechten Zeiten, in letzteren aber ganz besonders. Menschen brauchen Ausgleich für Banalitäten und Verluste.

Heute stellt sich Dresden außerdem durch die geographische Lage plötzlich als ein Tor Deutschlands zum Osten dar. Dies ist mir besonders bei den Einladungen Ihres Clubs bewusst geworden. Von keinem Club bin ich je nach so vielen Adressen im Osten gefragt worden wie von Ihrem – kein Club hat es auch so klar ausgedrückt wie Ihrer: Wir wollen, dass Zonta Schwestern aus dem ehemaligen Ostblock möglichst zahlreich dabei sind. Ich habe mich sehr über diesen neuen, anderen Fingerzeig gefreut und hoffe, dass sie diesen aufbauen zu einer kräftigen Hand, die sie weiter freudig gen Osten strecken!

Liebe Dresdner Zontians, auf Ihrem Weg in Ihre neue internationale Zukunft in Zonta wünschen wir Ihnen Glück und Erfüllung! Erfüllung vor allem in der Freundschaft der Zontians der ganzen Welt untereinander und Erfüllung in der Erkenntnis neuer Lebensperspektiven bei Zonta, durch Zonta. Sie, Frau Rudat, haben vorhin gefragt, was kann uns Zonta bringen, was wir nicht unter Freunden haben?

Zonta kann manches Neue bringen: so die Perspektive von weiblicher Solidarität und Zusammenarbeit von Frauen-Netzwerken (welches zunehmende Bedeutung nicht nur bei uns, sondern auch in den USA erhält) und der Perspektive von Frieden *in* Freiheit.

Über 45 Jahre haben sich Gedanken an Frieden und Freiheit gegenseitig ausgeschlossen – Friede wurde über die Freiheit gestellt, musste darüber gestellt werden aus Überlebensstrategien. Frieden wurde mit Knechtschaften bezahlt. Liebe Dresdnerinnen, herzlich willkommen in der Area Deutschland!

Rückblick auf 20 Jahre, auch in der Politik

Rede 1993 beim Heidelberger Zonta Club

Oberbürgermeister Reinhold Zundel,
Präsidentin Christine Sommer-Guist,
Gründungspräsidentin Dr. Katja Otto, Heidelberger Zontians

Ich bin gern nach Heidelberg gekommen, denn ich habe eine ganz besondere Bindung zu dieser Stadt, wie sicher außer mir noch manche andere unter uns: Ich bin Doktor Heidelbergensis! Vor fast – nein, ich will gar nicht sagen, vor wie vielen Jahren! – habe ich hier promoviert, und wenn diese Promotion über ein Jahr gedauert hat, so hatte dies nichts mit der Schwere der Arbeit zu tun, sondern nur mit der Schönheit und dem Flair Ihrer Stadt – mit der Aufgeschlossenheit der Bürger gegenüber Studenten – eben mit dem berühmten Charme von Heidelberg! Jede, die ähnlich wie ich damals in der Werrgasse Nr. 9 im obersten Stock beim Verleger Skulima mit noch 6 anderen zur möblierten Untermiete wohnte, ist es sicher gleich ergangen: Wir haben alle unser Herz an Heidelberg verloren!

Im menschlichen Leben bedeutet ein 20-jähriger Geburtstag den Übergang des Teenies in die Twens, wie man es heute auf neudeutsch sagt – zu meiner Zeit hieß es: Übergang von der Pubertät in das Erwachsenenalter, und dies war eine gar nicht immer schöne Zeit.

Gott sei Dank gibt es so etwas wie Pubertät bei Clubs nicht, obwohl sie sicher auch ihre Stabilitäts- und Identitätskrisen durchmachen, bis sie gefestigt sind und auf eine jahrzehntelange Clubtradition zurückblicken können. Clubs bestehen letztendlich auch nur aus Menschen, und das heißt bei ZONTA: aus lauter ehrenwerten, tüchtigen, selbständigen Individuen, die gewohnt sind, selbst zu bestimmen und sich dann natürlich oftmals schwertun in dem Unterordnen unter ein gemeinsames Ganzes.

Aber jahrelanges Zusammensein, und sei es auch nur einmal im Monat für einen Abend, bringt uns allen der Notwendigkeit näher, sich anzupassen und schließlich sich einzupassen in die Gruppe, den eigenen Stellenwert in der Gruppe zu suchen und zu finden, auch indem man sich zurücknimmt.

Wissen Sie überhaupt noch, wie die Welt aussah, als Sie 1973 den Zonta-Club Heidelberg gründeten? Nicht so richtig? Dann will ich es Ihnen sagen! 1973 ist weltpolitisch ein interessantes Jahr gewesen.

In der BRD (WEST) regierte Willy Brandt. Ihm hatte der CDU-Abgeordnete Steiner im Jahr 1972 durch Bestechung zum Sieg über Rainer Barzel verholfen, was Steiner in diesem Jahr 1973 zugab. Und erst heute ahnen wir etwas von den Hintergründen dieser Abgründe menschlichen Verhaltens.

In Paris im Hotel Majestic wurde in diesem Jahr endlich das Waffenstillstandsabkommen für Vietnam unterzeichnet und damit ein Schlussstrich unter einen Krieg gezogen, der mit 56 000 toten GI's die USA unter eine innere Zerreißprobe gestellt und einer Weltmacht Grenzen gezeigt hat. Es war keine gute Zeit für Amerika.

Gleichzeitig zog der Watergate-Skandal 1973 Kreise und führte auch darin die USA zumindest moralisch vor. Kissinger wurde in diesem Jahr Außenminister, nachdem er zuvor jahrelang Präsidenten beraten hatte. Die USA schränkten damals ihre Rolle als Weltpolizist ein. Es hat am Selbstbewusstsein der Nation gerüttelt. Breschnew besuchte übrigens in diesem Jahr 1973 die USA, es wurde eine erste Absprache zur Verhütung eines Atomkriegs getroffen!

Ingeborg Bachmann und Pablo Picasso starben 1973, aber auch Walter Ulbricht, einer der schärfsten Vertreter der DDR-Linie; und Ben-Gurion, der Vater des Staates Israel. Im Oktober 1973, am Tag Yom Kippur, dem israelischen Versöhnungstag, kam es zum Überraschungsangriff der Ägypter und Syrer auf Israel, welcher zu einem raschen Sieg der Israelis führte, und zu einem Waffenstillstand noch im selben Monat.

In Deutschland – West – wird das Sexualstrafrecht liberalisiert, verschärft werden die Bestimmungen gegen die Verherrlichung von Gewalt. Sonst gibt es über uns Deutsche in diesem Jahr nichts Besonderes zu sagen.

Aber stellen Sie sich vor, 1973 wurde Juan Peron nach Rückkehr aus dem Exil zum Präsidenten von Argentinien gewählt, seine Frau zur Vizepräsidentin! Dies war ein für damalige Verhältnisse unfassbarer Vorgang, welcher jedes Zonta-Herz höher schlagen ließ! Und in Schweden wird der junge Carl XVI. Gustav nach dem Tode seines Großvaters König – noch ohne unsere Zonta-Schwester Sylvia aus Heidelberg, die aber schon bei ihm lebte! Damals auch fast unfassbar!

Ja, das war im groben das Jahr 1973, in dem dieser Club von Dir, Dr. med. Katja Otto, gegründet wurde! Wie die politische Welt sich seither verändert hat, brauche ich nicht zu sagen! Nur so viel: In diesen 20 Jahren hat die Menschheit einen weiten Weg zurückgelegt. Auch Zonta hat sich seither verändert. Zonta wird sich weiter verändern müssen! Das Angebot an Service-Organisationen nimmt zu, in den USA soll es bereits 30 000 Frauen bei Rotary geben! Jedes Stehenbleiben bedeutet einen Rückschritt!

Nur wenn wir als weibliche Service-Organisation zu größeren Ufern aufbrechen, z.B. nicht 500-DM-weise Geld in der Nachbarschaft vergeben, sondern in großen Summen landesweit, nur, wenn wir als Organisation mit dem satzungsmäßigen Auftrag, uns um die politischen, rechtlichen, sozialen und wirtschaftlichen Belange der Frau zu kümmern, dies auch wirklich tun! – Nur dann werden wir uns gegenüber vielen anderen Organisationen, seien es weibliche oder „gemischte“ , abgrenzen und eine *Zukunft* haben können!

Ich habe die feste Überzeugung gewonnen, dass der ZC Heidelberg mit seinen hervorragenden Mitgliedern sich den Herausforderungen der Zeit bewusst ist und sich ihnen stellt! Sie haben es in den vergangenen 20 Jahren getan – Sie werden es weiter tun; für die kommenden Jahre wünsche ich Ihnen daher ein herzliches Glückauf!

Wochenende der Begegnung: Austausch – Verständigung

Unter dem Motto ZONTA 1992–1994 in einem sich verändernden Europa Burg Ludwigstein / Witzenhausen

lch freue mich sehr, dass so viele Frauen aus dem östlichen Europa unseren Ruf verstanden haben und sich persönlich hier mit uns einbringen. Ich habe im Verlauf dieses Bienniums die verschiedenartigsten Zonta Veranstaltungen besucht und beredet, so Charterfeiem, Geburtstage, Clubgründungen, Konzerte, Ehrungen etc. – auch Symposia – aber noch nie ein Wochenende der *Begegnungen.* Ich finde den Gedanken, die Idee dazu hervorragend, denn es ist etwas anderes als das andere.

Wir treffen uns zwar häufig, wenn man will, kann man ja jedes Wochenende mit Zonta oder für Zonta unterwegs sein, es sind auch jedes Mal Treffen, die sehr viele Anregungen geben – aber im Vordergrund steht fast immer eine Veranstaltung: Da wird also etwas veranstaltet, und der Rest macht mit, ist also relativ passiv. Auch das hat Sinn, das wissen wir. *Aber*:

Ein Wochenende der Begegnung ist etwas anderes. Sich begegnen heißt aufeinander zugehen, das bedeutet dann auch, beieinander *stehenbleiben*, miteinander *reden*, sich also *auszutauschen* und das Wichtigste: sich wechselseitig *zuhören*, um einander zu *begreifen.* Das Begreifen ist sicher das Wichtigste und auch das Schwerste. lm normalen Zeitablauf bleibt dafür oft keine *Zeit* – oft keine Kraft – oder auch gar keine Lust. Wir neigen alle zu Oberflächlichkeiten. Wenn es sich gar um andere Europäer handelt, spielen Sprachbarrieren eine hemmende Rolle. Smalltalk regiert, weil einfach zu sprechen.

Dabei haben wir einander schon allein wegen der politischen Veränderungen viel zu sagen, können wir durch die verschiedenartige Erlebniswelt der Vergangenheit voneinander viel lernen. Darüber hinaus fällt uns vielleicht eine Verständigungsrolle über die Nationen hinweg als Frauen zu – und ganz besonders als Zontians. Das jetzt schon vereinigte und das die Vereinigung bis zum Ural noch suchende Europa ist eine große Aufgabe, es ist eine Vision, die größte *Vision*, die dieser so oft in Kriegen zerriebene Teil der Erde sich je geleistet hat.

Visionen sind seherische Träume, die erst an Gefahren vorbei in Realitäten umgesetzt werden müssen. Als größte Gefahr türmt sich der Nationalismus auf – Nationalisten suchen den Zusammenschluss in kleinem, engeren Rahmen als Angstabwehr vor der großen Unbekannten „Vereintes Europa" – vor Menschen und Dingen, die fremd sind, andersartig sind, die man nicht versteht – eben nicht begreifen kann. Angst vor dem Nicht-Bereifen-Können des Anderen ist eine unglückselige Quelle des Nationalismus, den wir alle verdammen.

Hier setzt nun gerade unsere Aufgabe ein, als Zontians und an diesem Wochenende. Man muss und kann ja nicht einer Meinung sein, aber man kann versuchen, die des anderen zu *begreifen*, einander im „Anderssein" zu verstehen. Voraussetzung dazu ist allerdings, dass man in seiner Persönlichkeit die Kraft findet, seine eigene Meinung zu sagen und nicht das, was man meint, der andere wolle es hören. Man würde das Gegenüber damit nämlich um die Chance des Begreifens der eigenen Person betrügen. Damit aber ist eine solche Begegnung sinnlos. Nur Offenheit bringt weiter. Im philosophischen Sinn des Wortes versteht man unter begreifen etwas durchschauen: Was ganz begriffen wird, wird so geschaut wie es ist, d. h., von seinem Grund heraus, aus dem es erwächst.

Wie schön wäre es, wenn dieses so einfach gelänge! Bei aller Offenheit ist es schwierig. Dem vollen Begreifen sind nämlich Schranken gesetzt, die im *Gefühl* liegen. Wir begreifen nämlich *selbst* das *eigene* Fühlen und Wollen nicht voll, wissen nur sehr selten, warum wir in dieser oder jener Richtung fühlen – machen uns gar zu gerne selber etwas vor; nur die Anteile der Vernunft, der Logik sind voll begreifbar. Was für das Begreifen der eigenen Person gilt, wie viel mehr muss es für die anderer gelten! Wir können uns daher bei einem so schönen Anlass wie dem heutigen nur wünschen, viele gute Begegnungen zu haben, zuhörend aufeinander zuzugehen und die Kraft aufzubringen, offen zu sein, möglichst viel einander zu offenbaren, um möglichst viel vom anderen zu begreifen! Das heißt: die Gefühlswelt des Anderen zu erahnen, seine Vernunft aber voll zu erfassen, unvoreingenommen und ohne Vorurteil.

Damit wird sicher der Grundstein für viele Freundschaften gelegt werden zwischen verschiedenen Zontians, die eine kleine und sicher unbedeutende Zelle, aber dann doch Wegweiser sein könnten für ein sich veränderndes Europa.

Ich hoffe es und wünsche uns allen viel Erfolg und Freude an diesem Wochenende der Begegnungen!

„Vergangen nicht, verwandelt ist, was war“ (Rilke)

Gedanken zum Wandel des Selbstverständnisses der Frau

Festrede anlässlich der Charterfeier des ZONTA-Clubs Paderborn-Lippstadt Letzte Rede als Areadirektorin Deutschland 1994

Es ist fraglos ein besonderer Tag für deutsche Zontians, wenn nun eine Area mit circa 2200 Frauen nach über 30-jährigem Bestehen zu Ende geht! Es ist wahrlich ein Anlass, um miteinander über Vergänglichkeit und Wandel nachzudenken.

Ich habe dabei natürlich die *Area* Deutschland von Zonta International im Auge, die mit ihrer Teilung in vier Teile nicht untergeht, sondern bereits 1993 in Berlin in die *UNION* deutscher Zonta-Clubs überführt worden ist, aber nun eigenständiges Leben erhalten muss. Ich bin sehr froh, dass man über diese Teilung das Rilke-Wort stellen kann:

„Vergangen nicht, verwandelt ist, was war“

Diese Verwandlung zu gestalten, und zwar so zu gestalten, dass Kontinuität und Zusammenhalt möglich sind, liegt nun in Ihren Händen und in Ihrer Vernunft. Wir haben die Voraussetzung für Sie geschaffen. Es ist wesentlich für Zonta Deutschland, dass es klappt – es ist mir deshalb auch nicht bange darum. Ich meine mit dem Rilke-Wort über das Vergehen und Verwandeln aber nicht nur die Area, die Organisation, denn sie ist nur ein künstliches Gebilde, ich meine ihre Trägerinnen, die sie tragen müssen. Das sind Menschen, also Verwandlung schlechthin. Die Griechen sagten „panta rhei“ – „alles fließt“ Verwandlungen zu, deren letzte und am stärksten verdrängte der Tod ist. Wir leben in permanenten Verwandlungen, die sich aber in so langsamen Zeitabschnitten abspielen, dass sie uns kaum erkennbar sind. Nur wenn Einschneidendes geschieht, wird es erkennbar. Es entsteht eine neue Entwicklungsstufe, eine neue Plattform, von der aus es mit anderer Bewusstseinsbildung weitergeht. Stufenweise, nach Schwellenwert-Richtlinien und nicht stetig, laufen fast alle Entwicklungen seelischer wie auch körperlicher Art ab.

Zontians sind Frauen, die im Beruf stehen. Wir wissen, dass Frauen durch politische und wirtschaftliche Veränderungen in dieser Zeit, seit 1990, bedrohter sind als lange zuvor. Auf jede Bedrohung gibt es zwei *normale* Alternativen: weglaufen oder kämpfen. Laufen Frauen weg, zurück in alte Schemata? Oder sind sie kämpferischer geworden? Vielleicht haben sich andere Konstellationen ergeben? Es ist doch Entscheidendes passiert, Wandel rein äußerlich bereits eingetreten! Ist eine neue Bewusstseinsstufe bereits erklommen? Um dieses zu hinterfragen, sei mir neben dem Schwanengesang Rückblick, Tagesbestandsaufnahme und Blick hinaus in die Zukunft erlaubt.

Als erstes, Rückblick!

Wie wir alle wissen, kommen Frauen vom ältesten Arbeitsplatz der Welt, der Küche. Männer haben uns Tausende Jahre an Berufserfahrung, an Erfahrungen von Wettbewerb und Durchsetzungskraft voraus, die unbewusst weitergegeben werden, nicht selten unter Mithilfe der erziehenden Mutter, die dasselbe ihren Töchtern – auch zumeist unbewusst – versagen! Mütter vermitteln den Söhnen ihren Mut, den Töchtern ihre Ängste!

Historisch gesehen sind Frauen zum Berufsleben erst sehr allmählich gekommen, von Ausnahmen abgesehen; Voraussetzung war der allgemeine Zugang zu einer gleichen und damit besseren Bildung, die uns zu unserem größten Unglück lange verwehrt war, Abitur, Studium, damit einigermaßen gleiche Ausbildungs- und Berufschancen und schließlich die Gleichheit vor dem Gesetz. Jetzt genießen wir das alles. Machen wir etwas daraus?

Zu reden ist von unserer interessanten Großmüttergeneration, den heute 80-Jährigen! Das waren die Trümmerfrauen der schweren Nachkriegsjahre gewesen. Sie hatten den Männern, die zwei Kriege schwächten, egal auf welcher Seite sie gekämpft hatten, den Rücken freigehalten, die Familien ernährt und vorher völlig unbekannte Verantwortungen getragen. Danach waren sie wohl des Kämpfens müde geworden.

Ist es ein Wunder, dass Frauen im Westen – ohne staatlichen und wirtschaftlichen Zwang (wie im anderen Teil Deutschlands) und bei relativer Entscheidungsfreiheit bei der ersten Entspannung sich zurückgelehnt haben und einem Neo-Konservatismus erlegen sind? Und ist es ein Wunder, dass sie diesen an ihre Töchter, die Müttergeneration, die heute 60-Jährigen weiterzugeben versuchten?

Ist es ein Wunder, dass es *keinen* kämpferischen Feminismus in Deutschland gegeben hat (mit geringen Ausnahmen)? Es ist kein Wunder, es ist bundesrepublikanische Wahrheit, die allerdings wehtut. Es gab kein Bewusstsein für die Rechte der Frau zu kämpfen.

Den entscheidenden Fortschritt auf dem Wege der Selbstfindung haben Frauen aber weder durch die Vorteile der besseren Ausbildung noch der besseren Gesetze bekommen, sondern durch die Medizin! Nachdem sich nämlich Empfängnisverhütung durch Einsatz eines Pharmakons, der berühmten Pille, durchsetzte – allerdings erstaunlich langsam durchsetze –, brachte sie den jungen Teenies und Twentees Ende der 1960er, in den 70er und 80er Jahren neue Freiheiten und vor allem einen großen Bewusstseinssprung! Wahrscheinlich war dies überhaupt der größte für Frauen in der Geschichte. Danach war alles anders, das Verhältnis zum Mann, die Möglichkeiten im Beruf; plötzlich gab es eine Lebensplanung für die Frau. Gleichzeitig aber entstand Fremdheit zwischen den Generationen.

Das Umfrageinstitut Allensbach hat zu diesem Thema festgestellt, dass in den Jahren um 1960 (vor der Pille) in Westdeutschland nur 50 % der 30-jährigen Frauen voll berufstätig waren, in den übrigen Industrieländern waren es über 50 %. Die meisten von uns waren nur teilzeitbeschäftigt, oft nur stundenweise tätig, und damit *nicht* sehr emanzipiert! Diese Wahrheit fehlender durchschlagender Emanzipation zeigte sich auch bei Zonta Deutschland. So ist die Service-Idee am erfolgreichsten. Man kann uns Zontians leicht dazu begeistern, Hilfe zu geben, für andere da zu sein. Service ist sozusagen die Milchschokoladenseite von Zonta. Die Arbeit am Status of Women, oder an der echten Gleichberechtigung der Frau, ist eher die bittere Seite der Zonta-Schokolade. Dabei ist es gerade diese Seite, mit der wir uns am hilfreichsten und am sinnvollsten, auch am spektakulärsten profilieren könnten und eigentlich auch müssten. Auftragsgemäß. Wir wissen das alle. Nur – wir tun es nicht! Obwohl Schwierigkeiten mit der Gleichberechtigung in diesem Land so evident sind, dass man Frauenbeauftragte und Quotenfrauen haben muss, um einem Gleichberechtigungs-Gesetz Leben einzuhauchen bzw. es durchzusetzen, wo Tüchtigkeit und Kampfesmut der Frau allein doch genug sein sollte. Wir Zontians, entscheidungstragende berufstätige Frauen, stehen natürlich für die sich von selbst ergebende Quote der tüchtigen Frau und nicht für die Quotenfrau.

Viele Frauen, gerade erfolgreiche, sind aber des Kämpfens müde und nicht mehr darauf erpicht, für andere die Kohlen aus dem Feuer zu holen und sich den Spott der männlichen Kollegen wegen vermeintlichen Feministentums zuzuziehen. Sie meiden es, sich zu outen! Bei dieser Realität ist die Arbeit für den Satzungspunkt „Status der Frau“ insgesamt oft frustrierend. Sie entspricht leider keinesfalls dem an sich zu erwartenden Selbstverständnis, dem „Wer bin ich?“ einer berufstätigen Frau. Aber hier ist ein gewisser Wandel bei Frauen generell bemerkbar.

Dazu wieder Zahlen! 1990 liegt die Prozentzahl der voll berufstätigen 30-jährigen Frauen der BRD im Durchschnittsbereich der Industrienationen oder darüber. Wie aber entsteht diese Durchschnittszahl? Westdeutsche Zahlen liegen bei 64 %, die der Ostdeutschen aber bei 87 %! Erst 1990 wird auch von wachsendem Selbstbewusstsein der Jungen gesprochen, im Gegensatz zur Müttergeneration, hier allerdings mit den gleichen Zahlen für West und Ost; beide Gruppen meinen, ihre Interessen besser verwirklichen zu können als die Mütter, was für sie bedeutet: mehr Freiheiten zu haben. Hier sind wohl Lebensgestaltung und Partnerschaft gemeint.

Wie sind die Frauen für ihre Arbeit motiviert? Als Motive für die Berufsarbeit werden an erster Stelle von Ost und West in gleicher Prozentzahl *Unabhängigkeit* genannt (ich denke, damit ist die wirtschaftliche gemeint). An zweiter Stelle steht: Kontakte zu knüpfen. Erst an dritter Stelle steht: um etwas zu leisten. Weitere Zahlen zeigen, dass der berufliche Ehrgeiz im Osten stärker ist als im Westen. Gleichzeitig mit dieser Einstellung wurden aber trotzdem im Osten mehr Kinder geboren als im Westen, da weitaus mehr Möglichkeiten bestanden, Familie und Beruf zu vereinbaren. Das leidige Kita- und Kindergartenproblem spielte im Westen manchen Streich. Aber das kann es nicht alleine sein. Weitere Zahlen zeigten, dass im Konflikt zwischen Familie und Beruf ostdeutsche Frauen im Beruf *nicht* zurückstecken. So liegt wahrlich viel echtes Zonta-Potential im Osten!

Man kann mittlerweile ein Resümee des Tagesbestands ziehen: Berufstätigkeit der Frau ist heute in Gesamtdeutschland eine gesellschaftliche Norm – im Westen im Gegensatz zum Osten allerdings mit der Einschränkung, dass kein Konflikt mit der Mutterrolle auftreten darf. So bekommen unsere Statistiken seit 1990 in verschiedener Hinsicht ein anderes Gesicht durch Zahlen, die nicht von uns, sondern von unseren Schwestern aus Ostdeutschland stammen. Wir, als berufstätige

Frauen, dürfen sie dabei unsere bessere Hälfte nennen! Sicher wurde diese „feministischere" Einstellung ursprünglich staatlich gelenkt und unterlag vielen Frustrationen. Dieses harte MUSS wurde aber voll angenommen und in ein erstaunlich eigenständiges, unabhängiges Selbstverständnis umgemünzt. Wir westdeutsche Frauen kommen gern bedeckt daher, verhalten uns nicht ungern als Wölfin im Schafspelz, wo die ostdeutschen sich bereits deutlich knurrend zu erkennen geben. *Nicht* zu unserem Schaden! Sie wollen ein besseres Leben, aber zu ihren eigenen Bedingungen.

Wir wollen es einmal auf Service-Clubs beziehen, da hieße eine Besorgnis: „Gebt den Frauen den reinen Service, den Männern den mit dem zusätzlichen gesellschaftlichen Status." Es ist etwas dran an dieser Besorgnis, denn Männer gehen zwar auch in Serviceorganisationen, tun viel (mit dem Portemonnaie) und werden dafür *sehr* bewundert; sie gehen aber zumeist in diese Clubs, um außerdem noch Profil für den *Beruf* zu finden, machen also dabei etwas für den *Status* des *Mannes*, obwohl sie es eigentlich nicht nötig haben. Aber das gehört bei ihnen zum Handwerkszeug des Erfolges.

Frauen gehen meist in Serviceclubs, um dort Austausch mit Gleichgesinnten zu bekommen, um Emotionen einzubringen, gelegentlich gemeinsam über Männer zu klagen, die ihnen den Weg verbauen. Sie verlieren dabei das Kämpfen für den Status der Frau aus den Augen, den wir doch so nötig haben. Vielleicht erkennen wir die Möglichkeiten in der Gruppe noch nicht, wissen nicht, dass Verbesserungen an unserem Status selten im Einzelkampf, sondern nur in Solidarität, also vor allem in Organisationen möglich sind, und zwar, weil dort und nur dort durch Solidarität spezielle Hilfen möglich und abrufbar sind, wie z.B. durch ein berufliches Computernetzwerk, durch Beitritt zum Deutschen Frauenrat etc.

Ich bin aber hoffnungsfroh, denke, wir stehen im Umbruch, im Wandel, erklimmen gerade gemeinsam eine neue Bewusstseinsstufe mit neuen Aussichten. Denn: dreieinhalb Jahre nach dem Umbruch im Osten hat ein Wandel der Frau generell und auch der Zontian speziell stattgefunden. Es ist, noch relativ unbemerkt – was typisch für Verwandlungen ist – eine neue deutsche Durchschnittsfrau entstanden, vielleicht sogar eine neue Europäerin! Denn: 25 % andere Bewusstseinsstufe, andere Selbsteinschätzung, anderes „Wer bin ich?“ muss Folgen auf das Ganze haben. Ob die neue, kämpferischere Frau glücklicher ist als ihre Mutter? Auch dies kann man demoskopisch hinterfragen! Trotz aller Vorteile halten sich nur 28 % für glücklicher als ihre Mütter.

Es ist den jungen Frauen bewusst, dass Glück, scheu wie ein Reh, zwar nicht mehr für sie dasselbe ist wie für uns, die wir im platonischen Sinn Glück noch mit Abwesenheit von Schmerz definieren, dass *ihr* Glück aber (von einer immensen Erwartungshaltung an das Schicksal ausgehend) im Gegensatz zur Abwesenheit des Schmerzes fast nie erreichbar wird. Alles verwandelt sich – selbst der Begriff von Glück, welches wir halten wollen, wie eigentlich wenig anderes, selbst um den Preis der Stagnation und um den höchsten Preis! Um mit Goethe zu sprechen: „Werd‘ ich zum Augenblicke sagen, verweile doch, du bist so schön, dann magst du mich in Fesseln schlagen, dann will ich gerne untergehen.“

Glück und Gutes halten zu wollen ist gleich Faust unser aller Problem, an dem wir immer zerbrechen – zerbrechen müssen. Nur in Organisationen gelingt, was der oder die Einzelne nicht kann – weil man dort alte und neue Bewusstseinsinhalte verbinden kann und sich so erneuernd verjüngt! Dann ist wahr: „Vergangen nicht, verwandelt ist, was war“: Die alte Area 02 des Districts 14 von ZI wird in 4 Areas in ihren jeweiligen Distrikten zu neuem Bewusstsein erwachen!

In diesem Sinn möchte ich Ihnen allen für die Zukunft ins Tagebuch schreiben: **Halten Sie Zonta jung!** Damit ist nicht jung an Jahren gemeint – welche echte ZONTIAN, Decisionmakerin, Entscheidungsträgerin ist schon jung an Jahren, wir brauchen meist länger als die Männer, bis wir Entscheidungen tragen dürfen –, gemeint ist die ideelle Jugend, Jugend im Geist! Offen für das Erklimmen neuer Bewusstseinsstufen. **Keep Zonta young!**

Viel Glück den vier neuen deutschen Areas!

Der Weg der Frau und die Bewusstseinsbildung

Zonta-Symposium 1994 in Bonn

Bürgermeisterin Schmidt-Niemack!
Vice-Area-Direktorin Gerda Naujocks!
Präsidentin Hilde Rostowsky, Areasekretärin Brigitte Kwasniok,
Area-Schatzmeisterin Marlis Sommerlade-Brink,
Präsidentinnen, Zontians!

Wir veranstalten dieses Symposium als Area Deutschland und ab nächstem Jahr als Union deutscher Zonta Clubs, um auch die intellektuelle Stimme Zontas erschallen zu lassen. Seit 1931 hat Zonta International einen Satzungspunkt in der Internationalen Satzung aufgenommen, welcher uns zur Aufgabe macht, uns für die politischen, rechtlichen, sozialen, wirtschaftlichen Belange der Frau einzusetzen. Verkürzt wird es „Status of Women" genannt. In vielen Ländern kümmern sich Zontians um diesen Status – in Deutschland ist jedoch der Service beliebter.

Ich darf einen kurzen Blick in die deutsche Geschichte werfen.

Erst 1953 haben wir in Deutschland vom Verfassungsgericht die gleichen Rechte zwischen Mann und Frau bestätigt bekommen. Am 14. Januar 1954 hat die Bundesregierung aber festgestellt, dass die Durchsetzung der Gleichberechtigung nicht zum Schaden der Familie werden dürfe, der Mann habe daher bei Meinungsverschiedenheiten den Stichentscheid. Dies wurde erst 1959 aufgehoben, wiederum vom Verfassungsgericht zugunsten der Gleichberechtigung der Frau. Der alte Standpunkt spukt jedoch noch in vielen Köpfen herum, in männlichen wie auch in weiblichen!

Heute haben Frauen alle Rechte, nur stehen die meisten bei der Durchsetzung vor einer unausgesprochenen Mauer, die – vielleicht unbewusst – zumeist von Männern aufgebaut wird. Wir können Rechte immer noch schwer durchsetzen, weniger als Freiberuflerinnen als in männlich geprägten Hierarchien der oberen Chef-Etagen. Hier gilt das Recht des Tüchtigen kaum für die Frau, fast nur für den Mann! Besonders, wenn er in die Gruppe passt. Mit einem promovierten Akademiker, der Reserveoffizier und Rotarier ist, kann eine tüchtige promovierte Akademikerin kaum gleichziehen, auch wenn sie bei der Feuerwehr mitgearbeitet hat und Zontian ist ... Das ist die Welt, in der wir leben. Lassen Sie uns sie hinterdenken.

Dabei möchte ich kurz auf drei Dinge hinweisen:

Der Verbesserung der Situation der Frau stehen drei Dinge im Wege:

1. die Bewusstseinsstufe der Frau
2. die Bewusstseinsstufe des Mannes
3. eine soziokulturelle Zeiterkrankung

Zu 1. Die Frauen gefallen sich immer noch in der Masochistinnenrolle, passiv als Opfer, aktiv als Helfende und haben gar kein Bewusstsein für das Unrecht, das ihnen geschieht. Sie sind nämlich zufrieden mit dem zweiten Platz hinter dem Mann. Ein Beispiel: unlängst hat eine Dame, als wir über Finanzen und die Zunahme finanzieller Schwierigkeiten sprachen, zu mir gesagt: Ach, mein Mann ist Mediziner, für mich bezahlt natürlich mein Mann. Sie war stolz darauf und hat sicher bis heute nicht verstanden, warum ich sie fassungslos angesehen habe. Sie selbst ist nämlich Ärztin und Zontian.

Aber es hat taghell das Problem beleuchtet: Frauen sind auch heute noch stolz, wenn sie einen so wundervollen Preis wie einen gutverdienenden, sozial angesehenen Mann errungen haben, welcher sie durch seine Gunst erhöht und sie umsorgt! Es muss Frauen bewusst gemacht werden, dass sie finanziell und gesellschaftlich (was meistens leider parallel geht) unabhängig und gleichwertig sein müssen. Sie dürfen gerade auf diesen Sektoren nicht zurückstecken! Aber sie tun es! Die Mütter haben es ihnen vorgemacht.

Zu 2: Das Bewusstsein des Mannes für die Rechte der Frau muss geläutert werden! Sie halten sich bereits für wundervoll, wenn sie zum Beispiel erlauben, dass Frauen ein bisschen für ihr berufliches oder gesellschaftliches Fortkommen tun. Der klassische Psychoanalytiker wird sagen, sie sind sadistisch. Auch hierzu eine Story. Ein älterer, sehr liebenswürdiger Herr sagte mir unlängst: „Wenn Sie so emanzipatorisch reden, werden Sie den Zontians schaden und nicht nutzen, denn die Ehemänner werden dagegen sein, wenn ihre Frauen in eine solche Organisation eintreten wollen." Auch er hat nicht verstanden, dass der Fehler nicht bei meinen Reden, sondern bei der männlichen Einstellung liegt, einer Frau, die man angeblich liebt, den Status zu verbieten, etwas für sich und ihr Fortkommen zu tun, auch beruflich – nämlich bei Zonta! – sich also in eine Organisation zu begeben, die sich eben nicht nur für die servile Unterordnung in weiblicher Hilfeleistung ergeht, sondern die ihre Mitglieder echt gleichberechtigt in Decisionmaker-Positionen sehen will. Penisneid auf Frau?

Zu 3. Jedes Jahrhundert hat seine soziokulturelle Zeit-Krankheit, die unsrige ist der Neid! Auch hier geht es der Frau schlechter als dem Mann. Die erfolgreiche Frau wird vom Neid beider Seiten, der erfolgreiche Mann hauptsächlich vom Neid seiner Geschlechtsgenossen verfolgt – Frauen beneiden ihn höchstens sehr verdeckt. Viele Psychologen sind der Meinung, dass es ohne Neid keinen Erfolg gibt. Ich möchte sagen, wir sollten „positiven" Neid in uns gegen Männer zulassen als Schmiermittel zum Erfolg und zu neuer Kraftanstrengung, nicht aber den gegen erfolgreiche Frauen! Sie sind unser role model.

Meine Damen und Herren, da stehen wir nun als *die* Organisation auf der Welt, die für Frauen wie keine zweite Mildtätigkeit und Hilfsbereitschaft mit Selbstachtung und Fortkommen verbinden will. Wir stehen nun im Angesicht eines neuen Jahrhunderts und hoffen auf eine

Verbesserung unseres Weges! Im Grunde erhoffen die meisten Frauen diese Verbesserung durch ein großes Wunder. Nicht durch eigene Veränderung, sondern durch Einsicht der Maßgeblichen, die uns endlich voranbringen sollen, ohne dass wir die Strategie des lieben Kindes aufzugeben bräuchten! Es gibt aber kein Wunder, es sei denn, man tut es – und zwar mit einer Veränderung des Bewusstseins, welche in Taten umgesetzt wird! Dies soll ein Weckruf sein! Ich wünsche uns allen viel Glück dazu!

Ehre und Ehrenmitgliedschaft

Rede 1996 anlässlich der Verleihung der Ehrenmitgliedschaft an die Bundestagspräsidentin Rita Süssmuth in Bonn

Ganz besonders freue ich mich, Frau Bundestagspräsidentin Süssmuth unter uns willkommen zu heißen. Es ist dies nicht nur eine große Freude, es ist auch eine große Ehre. Und damit sind wir bereits beim Thema: Ehre und Ehrenmitgliedschaft.

Lassen Sie mich mit der *Ehre* anfangen. Die Ehre gehört in der Bundesrepublik Deutschland zu den Begriffen, die – ähnlich wie der der *Elite* – leider nicht nur Freude, sondern gelegentlich auch ein gewisses Unbehagen hervorrufen, entweder bei älteren Menschen (darunter verstehe ich die, die sich noch an die NS-Zeit erinnern können) oder bei jüngeren (darunter möchte ich jetzt die verstehen, die sich den 68ern zurechnen). Beide Gruppen kommen aus völlig unterschiedlichen Richtungen, haben aber ähnliches Unbehagen. In den Jahren von 1933–1945 ist der Begriff überstrapaziert und vor allem politisch missbraucht worden, die vielzitierte deutsche Ehre dieser Tage war ein hohler Begriff, der vieles, allzu vieles Unehrenhafte zudecken sollte. Kein Wunder, dass Zeitzeugen sich von diesem Begriff danach distanzierten. In den 1968er Jahren ist er von einer Generation von Menschen, die nicht zu den erstgenannten Zeitzeugen zählten, aus einer anderen Weltanschauung heraus abgelehnt worden – gewissermaßen als eine verzichtbare Sekundärtugend, die nur am freien Leben stört, am Aufbruch zur neuen Freiheit des Individuums. Sicher war auch dies eine verspätete und indirekte Antwort auf die braune Vergangenheit. Diese hatte schließlich das Nachkriegsdeutschland mit den oft harten Zwängen und Einengungen des Wiederaufbaus nach sich gezogen und in vielen Menschen dadurch die Sehnsucht geweckt nach der vielbesprochenen Selbstverwirklichung, nicht aber nach Begriffen wie Ehre.

Auch dies war eine falsche Antwort. Stehen wir heute zum Begriff Ehre! Was verstehen wir eigentlich darunter? Laut Brockhaus ist Ehre heutzutage die auf Selbstachtung beruhende, daher als unverzichtbar erlebte Achtung, die der einzelne Mensch von seinen Mitmenschen für sich selbst beansprucht. Lassen Sie es uns etwas hinterdenken!

Ehre ist demnach eine innere Haltung, die auf dem Bewusstsein der eigenen Unbescholtenheit begründet ist und von äußerer Anerkennung relativ unabhängig ist; ja, die sich auch durch äußere Missachtung und Verunglimpfung nicht angefochten fühlt. Ehre ist uns Menschen demnach zunächst eigen! Es sei denn, man verliere sie durch eigenes unehrenhaftes Verhalten, es sei denn, sie würde von anderen abgeschnitten. (Interessanterweise versteht man lt. Brockhaus unter Ehrabschneidung die Schädigung durch ohne *Not* Offenbarung geheimer, aber wahrer Fehler!)

Wir alle haben Ehre, sie ist ein unbewusster Bestandteil unserer Person und bedarf also keiner Anerkennung. Trotzdem ehren wir gelegentlich andere. Wir beziehen uns dabei eigentlich auf Gedankengänge aus der Antike!

In der Antike verstand man laut Aristoteles unter Ehre ein äußeres Zeichen der Anerkennung irgendeines Vorzugs am anderen als Bekundung der inneren Hochschätzung für dessen Person. Diese innere Hochschätzung wird dann als „an sich wichtiger als die einzelne äußere Ehrung" definiert. Ehre setzt so die *Wahrheit eines Vorzugs* in der geehrten Person voraus. Ehrt man so einen anderen, so benutzt man gewissermaßen dessen Ehre auch zur eigenen Vorstellung, Verdeutlichung, ja zur eigenen Erhöhung. Dies ist wohl der tiefere Hintergrund vieler Ehrenmitgliedschaften in den unterschiedlichsten Organisationen.

So ein Fall lässt auch uns heute zusammenkommen!

Das äußere Zeichen der Anerkennung ist die Überreichung der Ehrenmitgliedschaft von Zonta International. Die innere Hochschätzung der Person Rita Süssmuths als einer außergewöhnlichen Frau mit ihren Vorzügen ging dieser voraus. Wir beziehen uns dabei ganz besonders auf das, was Sie, Frau Süssmuth, für andere Frauen in Ihrem Leben bewegt haben. Sie haben in vielen Jahren ein außerordentliches Engagement gezeigt, anfänglich noch neben Ihrer Hochschultätigkeit, später als Ministerin für Frauen, Jugend und Gesundheit von Amts wegen. Ihre Tätigkeit zeugt vom Feuer des Engagements für soziale, gesellschaftspolitische Belange und damit wohl automatisch für Frauenfragen. Sie zeugt vom Impetus, Herausforderungen anzunehmen, um das Machbare zu prüfen – von Biegsamkeit und Durchsetzungskraft einer starken Frau.

Das sind Eigenschaften, die wir Zontians lieben – die wir als beispielhaft weitergeben wollen. Sie, Frau Süssmuth, sind Politikerin. Zonta International steht über den politischen Parteien, denn wir haben Mitglieder in vielen politischen Parteien unterschiedlichster Couleur auf dieser Erde. Aber gerade deshalb sind wir nicht so borniert, nicht anerkennen zu können, dass Sie in Ihrer Eigenschaft als Vorsitzende der Frauenunion der CDU Hoffnungsträgerin für viele Frauen geworden sind, die wissen, dass nur in einer politischen Partei Dinge machbar gemacht werden können. So haben Sie sich für so unterschiedliche Belange wie den § 218, wie für Kindergärten, engagiert, so setzen Sie sich gerade jetzt für das Herabsetzen des Rentenalters berufstätiger Mütter ein. International haben Sie die BRD mit deutschem Ideengut in vielen Frauengremien vertreten. Last but not least darf ich daran erinnern, dass Sie sich für die „Frauenquote" berufstätiger Frauen stark gemacht haben. Wir, als ZI, einer Organisation, die Führungskräfte in diesem wie in 74 anderen Ländern der Erde vereint, wir sind für die natürliche Quote der tüchtigen Frau und nicht für die Quotenfrau. Aber wir müssen wohl akzeptieren, dass es heutzutage leider immer noch besser ist, als Quotenfrau in irgendeine Position zu kommen, als überhaupt nicht. Und das ist meistens die Alternative.

Wir möchten heute in Ihnen die Frau ehren, die Außergewöhnliches für Frauen getan hat und tut und die darüber hinaus ein besonderes, hervorragendes Amt innehat. 1988 sind Sie als erste Frau in der deutschen Geschichte sozusagen zum 2. Mann des Staates geworden: zur Präsidentin des Deutschen Bundestages. Sie sind somit die ranghöchste Frau dieser Republik. Das ist außergewöhnlich, aber noch viel bedeutsamer ist es meines Erachtens, dass Sie dieses Amt bis heute ununterbrochen innehaben. Wir als Zonta International sind stolz auf eine Frau, die es „geschafft" hat", und wir sind besonders stolz, wenn sie zu uns gehört. Indem Sie sich mit uns identifizieren, geben Sie die Anregung, Ihnen zu folgen. Dafür danken wir!

IzS und Prof. Dr. Rita Süssmuth

Frauen und Macht?

Rede im Zonta-Club Aachen am Freitag, dem 30. Oktober 1998

Unser heutiges Thema ist: „Frauen und Macht?“ und dahinter steht ein Fragezeichen! Bezeichnenderweise? Warum? Haben Frauen etwa ein gestörtes Verhältnis zur Macht? Ich denke, ja, ich will auch sagen warum. Als erstes haben wir ein solches, weil wir als die körperlich Schwächeren unter den vorhandenen Machtverhältnissen gelebt und auch zunehmend gelitten haben.

Zur zweiten Erklärung muss ich etwas ausholen. Vor Jahren hatte ich ein diesbezügliches Aha-Erlebnis. Ich hatte nämlich in einer Rede vor Zontians unter anderem gesagt: Wir Frauen brauchen mehr Macht, um Rechte durchsetzen zu können. Wo ist der erste weibliche Bundeskanzler, wo die Bundespräsidentin? Hinterher kam eine angesehene Juristin zu mir und sagte: Gell, das mit der Macht haben Sie doch nicht ernst gemeint? Wir haben doch das Grundgesetz.

Vor circa vier Monaten hatte ich eine zweite interessante Begegnung mit diesem Thema. Es war das Symposium „Frauen auf Erfolgskurs“ – Erfolgskurs ist ein Statement, welches sicher stimmt. Wir sind auf Erfolgskurs. Im Verlauf dieser Veranstaltung war aber ein Interview angesagt unter dem Thema „LUST auf MACHT“ zwischen Maria von Welser vom ZdF als Moderatorin und zwei Damen aus der Wirtschaft: Die eine war Abteilungsdirektorin einer Großbank, über deren Schreibtisch wöchentlich Milliarden Dollars abgewickelt werden, die andere war eine Politik- und Wirtschaftsberaterin. Beide Damen gaben im Verlauf der Unterhaltung zu, Distanz zur Machtausübung zu haben – sie machten die Ausübung unter „Wenns“ und „Abers“ an moralischen Kriterien fest, bejahten die Ausübung von Macht nur zur *Problemlösung* und dann nur mittels Kompetenzzuwachs. Im Grunde wollten beide keine Macht über Menschen ausüben, von Lust an Macht war überhaupt keine Rede. Im Gegenteil: gerade der Hinweis auf Lust an Macht schien bei beiden Damen bereits Widerstand zu erzeugen. Die beiden aus der Wirtschaft und die Moderatorin waren sich allerdings einig, dass man sich die andere Alternative, eine Kuschelecke von Fördermaßnahmen für Frauen von den Mächtigen, also den Männern verbitten muss! Daher störe die Quote beim Fortkommen der Powerfrau. Irgendwie war unklar, wie sie denn mit Macht umgehen wollten.

Nach diesen drei Damen kam unser Internationales Zonta-Ehrenmitglied Professor Dr. Rita Süssmuth zu Wort. Sie brachte alles in drei Sätzen auf den Punkt: „Vernunft allein bestimmt nicht die Weltgeschichte. Wer etwas machen will, muss Probleme lösen. Dazu gehört *Macht* über Menschen!" Ferner sagte sie zu den Damen: Sie hätten über den Vorteil gesprochen, Probleme über Kompetenzzuwachs lösen zu können. Dies sei ein frommer Wunsch; denn Kompetenzzuwachs bringe noch lange keinen Machtzuwachs, um tatsächlich etwas zu bewegen. Um den beklagten Machtzuwachs sei es aber laut Süssmuth mit einem Frauenanteil von 26 % im (alten) Bundestag schlecht bestellt, sie wiederum befürworte zur Verbreiterung der Machtbasis die *Quote* der Frau.

Dies waren völlig gegensätzliche Standpunkte von Frauen, die es alle in ihrem Beruf enorm weit gebracht hatten, also wissen sollten, worüber sie sprachen! Die erste hielt Machtanspruch eher für einen Witz, alle drei wollten keine Macht über Menschen und keine Quote, eine wollte Macht und gleichzeitig auch noch die Quote!

Ich halte die unterschiedlichen Auffassungen über Macht, speziell die der erstgenannten drei Frauen, leider für frauenspezifisch. Von meiner Seite kommt noch eine weitere Variante dazu: Ich bin auch für die Macht für Frauen im gleichen Maß wie für Männer, denke aber, dass die Quote nur solange wichtig ist, wie wir noch zu schwach sind, um uns das Beharren auf Tüchtigkeit leisten zu können. Wegen dieser gegensätzlichen Standpunkte möchte ich fragen:

Macht – was hat man tatsächlich unter solch einem Begriff zu verstehen, den jeder kennt und zu dem trotzdem so unterschiedliche Meinungen bestehen? – Haben Männer und Frauen durch Erziehung oder gar genetisch bedingt ein unterschiedliches Verhältnis zur Macht? Gibt es eine Gefahr des Missbrauchs der Macht durch Männer gegenüber Frauen?

Zunächst also: Was ist „Macht“ überhaupt? Laut Philosophischem Wörterbuch wird Macht wie folgt definiert: Macht ist die *Chance*, innerhalb einer sozialen Beziehung den eigenen Willen auch gegenüber Widerständen durchzusetzen. Macht braucht Selbstbehauptung. Zu dieser Selbstbehauptung gehört geistige Durchsetzungskraft, manchmal auch körperliche oder seelische. Auf die seelische Durchsetzungskraft werde ich noch gesondert zu sprechen kommen. Die Qualität, auf der sich Macht gründet – und gründen sollte – heißt Autorität! Legitimation und Begrenzung der Macht ist das Recht, oder sollte es zumindest sein. Das Instrument der Macht ist u.a. ein Zugriff auf die Polizei, das Militär; das kann also Zwang und Gewalt bedeuten, obwohl Macht nicht von sich aus gleichzusetzen ist mit Zwang oder Gewalt. Die Institutionalisierung der Macht erfolgt in der Herrschaft. So liegen die Aufgaben der Macht vorzugsweise im politischen Bereich: Die Organe des Staates müssen Macht haben. Nur mit Hilfe von Macht sind politische Ziele zu erreichen, wie z.B. eine Ordnung in Gerechtigkeit und Gleichberechtigung aller Menschen aufzubauen und der menschlichen Gemeinschaft ein Leben in Frieden zu sichern.

Wie alle irdischen Werte kann auch die Macht missbraucht werden. Besondere Gefahr liegt dann vor, wenn sie mit Hilfe von Technik (z.B. Gaskammer) und im Kollektiv (NS-Zeit, auch im Kommunismus wie in jeder Diktatur) missbraucht wird. Macht wird dann nämlich nicht mehr persönlich zu verantworten sein, sondern ihre Ausübung wird anonym. Wie groß die Gefahr von anonymen Machtkollektiven ist, braucht man in Deutschland nicht zu erläutern. Dieses entsetzliche Wissen scheint tiefe Spuren hinterlassen zu haben, so tief, dass Macht fälschlicherweise völlig abgelehnt wird.

Zusammenfassend ist Machtausübung also zunächst eine absolut notwendige Maßnahme, um legitime und moralische Ansprüche durchzusetzen. Ohne sie kann es keine Gerechtigkeit geben, kein Recht, keine Gleichberechtigung aller Menschen – auch der von Frauen – egal, wo auf der Welt!

Von daher gesehen ist Macht und ihre Ausübung positiv zu beurteilen, dies gilt besonders von Seiten der Frauen! Trotzdem ist ihre Ausübung gerade bei Frauen häufig mit Angst besetzt. Frauen neigen zu Angst vor aktiver Machtausübung durch sie selber ebenso wie vor der seitens der Männer. Dies mag mit einer anderen Erklärung von Macht zusammenhängen, die aus dem psychologischen Erklärungs- und Definitionsbereich stammt. Ich will dies nicht allzu sehr theoretisieren, aber: Aus psychologischer Sicht ist Macht als ein dem Menschen eigener Trieb geistig-seelischer Beherrschung anderer Menschen zu verstehen: Triebe ängstigen manche Gemüter, obwohl sie normal sind und jedem Menschen in gewissen Grenzen eigen. So lässt uns alle der Machttrieb im engeren, privaten Bereich nach Macht streben, im Sinne von Anerkennung in unserem jeweiligen sozialen Umfeld. Geltungsstreben, Selbstwertstreben – hierunter fällt auch die viel besprochene Selbstverwirklichung, auf die Frauen sich gern beziehen – sind mit diesem Trieb eng verkoppelt.

Das ist naturhaft und legitim. Der Mensch braucht Anerkennung seiner selbst in seinem sozialen Umfeld. Er sucht dort ein seinen Fähigkeiten und Möglichkeiten entsprechende Positionierung. Nach ihr strebt jeder und jede. Es gibt aber auch eine ungesunde Steigerungsform, die zu dem Missbrauch der Macht führen kann, den wir auch schon vorhin angesprochen haben. Macht richtet sich dann gegen den Einzelnen oder das Sozialwesen.

Hiermit kommen wir dem Problem der Frau näher. Es gibt dabei drei Punkte zu bedenken.

Zum einen ist die Einbindung in die gesellschaftliche Struktur, in das Sozialwesen, die Domäne der Frau, welches sie in der Familie hütet. Machtmissbrauch wird sie daher besonders stören.

Zum anderen ist der Machtmissbrauch oft durch etwas verursacht, was man prima vista nicht für möglich hält, nämlich durch Minderwertigkeitsgefühl des Missbrauchers. Dieses Minderwertigkeitsgefühl ist nun bei Frauen oft anzutreffen. Fürchten sie sich daher unbewusst vor Macht, weil sie Missbrauchspotenial in sich selbst spüren? Es ist nachdenkenswert.

Zum Dritten aber stört ein solches Minderwertigkeitsgefühl auf dem ganz normalen Weg zur Macht. Es muss also irgendwie kompensiert werden. Aber nur Erfolg kann dieses Minderwertigkeitsgefühl kompensieren. Erfolg kann nun etwas ganz Unterschiedliches für den Einzelnen sein, hat aber auch einen Aspekt des Vorzeigbaren. Hier hat die Frau die schlechteren Karten – die Historie der Frau war nunmal keine Geschichte des Erfolges – es war die Geschichte der Hüterin des Feuers am Herde (was auch erfolgreich sein muss, aber eben unspektakulär, nicht geeignet, um Minderwertigkeitsgefühle oder gar -komplexe zu bessern). So war die Geschichte der Frau nolens, volens auch die Geschichte der Minderwertigkeitsgefühle oder gar -komplexe, zumeist gegenüber Männern.

Gott, Vater, Chef sind Synonyme der Autorität und Macht. Von Maria, der Mutter Gottes, der eigenen Mutter, den raren Chefinnen kann in diesem Zusammenhang weniger die Rede sein. In der ganzen Geschichte der Menschheit ist die mächtige Frau eine Ausnahme gewesen. Auch die aus der Zeit des Mittelalters häufig genannten Witwen von Handwerksmeistern, die deren Geschäfte weiterführen durften, waren eine Ausnahme, abgesehen davon, dass sie keine Macht im politischen Sinn des Wortes hatten – und davon sprechen wir hier mehr oder weniger. Wenn frau mächtig war, hat sie die Macht nicht mit weiblichen Eigenschaften, weiblichem Führungsstil benutzt, sondern wie ein Mann (ich nenne nur Katharina die Große) oder indirekt durch Manipulation eines Mannes, der für sie handelte (z.B. Lola Montez).

Heute kennen wir einen unterschiedlichen Führungsstil von Männern und Frauen: Nach Hesse-Schrader ist es folgendermaßen:

	Männlich	**weiblich**
Handlungsstil	wettbewerbsorientiert	kooperativ
Organisation	hierarchisch	team-orientiert
Zielsetzung	gewinnen	verbessern
Problemlösung	rational	intuitiv
Charakteristika	starke Kontrolle	geringe Kontrolle
	strategisch	unstrategisch
	unemotional	emotional einfühlsam
	analytisch	hohe Leistungsstandards

Dieser unterschiedliche Führungsstil der Frau ist die Quintessenz positiver Verarbeitung von Hilflosigkeit, Entmutigungen, Benachteiligungen in der Kindheit und später. Im Gegensatz zu den Jungen wurden und werden sie noch heute – obwohl deutlich weniger – nicht in Richtung Durchsetzungskraft und Erfolg erzogen, sondern hin zur Weiblichkeit. Darunter versteht man soziales Verhalten, Bewahren, Fürsorge für den Nächsten, Rücksichtnahme, Bescheidenheit, Sinn für Gemeinschaft, kurz: das „liebe Kind" zu sein. Weibliche Hormone und genetische Veranlagungen (wahrscheinlich durch anatomisch unterschiedliche Vernetzungen im Hirn) unterstützen diese Erziehung. Frau muss kämpfen, aber es ist, als ob frau eine Rolle nach Art des „bösen Mädchens" fürchtet, mit der sie gewissermaßen aus der Liebe fallen könnte. Ich will dies jetzt nicht vertiefen und theoretisieren. Zusammenfassend muss man sagen: Die Welt ist für Frauen einfach ungerechterweise schwieriger als für Männer, in jeder Hinsicht.

Auf der Suche nach einer besseren Welt findet die Einzelne wenig Unterstützung – abgesehen von politischen Parteien. Eine große Ausnahme bildet Zonta International. Zonta makes the difference. Warum? Wie bereits besprochen, steht in unserer Satzung etwas von verantwortungstragenden Mitgliedern. Im Originaltext der Bylaws heißt es: Mitglieder müssen decision maker sein. Das ist noch schärfer formuliert als der deutsche Text. Es kommt etwas näher heran an unseren Begriff: *Entscheidungsmacher* – kommt heran an Machtausüben!

Decision maker macht klar, welchen Personenkreis wir ansprechen. Z.I. will Frauen, die in ihrer beruflichen Umgebung das Sagen haben. Z.I. tut dies nicht grundlos oder aus Hochmut, sondern weil es wichtig ist für die Sache, die uns angeht. Wir suchen Elite im positiven Sinne des Wortes, d.h. Frauen, die Verantwortung übernehmen, Gestaltungskraft haben, inhaltlich etwas zu sagen haben. Es ist eine Minderheit, die etwas erreicht hat, um es bei Zonta hilfreich an Schwestern weiterzugeben.

Lassen Sie mich schließen! Emanzipationswünsche sind so alt wie die Lesefähigkeit der Frau. Und lesen kann sie ja schon lange. Für diese lange Zeit hat sie wenig erreicht, teils wegen ihres Minderwertigkeitskomplexes, teils wegen ihrer mangelnden Erziehung in Hinblick auf Durchsetzungsfähigkeit; anderenteils hat sie auch wenig Chancen durch das Festhalten der Männer am Jahrtausende alten Machtgefüge und ihren oft unbewussten Seilschaften, die zu Ungerechtigkeiten gegenüber Frauen führen. Dies muss sich ändern. Dabei muss die Frau nicht unweiblich werden, denn fraulicher Führungsstil ist gefragt, wenn er auch zunächst nicht immer durchsetzbar ist. Unlarmoyant und willensstärker werden muss sie aber sofort, um zum Erfolg zu kommen.

Denn: Frauen, die circa die Hälfte der Menschheit ausmachen, sind immer noch nicht im Zentrum der Macht angekommen. Im Interesse der Frau, aber auch im Interesse einer weiblicheren Welt für alle Menschen, müssen sie aber im Zentrum der Macht ankommen. Ich wünsche ihnen dahin einen schnellen und sicheren Weg!

Das Leben der Amelia Earhart, einer außergewöhnlichen Frau und Feministin

Eine Laudatio zur Verleihung des Amelia Earhart Award durch ZONTA INTERNATIONAL an Anette Bade

Es gilt als eine große Ehre, den Amelia Earhart Fellowship Award zu erringen. Es ist auch eine Ehre, ihn überreichen zu dürfen! Dieser Preis ist nämlich der größte, den Zonta International zu vergeben hat. Seit Jahrzehnten werden jährlich mehrere, manchmal mehr als 80 junge Frauen auf diese Weise geehrt. Sie erhalten neben dieser Auszeichnung jeweils mit der Urkunde 6000 US Dollar. Was sind dies für junge Frauen? Sie alle kommen aus einer technischen Ausbildung, oftmals sind es Doktorandinnen – wie auch in unserem Fall heute –, die etwas mit der Luftfahrt zu tun haben. Warum aber gerade eine Frau aus einer technischen Ausbildung? Warum aus der Luftfahrt? Es ist ganz einfach und vielen auch bereits bekannt:

Amelia Earhart, die Namensträgerin unseres Preises, war Fliegerin – darüber hinaus war sie Zontian, eine der hervorragendsten, die je gelebt haben, Mitglied des Zonta Clubs Boston, eine technisch hochbegabte, aber vor allem eine ganz außergewöhnliche Frau, die bereits zu Lebzeiten weltberühmt wurde. In den USA – im Gegensatz zu Europa – kennt jedes Kind ihren Namen; er ist Lehrstoff in den Schulen. Lassen Sie mich Amelia Earhart daher Ihnen ein wenig vorstellen.

AE (wie sie später genannt wurde) war eine Frau mit besonderem Flair, sehr gut aussehend, feminin, eher weich, sehr liebenswürdig, dabei klug, selbstbewusst und ehrgeizig. Anfänglich war sie oft unentschlossen, sehr sozial eingestellt, später zeigte sie sich durchsetzungsfähig, mit starken Nerven. Letzteres war wichtig, ja, überlebenswichtig für sie. Oft war sie wohl auch ein zerrissener, zwiespältiger Mensch und gerade deshalb so interessant. Vieles ist sicher aus ihrer Herkunft erklärbar. Sie wurde am 24. Juli 1897 geboren als erste von zwei Töchtern eines sehr unterschiedlichen Ehepaares. Die Mutter kam aus einer sehr angesehenen, wohlhabenden Familie, Vater Richter und Bankdirektor in Atchison, Miss., erzogen zu einer feinen Dame. Die Familie von Amelias Vater war dagegen eingewandert, aus Deutschland natürlich, wie der Name schon vermuten lässt. Sein Vater war Prediger und Farmer. Der Sohn war der jüngste unter zwölf Geschwistern – da gab es kein Geld mehr für die Ausbildung. Er verdiente sich sein Jurastudium durch Arbeit im Supermarkt usw. selbst, war ein lustiger, allseits beliebter Bursche. So ein Mann gefiel dem zukünftigen Schwiegervater natürlich nicht, der sich für seine Tochter etwas Besseres vorgestellt hatte als so einen armen Schlucker. Das junge Paar durfte erst heiraten, als der Bräutigam einen Verdienst von 50 US Dollar im Monat nachweisen konnte. Es dauerte fünf Jahre. Aber er verdiente nur selten mehr! Der Hochzeit folgten viele schlechte Jahre, Umzüge an immer wieder andere Orte, auch als Amelia und Muriel (die jüngere Schwester) längst geboren waren, die sich am liebsten im Hause der Großeltern mütterlicherseits aufhielten. In der dortigen großzügigen Atmosphäre fühlten sie sich wohler als bei den eigenen Eltern, bei denen sie sich oft als arme, herumgestoßene Kinder vorkamen. Sie schrieb später darüber: „Ein rollender Stein setzt kein Moos an. Es ist mein Los gewesen, immerfort unterwegs zu sein.“ Das Schlimmste in dieser Kindheit war wohl, dass der Vater von der Familie der Frau und ihrer Gesellschaftsschicht nicht anerkannt wurde. Er suchte sich anderswo Anerkennung, bei falschen Freunden, begann zu trinken. Für Amelia ein böses Erlebnis, das sie aber gut verkraftete. Sie scheute sich auch später nicht, mit Trinkern zusammen zu sein, und zwar noch zweimal an den gefährlichsten Stationen ihres Lebens . Sie meinte, sich auf Trinker zu verstehen – ein vielleicht verhängnisvoller Gedanke?

1924 wurde die Ehe der Eltern nach vielen traumatisierenden Erlebnissen geschieden. Zu dieser Zeit war Amelia bereits 27Jahre alt. Sie hatte einen Flugschein, aber keinen Beruf, denn mit der Fliegerei konnten nur Männer Geld verdienen. Geld aber fehlte ihr immer. Außerdem hatte sie einen Freund, der sie unbedingt heiraten, mit ihr eine ordentliche Familie gründen wollte.

Was hatte sie bisher gemacht? Der Beginn des Ersten Weltkrieges 1914 verhalf ihr zu einer pazifistischen, idealistischen Weltanschauung, für die sie bis zuletzt bekannt war. Sie hielt es mit den Armen und Unterdrückten, verkehrte allerdings später sehr gern mit den Reichen und Mächtigen. Die Kriegsjahre 1917–1918 verbrachte sie als Krankenschwester in Toronto. Anschließend studierte sie Medizin. Nebenbei absolvierte sie 1918–1920 einen Kurs für Kfz-Techniker, denn sie war technisch begabt. Die Fliegerei interessierte sie also erst relativ spät, dann aber maßlos.

Es begann, als sie 1920, 25-jährig, schicksalhaft Meta Shook kennenlernte, eine der ersten Fliegerinnen der USA, von der sie fasziniert wurde. Am 2. Januar 1921 erhielt Amelia die erste Flugstunde von Meta, dann Flugunterricht bis 1924, immer neben dem Medizinstudium. An ihrem 24. Geburtstag, dem 24. Juli 1921, kaufte sie sich bereits ihr erstes eigenes kleines Flugzeug: Airster, durch Jobben selbst erarbeitet! Natürlich hatte sie beim Fliegen auch Pech, z.B. einen Unfall gemeinsam mit Meta Shook, durch den Amelias Persönlichkeit typisch aufblitzte: Geistesgegenwärtig zog sie erst den Zündschlüssel ab, damit die Maschine kein Feuer fangen konnte, dann kramte sie ihre Handtasche vor, puderte sich die Nase und sagte zu Meta: „Wir müssen gut aussehen, wenn gleich die Presse kommt!“ Bald erhielt sie die Pilotenlizenz, wurde bald bekannt durch den Rekord, als erste Frau 14 000 Fuß hoch geflogen zu sein. Nach der Scheidung der Eltern zogen alle drei Earhart-Frauen aus Sparsamkeitsgründen zusammen, nach Boston. Muriel war Lehrerin geworden, Mutter Amy machte den Haushalt, und Amelia wurde neben dem Medizinstudium vier Jahre lang Sozialarbeiterin bei der Einwanderungsbehörde in Boston. Davon lebte sie. Diese Arbeit lag ihr auch. Sie war zufrieden. Ihrem Freund Sam Chapman erklärte sie, dass sie nie heiraten werde. Die Beziehung ging auseinander oder besser: ging in eine lebenslange Freundschaft über – auch das war typisch für Amelia.

Nichts Besonderes passierte in ihrem Leben. Sie arbeitete und verbrachte die meiste Zeit bei ihrem Hobby, der Fliegerei, auf dem Flugplatz herumjobbend, oft mit dem Schraubenschlüssel in der Hand. „She is a damned good pilot", hieß es; aber als Frau konnte sie damit überhaupt nichts anfangen. Ihr großes Talent lag brach. Das muss sehr bitter für sie gewesen sein. So wäre ihr Leben wahrscheinlich eintönig weitergelaufen, wenn nicht etwas anderes passiert wäre.

Es gab außer ihr bereits eine Reihe von Pilotinnen, u.a. eine Amerikanerin aus reichem Hause, Mrs. Guest, in London verheiratet. Diese wollte 1928 unbedingt einen Flug über den Atlantik absolvieren, wie ihn zuvor zwei Engländer von Neufundland nach Irland und 1927 Lindberg von New York nach Paris geflogen waren. Die Guest-Familie redete es ihr aus. Daraufhin gründete sie ein Komitee, welches eine Frau suchen sollte, die es an ihrer Stelle tat! Dem Komitee stand natürlich ein Mann vor: George Putnam, ein reicher Verleger mit viel Interesse für schöne Frauen. So kam es, wie es kommen musste: Die Fliegerin war sehr bald gefunden – AE. Aber sie sollte nur Mitfliegerin sein, nicht Pilotin. Pilot war der 28-jährige Wilmer Stultz, der dafür 20 000 Dollar erhielt. Copilot Louis Gordon erhielt 5000 Dollar, Sie, wie immer in pekuniären Schwierigkeiten, erhielt nichts. Nur den offiziellen Titel: Captain der Crew, d.h. in Zweifelsfragen gab ihre Meinung den Ausschlag. Ansonsten hatte sie nur die Aufgabe, das Bordbuch zu führen und den Flug mit der Kamera festzuhalten. Sie hatten drei Fehlstarts, aber dann! Sie schrieb darüber in ihrem Buch „20 Stunden und 40 Minuten“ (so lange dauerte nämlich diese Atlantiküberquerung): „Und plötzlich begann das Abenteuer, ihr Traum wurde Wirklichkeit!“ Und etwas später: „Ich glaube, ich bin glücklich!“ Sie landeten erst falsch, nämlich in Burry Port/Wales, flogen dann nach Southhampton, wo sie erwartet wurden. Auf dieser Strecke saß sie das einzige Mal kurz am Steuerknüppel; bei der Landung war es wieder Stultz. Trotzdem war sie von der Stunde der Landung an eine Berühmtheit bis an ihr Lebensende. Es drehte sich alles fast ausschließlich um die einzige Frau bei diesem Transatlantikflug. Es belastete sie sehr, sie sagte immer wieder: Ich bin eine falsche Heldin, aber niemand wollte es wissen. Sie hatte einfach das Charisma einer Heldin, einer Berühmtheit; da konnte sie ruhig sagen „Ich bin nur wie ein Sack Kartoffeln dabei gewesen.“ Keiner wollte es glauben, niemand wollte es hören, durfte es aber auch gar nicht zu oft hören, denn durch ihre Berühmtheit bekamen alle drei große Werbeeinnahmen. Die Männer hätten diese allein ohne Amelia nie so reichlich bekommen. Sie war das Besondere und konnte jetzt ihre Familie unterstützen – hatte endlich Geld.

Sie wurden in London gefeiert, vom Prinzen of Wales zum Dinner gebeten, in New York mit einer Konfetti-Parade empfangen. Sie genoss es. Sie hielt pro Jahr über zehn Reden, schloss später eine lebenslange Freundschaft zu Eleanor Roosevelt. Sie war eine weltbekannte Frau geworden, sie, aus einer armen Familie mit alkoholkrankem Vater, ohne medizinischen Studienabschluss, ohne Beruf, nur eine auf einem männlichen Sektor technisch hochbegabte Frau, die mit einer Portion Wagemut geflogen, nein, nur mitgeflogen war.

Aber sie machte etwas daraus. Nun kam ihre Fähigkeit groß heraus, Menschen zu gewinnen, Freunde zu gewinnen, Mode zu kreieren (Haarmode), auch die, Männer für sich zu interessieren. Jetzt heiratete sie auch. Den Verleger George Putnam, dessen dritte Frau sie wurde. Er sollte es u.a. hervorragend verstehen, sie zu vermarkten. Und immer wieder betonte er: Nur durch dich kann ich mit Königen und Kaisern essen gehen. Aber da war immer noch die Sache mit der falschen Heldin, das mit dem Kartoffelsack. Gewissen und Selbstachtung machten ihr zu schaffen. Sie war zu geradlinig, um sich nicht immer wieder zu sagen, die eigentlichen Helden waren die zwei anderen. Sie war auch zu ehrgeizig und wohl auch zu feministisch, um dies so stehenlassen zu können. Bei vielen Wettflügen unter Frauen wurde sie dazu nur fünfte. Sie versuchte manches Waghalsige, war sich dessen auch bewusst, denn sie schrieb „Irgendwann wird es mich mal runterhauen."

1932 brach sie auf, um ihre Schlappe wettzumachen, zum Alleinflug über den Atlantik. Es glückte alles. Sie landete auf einem Feld in England, um dem fassungslosen Bauern, der das Häufchen auf seiner Wiese liegen sah, lächelnd zu sagen „Hello, I come from America!"

Nun hatte sie vier Jahre später die Berühmtheit erflogen, die sie schon besaß. Als sie dafür von Präsident Hoover im Weißen Haus eine Ehrenmedaille überreicht bekam, sagte sie in ihrer Dankesrede: „Es macht mich glücklich, wenn mein kleiner Abstecher die Tatsache unterstrichen hat, dass auch wir Frauen fliegen können." Natürlich reichte ihr dies noch nicht – auch nicht, dass sie die berühmte Fliegerinnen-Vereinigung gründete, die sie nach der Zahl der Gründungsmitglieder die „Ninety-nine" nannte – übrigens gehörte auch die Deutsche Elly Beinhorn ihr an. Sie existiert heute noch und gilt als das Feinste auf diesem Sektor. Amelia zeigte sich dabei zunehmend als das, was in ihr steckte und immer stärker wurde: eine glühende Feministin. Auch ihre folgenden Worte sprechen dafür:

„Von Zeit zu Zeit sollten Frauen all das tun, was Männer bereits getan haben, gelegentlich auch etwas, was Männer noch nicht getan haben, um sich als Persönlichkeit zu bestätigen und vielleicht andere Frauen zu größerer Unabhängigkeit in Gedanken und Taten zu ermutigen. Sollten sie Schiffbruch erleiden, darf ihr Misserfolg nur ein Ansporn für andere sein."

Das sind Worte, die für Zonta stehen können und für die Zonta International steht.

Ich könnte natürlich noch viel über AE berichten, z.B. dass sie ein zweites Buch geschrieben hat „The fun of it“, dass sie für die Zeitschrift COSMOPOLITAN regelmäßig Beiträge schrieb, eine Gastdozentur an der Universität Purdue/Indianapolis erhielt und vieles mehr. So wurde sie z.B. der erste Mensch, der nicht nur den Atlantik, sondern auch den Pazifik allein überflog, letzteres 1935. Sie flog als erste allein nach Mexiko. Alleinflüge lagen ihr. Sie war einfach waghalsig. Man sagt allerdings, die Triebfeder dieser Flüge sei ihr Feminismus gewesen. Sie, die nur mit Männern mitfliegen durfte, flog in Zukunft, ohne Männer mitzunehmen. Am Feminismus ist also sicher etwas dran.

Dann kam das Jahr 1937. Amelia hatte sich bei Lockheed von dem Geld einer Gastdozentur eine ELECTRA gekauft, eine sehr viel schwerere Maschine als die Maschinen zuvor. Sie hatte mit ihr auch viel Pech. Manche sagten, die Maschine sei zu schwer für sie, andere, ihre Gesundheit ließe nach. Es stimmte vielleicht beides, denn als sie kurz vor ihrem 40. Geburtstag zu ihrem großen Flug um die Welt am Äquator aufbrach, der der letzte werden sollte, da sagte sie: „Nach diesem Flug höre ich auf, werde nur noch lehren.“ Es war ein gigantisches Projekt, sie flog eine Strecke, die noch nie ein Mensch geflogen war, nur mit dem Navigator Frederik Noonan zusammen, ohne einen dritten „Kartoffelsack“ mitzunehmen. Start war der 1. Juni 1937 in Miami, dann ging es an den Äquator, Puerto Rico, Venezuela, Brasilien, West-Afrika. Am 8. Juni brachen sie in Dakar auf, dann Arabien, Indien: Kalkutta, Rangun, Australien. „Ich freue mich auf den Tag, wenn wir diese gefährliche Überquerung hinter uns haben“, schrieb sie vor dem letzten Start am 2. Juli 1937 an ihre Mutter. Sie musste mitten im Atlantik die Howland Insel, eine kleine Insel, anfliegen, um aufzutanken. Dort soll sie nie ankommen sein. Sie ist verschollen.

Präsident Roosevelt ließ die größte Rettungsaktion der US-Marine starten – vergebens. Später ist die Lage dieser Insel nochmals ausgemessen worden. Sie lag 30 Meilen östlicher als Amelia wusste. Mag sein, dass dies der Grund war, dass sie das Schicksal erfuhr wie Franzose St. Exupéry nach ihr. Mag sein, dass es auch gefährlich war, nur mit einem alkoholkranken Begleiter aufzubrechen. Sicher hat dieses Ende Amelia auch überhöht, ihrem schwierigen und glanzvollen Leben noch den Nimbus des Geheimnisvollen und der Tragik verliehen. In ihrer zwiespältigen Zerrissenheit und Geradlinigkeit, in ihrer weichen Femininität und ihrer männlich anmutenden Tüchtigkeit, in ihrer Fähigkeit, sich als Frau und als technisch hochbegabte Fliegerin darzustellen und mit beidem voll einzubringen, ist Amelia Earhart eine der seltenen Frauen gewesen, die Geschichte geschrieben haben durch ihre Taten und ihr Leben.

Sie ist es sicher wert, dass Zonta International dem größten Preis ihren Namen gegeben hat. Ich darf ihn heute und hier an Anette Bade von der TU Braunschweig verleihen.

Herzlichen Glückwunsch! Möge der Preis Ihnen Glück, weiteren Erfolg und weitere Ehren bringen.

Ist die Zukunft noch weiblich?
Festrede zum 10-jährigen Bestehen des Zonta Clubs Suhl

„Ist die Zukunft noch weiblich?" – den Buchtitel von Margarete Mitscherlich aus dem Jahr 1987 mit einem Fragezeichen zu versehen und als Thema zu nehmen für die Festrede vor einem Zonta Club von Führungskräften, die für den Status der Frau arbeiten, mag vielen als trivial erscheinen – ist die Zukunft doch rein grammatikalisch ganz sicher weiblich und wird sie uns im übertragenen Sinn doch von Frauenbeauftragten, Medien, Politikern, auch von der Buchautorin, so verkauft. Verkürzt gesagt, wir hören immer: lhr habt doch die Quote, was wollt Ihr noch mehr? Und wir glauben es auch zu gern. Wo aber stehen wir wirklich?

lch möchte den Status der Frau in Deutschland zunächst an der staatlichen Gegenwart messen und sie dann aus mehrfacher Sicht beleuchten unter anderem historisch und mit Blick in die Zukunft. Unser aller Gegenwart ist der Sozialstaat, der uns bis in die hinterste Ecke reguliert, einengt, aber auch subventioniert, uns dabei sein gelegentliches Versagen als Gerechtigkeit, Gleichheit und Fortschritt verkauft. In Wirklichkeit geht uns dabei etwas Wesentliches verloren. Der Soziologe Niklas Luhmann nannte es die „Vorstellungen vom Erwachsensein". Lebenswichtiges selbst zu regeln wird niemanden mehr zugemutet, Lösungen eigener Probleme zu suchen wird z.B. via Subvention unsinnig. Dinge, die man selbst nicht realisieren kann, soll Vater Staat für uns realisieren! (Keine andere Sprache als die deutsche kennt übrigens das Synonym von Vater und Staat!) Das geht in diesem Jahr bis zu dem Ansinnen der Bezahlung von Viagra oder einem Aufenthalt in Florida. Der Gedanke: was ich selbst nicht realisieren kann, darauf werde ich verzichten müssen, ist angeblich politisch unverkäuflich, obwohl er eigentlich das Erwachsensein, auch eines Volkes, versinnbildlicht. Kinder heulen: „will ich auch haben“, und wir geben es ihnen aus Mitleid. Wir merken gar nicht, dass wir uns genauso zu unserem Staat verhalten wie unsere Kinder zu uns.

Was hat das nun mit unserem heutigen Frauen-Thema zu tun? Nun, etwas mehr als die Hälfte der Bevölkerung in der BRD ist weiblich. Der Staat geht uns Frauen also etwas an, sozusagen 52 % der Bevölkerung. Wir müssen uns einmischen! Stellung beziehen. DAZU: 54 % der Schüler jedes Abiturjahrgangs sind weiblich, 53 % der Studenten, die sich immatrikulieren, sind weiblich, 53,8 % der Arbeitnehmer sind weiblich (Rhein- Post). Dies sind wundervolle Perspektiven, laut dieser Statistik hat Mitscherlich von vornherein Recht, die Zukunft ist in jedem Fall weiblich, auch die der Führungskräfte!

ABER die Wirklichkeit der Intellektuellen sieht anders aus: 4 % der C4 Professoren in der BRD sind weiblich, 3,7 % der wirtschaftlichen Führungskräfte der ersten Ebene in der BRD sind tatsächlich weiblich (lt Europ. Statistikamt), 11,4 % in England, 10 % der Chefinnen in der zweiten Ebene sind weiblich; selbst in der Türkei sind es mehr ...

10,8 % mittelständiger Unternehmen werden von Frauen geführt. Es klafft also zwischen Beginn und Weiterführung der Karriere ein merkwürdiges Loch. Wo sind die Frauen geblieben? Ich komme darauf zurück, jetzt zu dem Thema noch einige andere Zahlen: Frauen erhalten in der BRD durchschnittlich 67 % des Gehaltes der Männer in gleicher Position. Warum eigentlich machen sie das mit? Selbst Spanierinnen und Italienerinnen erhalten prozentual mehr in ihren Ländern. Nur in Entwicklungsländern ist es schlimmer. Wenn wir diese dazu rechnen, so leisten Frauen weltweit laut Statistik der Weltbank aus dem Jahr 2001 zwei Drittel der Arbeit, erhalten dafür nur 10 % des Lohns und besitzen nur 1 % des Weltvermögens und das, obwohl sie mit weiblicher Solidarität bei einem Anteil von 52 % der Weltbevölkerung diese Welt auf demokratischem Weg anders gestalten könnten, wenn sie nur, ja , wenn sie nur was? Lassen Sie es mich kurz machen: Wenn sie nur mächtiger wären!

Frauen brauchen Macht, um Chancengleichheit herzustellen. In einer Demokratie hat man Macht hauptsächlich über Politik! Frauen könnten diese Macht haben, wenn sie nur auf allen Ebenen politischer engagiert wären, und nicht nur in der Schul-, Sozial- und gerade noch Gesundheitspolitik. Wären sie solidarischer, würden besser miteinander netzwerken und vor allem wären sie selbstbewusster, elitebewusster, verantwortungsbewusster, konkurrenzfähiger, kampfeslustiger, ja, machtbesessener! Im BERUF! (Männer sind im Büro auch anders als zu Haus, wenn sie die Pantoffeln anhaben.) Ich spreche nur vom Beruf. Frauen sind nämlich an sich die besseren leader, sie sind reifer als Männer, weil sie seit Jahrtausenden das Zurückstehen, Anpassen, auch manches Leiden und den Kompromiss lernen, immer wieder lernen müssen. Die Kehrseite dieser Art von Reife ist es aber, die zweite Reihe fast automatisch einzunehmen, entweder dort wohl versorgt das liebe Mädchen zu spielen *oder* zu klagen, dass man in der 2. Reihe stehen gelassen wird, natürlich von den bösen Anderen! Ich meine, Frauen sollen ihre Reife benutzen, um via Macht zum Wohl des Gesamten entscheidenden Einfluss in der ersten Reihe zu nehmen. Es geht nur über die Macht, anders lässt sich nichts aus einer Stagnation herausheben. Man sieht es jetzt am Problem Standort Deutschland ganz allgemein. Ich weiß, dass ich mit diesen Forderungen ein Tabu breche. Macht (zu der die eben angesprochenen, hier im Land leider verpönten Eigenschaften wie u.a. Konkurrenzfähigkeit und Kampfesmut, auch Elitebewusstsein nun einmal gehören) wird nicht nur von Männern als unweiblich angesehen (warum wohl?), sondern besonders von Frauen. Hier kommen archaische Verlustängste hoch, als Konkurrentin des Mannes die Liebe des Mannes zu verlieren (gar an eine andere Frau!, entsetzlich!) und damit Überlebens-Sicherheit einzubüßen. Schließlich definiert Frau sich in Deutschland immer noch über den Mann; sie fühlt sich nur richtig geborgen und sicher, wenn ein Mann im Haus ist. Natürlich nicht jeder Mann, aber fast jeder! Oder wenn mit dem Chef alles klar geht. Nur keinen Streit mit Vorgesetzten, lieber Tränen ! Es sind dabei nicht die Östrogene, die unseren Kopf anders einstellen als den von Männern. Wir sind nicht von Natur sozial, also friedfertig, fürsorgend, einfühlend, liebevoll, konfliktscheu mit Hang zur Gleichmacherei (bei den Kindern muss man ja darauf achten, dass alle das gleiche bekommen), sondern durch archaische Verlustängste, gepaart mit Erziehung und weitergegeben durch immer die gleiche Erziehung und vermutlich nur zu 15 % durch unsere Gene!

Frauen sind also nur deswegen friedfertiger als Männer, weil ihnen Jahrhunderte lang gar nichts anderes übrig blieb! Es gab kein Entrinnen – zunächst vor der körperlichen Macht der Männer. Wir saßen in der Höhle am Feuer, hielten das Feuer in Gang und die Kinder warm und warteten, dass er mit einem erlegten Hirsch zum Essen nach Hause kam. Später, als wir bereits selbst Hirsche erlegten oder zumindest Kaninchen, war es nicht viel anders. Meine Mutter, niedergelassene Ärztin mit sehr großer Praxis, musste bei jeder größeren finanziellen Transaktion 30 Jahre lang die Unterschrift meines Vaters erbitten! Es ging dabei nur um ihr allein erarbeitetes Geld, nicht um seins. Dies endete erstaunlicherweise nicht in einer Scheidung (wonach sie ja alleine hätte unterschreiben dürfen – nein, so etwas tat man damals nicht), sondern erst in den 1950er Jahren per Verfassungsgerichtsurteil, dem das Gesetz erst 1977 folgte!

Heute sind Frauen in jüngeren Lebensjahren in der BRD gleich erfolgreich wie Männer, wenn nicht sogar etwas besser, was mit ihrem besseren Lernvermögen in der Jugend zusammenhängen mag. Aber dann geht es bergab. Die meisten hochqualifizierten Frauen werden gewollt schwanger, gehen aus dem Beruf, zunächst auf Zeit, dann für immer. Deutsche Frauen sind bequem, neigen zum Kneifen, ziehen sich gern zurück in den „Helden-Notausgang des Kinderkriegens“ (ich zitiere die Journalistin Barbara Bierich aus ihrem Buch „Das dämliche Geschlecht“).

Ich nenne es Mütterlichkeitshysterie. Sie meiden den Wettbewerb, werden trotz großer beruflicher Qualifikation Mutter, Hausfrau, Ehefrau. Ich spreche von der BRD heute, nicht von der alten DDR. Dort war es anders, aber wir leben heute und hier. Frau erlebt heute dabei das schöne Glück, die Kinder circa 15 Jahre lang fast ständig um sich zu haben, geht dabei aber der Selbstbestätigung und einem Glücksgefühl verlustig, das man nur durch Erfolg auf der freien Wildbahn des Berufs erleben kann. Sie betrügt sich selbst um Selbständigkeit, Persönlichkeitsentwicklung, Altersversorgung, Attraktivität in der Gesellschaft und vieles mehr. Teilweise unterliegen sie dem Druck anderer, meist älterer Frauen. Von denen werden sie regelrecht gemobbt. Eine Professorengattin mit zwei Kindern sagte mir unlängst: Bloß keine Ganztagsschulen, dann geben „die“ sofort ihre Kinder ab und gehen arbeiten, anstatt sie zu Hause „anständig“ zu erziehen. Auf meinen Einwurf, solche Frauen würden sich aber am Bruttosozialprodukt dieses Staates aktiv beteiligen, die Wirtschaft ankurbeln helfen, und die Kinder fachlich qualifizierter betreuen lassen, als sie es selbst könnten, ließ sie mich verächtlich schnaubend stehen. Ob hier auch der von Alice Miller et altera beschriebene, psychologische Wiederholungszwang eine Rolle spielt wie bei den weiblichen Beschneidungen muslimischer Mädchen, die ja auch von alten Frauen (so gut wie nie von Männern!) an jungen praktiziert werden?

Der Wiederholungszwang sagt: *„Wir haben* gemeinsam *Frauenschicksal zu tragen*; dir geht es nicht besser als mir.“ Ich glaube es. Homo hominis lupus est. Der Mensch war immer der Wolf des Menschen. Es gilt auch für Frauen. Letztendlich entscheidet sich aber jede Frau, wo auch immer sie lebt, allein für den Schritt aus dem Beruf, oder in den Beruf, äußerer Druck hin oder her. Das Traurigste dabei ist, dass das Schicksal der deutschen Frauen schlechter ist als das aller anderer europäischer oder der US-amerikanischen Frauen. Ich glaube, dass die deutschen Frauen durch zwei falsche Klischeebilder verführt werden. Das erste ist ein historisches aus 1525.

Laut der Schriftstellerin Barbara Vinken, Autorin des lesenswerten Buches „Die deutsche Mutter“ ist uns Böses in Gestalt unseres Reformators Martin Luther und seiner Familienpolitik widerfahren. Ich erinnere, dass nicht weit von hier der ehemalige Mönch Luther nicht nur Thesen an die Kirche von Wittenberg schlug, sondern die ehemalige Nonne Katharina von Bora ehelichte und begann, ein protestantisches, überaus patriarchalisches Familienbild mit Zweiteilung der Aufgaben dem katholischen gegenüberzustellen: Der Vater wirkt nach außen, die Mutter nur betreffs Kinder, Kirche, Küche. Papa ist sozusagen der Papst der Familie! Dieses Familienbild gab es in der katholisch geprägten Gesellschaft vorher so nicht; gibt es auch heute so nicht, d i e haben ja einen veritablen Papst! Leider hatte Luthers Familienbild durch die Geschichte des protestantischen Deutschlands Bestand und seine stärkste Zeit während der Nazizeit. (Die Schweiz lebt ähnlich rigide, da war es Zwingli.) Der deutsche Mann „schickt seine Frau nicht arbeiten“, sie erzieht Kinder und kümmert sich um den Haushalt. Punktum. Keiner anderen Frau in Europa wurde und wird dieses Zurücktreten ins zweite Glied so krass zugemutet wie der Deutschen. Engländerinnen geben ihre Kinder seit Jahrhunderten in Internate, ohne dass dies dem Land sichtbar geschadet hätte. Italienerinnen und Französinnen hatten schon immer Personal oder Ganztagsschulen für die Kinder, und trotzdem haben diese längere und sicher nicht schlechtere Lebenserwartungen als deutsche Kinder! Im übrigen Europa bekommt keine Frau ein schlechtes Gewissen eingeredet, wenn sie ihre Kinder einen Teil des Tages von der mütterlichen Obhut befreit; allerdings gibt es dort auch Kinderkrippen und Ganztagsschulen, die uns bei unserer mentalen Ausgangslage verständlicherweise leider fehlen und welche doch auch noch zusätzliche Arbeitsplätze schaffen könnten. Andere Europäerinnen können sich dadurch leichter in den Arbeitsprozess einordnen, vor allem in Führungsebenen, von denen wir ja hier sprechen. Wer nun meint, dass dies damit zusammenhängt, dass die ausländischen Männer (bei deutschen Frauen sind ja die Männer an vielem schuld) einfach netter zu ihren Kolleginnen sind, ist natürlich falsch gewickelt. Beruf heißt nun mal Wettbewerb und Kampf, und zwar in allen Ländern. Andere Frauen riskieren mehr. Sind mutiger, vielleicht auch pragmatischer, eben selbstbewusster ohne sichtbar Weiblichkeit zu verlieren.

Das zweite Klischeebild stellen uns gewisse feministische Kreise zur Verfügung, indem sie weismachen, dass die Berufswelt weiblich werden muss, wenn wir Frauen dabei sein sollen. Solches Anspruchsdenken ist für Minderheiten gefährlich, denn in einer Demokratie müssen nun mal Minderheiten sich den Mehrheiten beugen. Und das sind nun mal in den Führungsetagen die Männer. Glauben wir doch nicht, dass wir Jahrtausende gewachsene Usancen des männlichen Berufslebens ändern könnten im Sinne von weiblicher, sanfter im Beruf, nur weil wir eine im Grunde diskriminierende Quote zugesprochen bekommen haben! In wie viele Chefetagen uns das katapultiert hat, können wir überall sehen, dazu braucht man noch nicht einmal eine Statistik. Man muss nur herumkommen. Ich jedenfalls habe noch nie von einer Chefin den Satz gehört: Herr Müller, kochen Sie uns mal einen Kaffee.

Meine Damen und Herren, ich will zusammenfassen: Das Land braucht neue Impulse, die Frauen brauchen neue Impulse. Wollen wir hoffen, nein, hoffen hilft nicht, daran *arbeiten, ja, darum kämpfen*, dass es gelingen möge, beiden Seiten diese Impulse zu geben und beides zusammenzuführen. Gerade jetzt müssen Frauen sich einmischen, politisch mitsprechen, haben sie eine echte Chance! Nicht die Solidarität der Schwachen ist gefragt, sondern der Mut der Einzelnen zu Stärke und Verantwortung! Dann hat Margarethe Mitscherlich mit ihrem Buch Recht. „Die Zukunft ist weiblich!". Aber nur dann! Wenn wir uns weiter auf Quoten, Larmoyanz und Anspruchshaltung zurückziehen, werden wir im 2. Glied verenden, auf rühmenswerteren Ausnahmen sitzen bleiben, der Rest krebst herum.

Aber: Zonta ist ein Weg zum Weiterkommen! Darum brechen Sie weiter auf ad multos annos!

Meine Wünsche begleiten Sie!

Vom Nationalismus zum Internationalismus

Eine Arbeitsgruppe, ein Workshop, ein Thema
ZONTA CLUB Darmstadt 1997

Ich spreche mehr oder weniger über das Thema des Workshops, an dem ich neben Past International President Folake Solanke bei der Convention in St. Louis arbeiten durfte. Mein Part damals war das allgemeine Problem des Internationalismus zu besprechen, also gewissermaßen den politischen Teil, oder anders ausgedrückt: das darzustellen, was weniger Zonta betrifft, als alle Menschen insgesamt. Natürlich muss man dabei erst die Begriffe klären. Was muss man unter Nationalismus, was unter Internationalismus verstehen?

Unter Nationalismus versteht man laut Brockhaus die entschiedenste, also stärkste Erscheinungsform des Nationalgedankens und des Nationalgefühls. Der Nationalismus ist gefährlich, da er besonders in seinen extremen Formen (Chauvinismus, altdeutscher Pangermanismus) den internationalen Frieden gefährdet, weil er nationales Eigeninteresse über alle anderen Werte (wie Demokratie, Rechte der Minderheiten etc.) erhebt, im Gegensatz zu Patriotismus. Patriotismus ist Liebe zum eigenen Volk, dieser stellt die Voraussetzung jeder Staatlichkeit dar. Ohne Patriotismus ist eine Staatlichkeit irrelevant. Nationalismus ist nicht nur in Deutschland bekannt, sondern in allen Völkern. Die Italiener nennen ihn interessanterweise sacro egoismo, in diesem Ausdruck erscheint mir vieles hinterdacht. Geschichtlich gesehen trat Nationalismus in Europa erstmals zu Zeiten der Französischen Revolution hervor, verstärkte sich im 19.Jahrhundert zunächst in bürgerlichen Gruppen, später in eher erzkonservativen. Starken Anhang fanden nationalistische Ideen nach dem Ersten Weltkrieg besonders in Deutschland. Wir alle wissen, wie es dann zu einem Einparteiensystem kam, zu autoritärer Staatsführung und zu gewaltsamer Beseitigung aller inneren Gegensätze. Der Nationalsozialismus führte in Deutschland zu grotesken und verabscheuungswürdigen Blüten und zum Elend des Zweiten Weltkrieges mit seinen Folgen.

Ein gefährlicher Nationalismus kann aber nicht nur zwischen einzelnen Staaten hervortreten, sondern er tritt auch da hervor, wo in Staaten mit nationalen Minderheiten das Staatsvolk danach strebt, die beherrschten Volksgruppen durch erzwungene Assimilation ihrer Eigenart zu berauben. Dies wiederum kann bei Minderheiten einen oppositionellen Nationalismus hervorrufen, der vorher in dermaßen ausgeprägter Form gar nicht da war.

Zusammenfassend versteht man also unter Nationalismus im Gegensatz zum Patriotismus eine zerstörende Kraft, die darauf beruht, dass der Nationalismus eines Volkes den Nationalismus in anderen Völkern oder Volksgruppen hervortreibt, die sich nämlich angegriffen und herausgefordert fühlen. So wird Konflikt erzeugt.

Internationalismus wird dagegen der Trend bezeichnet, freundschaftlich gleichberechtigt nach demokratischem Muster miteinander umzugehen. Man versteht heute darunter nicht mehr nur linkslastiges Gedankengut der sozialistischen Internationalen, obwohl dies in manchen Köpfen in Buhmanngestalt immer noch herumspukt. Internationalismus ist modern, wir alle glauben an Internationalismus, an die Wichtigkeit der Verbindung aller Menschen auf diesem Globus, aller Staaten untereinander zum Wohl aller. Internationalismus ist gleichzeitig eine Absage an alle Kriege. Allein schon aus diesem Grund ist Internationalismus das Gebot der Stunde. Es ist an sich müßig, in diesem Kreis darauf hinzuweisen, dass Zonta International wie kaum eine andere Frauenorganisation besonders stark an die Wohltaten des Internationalismus glaubt, denn kaum eine Frauenorganisation hat sich den Internationalismus mit den unterschiedlichsten Mitgliedern in 65 Staaten dieser Erde so auf die Fahnen geschrieben, wie gerade wir. Das ist berechtigt, denn kaum eine andere Volksgruppe als die der Frauen kann vom Internationalismus so profitieren.

Denn der Status der Frau kann in vielen Nationen ohne internationale Hilfe nicht so gut unterstützt werden wie mit dieser. Ich spreche natürlich primär von unterentwickelten Ländern, aber auch von denen, in denen der Islam regiert. Dies ist aber ein besonderes Thema, das wir unbedingt angehen müssten, aber nicht heute. Doch auch in der westlichen Industriewelt ist gelegentlich Druck von außen hilfreich. Sicher hätten einige Diskriminierungen von Frauen in Europa länger angedauert, wenn nicht juristische Diskriminierungsverfahren in den USA so erfolgreich für die Diskriminierten abgeschlossen worden wären. Umso eher sind gerade wir dazu aufgerufen, uns auch mit den Gefahren des Internationalismus zu beschäftigen und mit den zahlreichen Schwierigkeiten, die auf dem Weg vom Nationalismus zum Internationalismus lauern.

Wie sieht die Realität des Internationalismus heute aus? Staaten versuchen, sich aus verschiedensten Gründen zu Blöcken zusammenzufinden, sehr oft natürlich aus wirtschaftlichen Gründen – honi soit qui mal y pense. Wir alle kennen diese: UNO, EU, GATT, NAFTA etc. Sie werden als der richtige Weg verstanden, um Nationalismus zu überwinden, Wohlergehen zu vermitteln und damit vor allem die Gefahr der schrecklichen Kriege – Weltkriege – der Vergangenheit zu bannen. Aber: Es lauert die Gefahr der unterentwickelten Völker sowie zusätzlich seit Neuerem die der ethnischen Gruppen. Für Letztere gilt das eingangs bereits Gesagte vom oppositionellen Nationalismus.

Darüber hinaus sind auch andere psychologische Gesichtspunkte zu bedenken. Viele Menschen missverstehen Demokratie, sie sehen darin fast so etwas wie einen Selbstbedienungsladen für Minderheiten, was sie ja bestimmt nicht ist. In der Demokratie sollte die Minderheit im Gegenteil relativ klaglos bis zur nächsten Wahl mit der Mehrheit gehen.

Man hofft aber, dass jeder das Recht beanspruchen darf, sich selbst zu bedienen, nämlich einfach durch Anmelden eines solchen Anspruchs. Man zieht sich auf idealistische Gedankengänge zurück wie: „Alle Menschen sind gleich“ und will dabei natürlich das gleiche erreichen, wie es der Reiche hat, nicht wie der Arme! Den Weg zur Industrialisierung überspringend, die Mühen missverstehend, die dahinterstehen, will man deren Segnungen, auch wenn man sie vielleicht gar nicht umsetzen kann.

Wenn dies also nicht klappt, so tritt, zumeist primär vom Neid gesteuert, ein bestimmter Rückzugs-Mechanismus ein: Verteufelung des Unerreichbaren und der Wunsch der Selbstverwirklichung in alten Traditionen. Selbstverwirklichung ist ein Modewort der 2. Hälfte dieses Jahrhunderts. Es spukt in den Köpfen all derer, die sich zu schwach fühlen, im großen Geschehen einen bemerkenswerten Part zu spielen. Sie ziehen sich dafür auf ihre bescheideneren Mittel zurück und wollen diese in den Mittelpunkt ihrer Welt gestellt sehen. Viele Völkerschaften möchten dann ihre eigenen Ideale in und mit ihrer Nachbarschaft ausleben, um ihrer Selbstachtung willen und zur Erhaltung ihres Selbstwertgefühls.

Dieses ist bei uns bis auf eine gewisse Biertischatmosphäre eines Deutschnationalismus uralter Prägung nicht echt relevant. Aber anderswo: Das Problem unserer Tage ist also nicht so sehr der alte, durch Vernunft und den hohen Blutzoll der Kriege verlassene Nationalismus von Staaten als der „Pseudo-Nationalismus“ der ethnischen Gruppen in Staaten, die ihrerseits im internationalen Verbund leben wollen. Man kann es also als einen gewissen Pseudo-Nationalismus von Gruppen im Gegensatz von Nationalismus der Nationen ansehen. Es ist vergleichbar.

Wie viele ethnische Gruppen gibt es nun, wie ist das Selbstverständnis?

Als erstes: es gibt nur wenige homogene Staaten auf der Welt. Das gilt auch für Europa, den Kontinent der meisten Nationalstaaten. Dafür gibt es aber 3000 bis 5000 distinkte Ethnien auf der Welt. Deren Identität und Selbstverständnis beruht auf gemeinsamer, oft mystisch verklärter Abstammung, auf Glauben, Erzählungen, Sitten und Gebräuchen, also auf einem gemeinsamen Kulturgut, sowie auf Vorstellungen über ein eigenes Territorium, hervorgerufen durch eine Saga von einem vergangenen Großreich.

In den allermeisten Fällen sind es kleinste Gemeinschaften mit 100 Mitgliedern, aber es gibt auch etwa 600 zahlenmäßig große Gruppen, die sich als Nationalstaaten begreifen – wie Bosnier, Palästinenser –, oder begreifen wollen durch politische Mobilisierung – wie Kurden, Tamilen, afghanische Stämme. Es werden im Übrigen von verschiedensten Stellen immer unterschiedliche Zahlen genannt.

Der World Directory of Minorities verzeichnet 170 Minderheiten. Das Minority at Risk Project hat 233 Minderheiten mit mindestens 100.000 Angehörigen identifiziert, die in Staaten leben, in denen sie zumeist Diskriminierungen ausgesetzt sind, wie Bahai-Angehörige, Roma, Juden. Gelegentlich ergreifen sie politische Aktivitäten, um ihre Interessen gegenüber den Staaten zu wahren, in denen sie leben, nämlich Tamilen, Kurden, afghanische Stämme.

In Konfliktsituationen mit der Umgebung zeigt eine solche Minderheit im Allgemeinen zunächst Loyalität, also passives Abfinden, dann Widerspruch, also organisierte Artikulierung, dann Abwanderung, entweder Migration oder inneren Austritt aus der bestehenden staatlichen Gemeinschaft. Offene Rebellion ist der letzte Schritt.

Solche ethnisch verursachten Konflikte haben sich seit 1950 versechsfacht mit Tendenz zu wachsender Radikalisierung (Ex-Jugoslawien, Tschetschenien). Sie scheinen die Weltkriege abzulösen. Jahrzehnte lebten wir im Ost-West-Konflikt, welchem neben der militärischen Gefahr aber auch eine ideologische Komponente und merkwürdigerweise eine gewisse ordnungspolitische Komponente innewohnte.

Wegen der nuklearen Vernichtungskapazität war dieser Ost-West-Konflikt der größte Konflikt schlechthin, den die Erde je hatte. Die Vernichtungskapazität war so groß, dass er nur als Kalter Krieg gehandhabt werden konnte. Dies war den Agierenden auf beiden Seiten permanent bewusst. Latente kleinere Konflikte innerhalb der Blöcke wurden durch den großen leicht zügelbar.

Der große Feind auf der Gegenseite hat unterschiedlichste Gruppen in den Blöcken in gemeinsamer Angst verbunden. Oder anders ausgedrückt: Das immer vorhandene Aggressionspotenzial konnte auf einen großen Feind zentriert werden. Mit dem Ende dieses großen Konflikts haben bürgerlicher Individualismus über Kollektivismus, Marktwirtschaft über Planwirtschaft gesiegt. Der Rüstungswettbewerb hat aufgehört, ist Handel gewichen. Gleichzeitig entstand ein Vakuum, in dem Ethnien ihr Glück suchen. Im Anschluss an große Konflikte besinnt man sich überall auf Moral, Idealismus hat Konjunktur.

Man redet von einer neuen Weltordnung, einer heilen Welt als Ganzes, gewissermaßen die Auflösung des Infernos in Harmonie. Es gibt Ethikdebatten, besonders in den USA, man macht große Anstrengungen, um die UN, NATO oder die KSZE wieder zu beleben, sie mit einer Art Geist einer Weltpolizei auszustatten, GATT auf nicht stofflichen Bereich auszudehnen wie Finanzdienstleistungen, Copyright, etc. Es gibt also viele Heils-Spekulationen. Die Wahrheit sind viele kleine Kriege.

Lassen Sie uns nicht spekulieren, sondern Trends durchdenken. Laut einem Politologen der Universität Braunschweig, Prof. Dr. Ulrich Menzel, gibt es am Ende des 2. Jahrtausends auf der Erde vier große Trends, die in die Zukunft weisen:

1. Es ist bereits eine Internationalisierung, ja Globalisierung wesentlicher gesellschaftlicher Dimensionen entstanden, so im Bereich der Kommunikation (CNN, Sky Channel etc.) oder populärer Kultur (Sport und Musik, Mode und Film, Video Games und Fast Food oder

Soft Drinks). Hier gleichen sich – natürlich durch Kraft der Werbemedien – weltweit Geschmäcker und Meinungen an.

Dieser Trend vollzieht sich auch in der Wirtschaft und im Finanzwesen. Heute gibt es internationale Finanzdienstleistungen, Einkommen aus internationalen Kapitalanlagen, den spekulativen Handel mit Währungen etc. Es ist also gewissermaßen eine Welt-Gesellschaft, Welt-Wirtschaft, Welt-Kultur entstanden. Dieser Trend zeigt aber trotz vieler Vorteile auch sehr große Nachteile. Es gefällt nicht überall. Die größte Gefahr ist fraglos die der Auflösung kultureller Identitäten bis vielleicht sogar hin zur Auflösung der Souveränität der Nationalstaaten! Lassen Sie uns diesen Trend Internationalismus westlichen Stils, Internationalism Western Style, nennen.

2. Der Trend der Drachen, das heißt, die Herausbildung der Wirtschaftskraft der Ostasien- und Südostasien-Staaten. Das Besondere daran ist nicht, dass deren Wirtschaftskraft entsteht, sondern wie sie entsteht, nämlich nach anderem Muster als dem westlichen, und zwar entlang der Netzwerke rein chinesischer Minderheiten in allen Asiatischen Ländern (und möglicherweise auch hier?). Ich spreche von chinesischen, horizontal organisierten Konglomeraten, nicht von der Mafia, die es auch gibt. Sie benutzen den Internationalismus westlicher Prägung, jedoch allein für ihre im chinesischen Denken verhafteten Traditionen. Es gilt wohl zunehmend auch für Inder in Südafrika. Nennen wir ihn: Individual Asian Networking, individuelle asiatische Seilschaft.

Besonders bedenklich ist, dass durch die Kommunikationssysteme allen alles bekannt ist: den Reichen die Armut, den Armen der Reichtum. Natürlich treten einerseits Begehrlichkeiten, andererseits Abschottungstendenzen auf. Beides ist falsch. Nennen wir diesen Trend den der unterentwickelten Völker, Undeveloped Countries.

-3. Ein weiterer Prozess der Fragmentierung hat eingesetzt, eine Renaissance der Nationalismen und ein gewisser Ethno-Protektionismus. Es entstehen wachsende Konflikte weltweit, die immer brutaler ausgefochten werden, nach dem Prinzip: when you got nothing, you got nothing to lose (Somalia, Ruanda, Bosnien, Tibet, Algerien), sehr oft in unentwickelten Völkern. Im letzten Fall in Algerien geht es wohl tatsächlich und auf brutalste Weise gegen den Status der Frau! Nennen wir den Trend Ethnonationalismus, Ethno-Nationalism.

Das Paradoxe an diesen vier sogenannten Megatrends liegt darin, dass die Welt mit ihnen in zwei unterschiedliche, divergierende Richtungen driftet: auf der einen Seite der starke Trend zur Internationalisierung der Politik, Wirtschaft, Kultur und der Wertesysteme (Internationalism westlicher Prägung + Asian Netwoking) in Richtung auf ein Mischmasch von Kulturgut, genannt „westlicher Lebensstil“, teilweise asiatisch unterwandert.

Als Antwort darauf an vielen Plätzen Rückbesinnung auf die Wurzeln eigener Identität, Kultur und Religion, teilweise bereits militant und zunehmend brutaler (Fundamentalismus, Rebellionen). Aber auch in Staaten, in denen ein Internationalisierungstrend nachweisbar ist, staatliche Zersplitterung (Ex-Jugoslawien), also auch hier Ethnoprotektionismus. Insgesamt: anstatt Anarchie der Staatenwelt – Anarchie der Ethnienwelt.

Was können wir rückschließen? Meines Erachtens wird es die große politische Aufgabe der Zukunft sein, die Richtungen wieder zusammenführen, zu versöhnen. Gerade Staaten, wie die der USA, und der Staatenblöcke, wie die der Europäischen Union, wird mit ihrer multi-kulturellen Gesellschaft diese Aufgabe zufallen. Sie können nämlich aus ihrer Erfahrung heraus helfen, um ethno-nationale Identitäten zur Geltung zu bringen, ohne die Gefahr des Nationalismus heraufzubeschwören bzw. gerade, um diese Gefahr zu bannen. Man wird sich meines Erachtens mehr auf innere, kulturelle Werte besinnen müssen, welche ja auch die Grundlagen der Zivilisation bedeuten, in der wir leben. Zumindest müssen sie gleichberechtigt neben dem westlichen, internationalistischen Lebensstil bestehen können.

Dies alles ist sicher Grund genug, ein Programm zu suchen, um ethnischen Konflikten und Guerilla- oder Bürgerkriegen aus dem Weg zu gehen. Ganz sicher aber kann internationalen Organisationen wie Zonta eine große Aufgabe zufallen, wenn sie diese Trends rechtzeitig erkennen, annehmen und danach handeln werden. Ganz besonders, wenn wir den Anspruch erheben, nicht nur eine reine Serviceorganisation wie all die anderen zu sein. Es gälte also, ethnische Gruppen in der jeweiligen Nachbarschaft zu unterstützen, zu pflegen und sie in das Nationale einzubinden, damit das Nationale sich dem Internationalen zuwenden kann, anstatt sich im Konflikt mit den ethnischen Gruppen aufzusplittern.

Dies gilt mit besonderem Schwerpunkt in Konfliktzonen wie Sri Lanka, der Türkei oder Kroatien, Länder, in denen wir Clubs haben; es sollte aber auch in unseren Breitengraden bedacht werden.

Diese Gedanken gebe ich Ihnen mit auf dem Weg in Ihre Clubs!

Geschundene Frauen in Bosnien

Festrede im Zonta Club Niederrhein
Im September 1993

Eine Festrede ist im Allgemeinen eine Rede zu einem wichtigen und festlichen Thema. Bosnien-Herzegowina ist sicher ein wichtiges Thema, wahrscheinlich für uns in Europa heute das wichtigste Thema überhaupt, denn es ist ein Kriegsthema! Ein festliches Thema ist dieser Krieg allerdings nicht! Dazu ist er zu schändlich, zu brutal, zu inhuman und jeder Menschlichkeit ins Gesicht schlagend. Sicher sind Kriege nie mit Glaceehandschuhen geführt worden, aber dieser wird in der Geschichtsschreibung gleich neben den Unmenschlichkeiten des Zweiten Weltkriegs und der Nazi-KZs genannt werden müssen. So wie Nazis das Idol der germanischen Rasse zum Credo erhoben und zur Gewaltherrschaft benutzt haben, ist durch Serben der Begriff der ethnischen Säuberung eingeführt und benutzt worden, letztlich nur zum Zwecke des primitivsten Imperialismus und Bildung eines groß-serbischen Reiches.

Und das im Jahr 1993 in Europa, zu einer Zeit, in der die anderen europäischen Völker um Zusammenhalt untereinander in europäischer Einheit ringen, zu der sie sich zwar nicht rückhaltlos, aber doch friedfertig bekennen.

Die Einstellung der europäischen Länder zu diesem Krieg wird in Kroatien wie in Bosnien-Herzegowina ganz genau beobachtet, in Bosnien speziell bezüglich des Waffenembargos nicht verstanden. Ich habe viele bittere Worte in dieser Hinsicht von den verschiedensten Seiten gehört, alle mit dem Tenor: „Wenn Ihr schon nicht selber für uns kämpfen wollt, dann erlaubt uns doch wenigstens, mit unserem Geld Waffen zu kaufen, damit wir uns selbst schützen können!“ Ich habe auch Sätze gehört, wie „Unsere geschändeten Kinder werden nur Terroristen werden können und einmal über ein Europa kommen, das uns nicht geholfen hat."

Zu unserer eigenen Ehrenrettung möchte ich aber sagen. dass alle, die dergleichen sagten, die Deutschen und die Österreicher ausgenommen haben, sowohl aus politischer wie aber ganz besonders aus humanitärer Sicht. Der Zorn der Balkanstaaten richtet sich nicht gegen uns. Es scheint gelungen zu sein, viele Wunden des Zweiten Weltkrieges durch unsere in humanitärer Hinsicht moralisch einwandfreie Haltung vergessen zu machen. Deutsche haben dort wieder einen guten Ruf.

Woher beziehe ich mein Wissen? Ich bin in meiner Eigenschaft als Area-Direktorin für Deutschland von Zonta International (aber zu meinen eigenen Lasten) bisher dreimal in Zagreb gewesen, um mich vor Ort zu informieren, bin mit wichtigen Institutionen und Persönlichkeiten zusammengetroffen. Es fing mit der Weltorganisation Islamischer Halbmond an. Dort traf ich drei Herren, die ihre finanziellen Unterstützungen offensichtlich aus Saudi-Arabien bekommen und mir sehr offen und detailliert Informationen bzgl. der Situation der Frauen in den Vergewaltigungslagern gaben. Sie zeigten Fotos! Ich bin als Ärztin manches gewöhnt zu sehen, aber die Fotos der Verletzungsfolgen bei Frauen, aber auch bei Männern, waren grauenvoll. Ein Teil der Wunden konnte man sich nur so erklären, dass Organentnahmen vorgenommen worden waren. Ich lernte von der Organisation, dass es außerdem richtige Vergewaltigungslager gibt, in denen Serben die vorzugsweise muslimischen Bosnierinnen benutzen, damit sie schwanger werden, um sie dann herauszuwerfen. Sie nennen es ethnische Säuberung, denn es ist bekannt, dass dies die schlimmste Ehrverletzung der Muslime ist. Übrigens wurde ich während der ganzen Verhandlung mit dem Islamischen Halbmond sehr deutlich mit „SIR" angeredet, nachdem sie sich von dem Schock erholt hatten, dass ihr Gast weiblich ist! Es war ihnen bei der Terminbestätigung offensichtlich nicht klar gewesen, dass Zonta International eine Frauenorganisation ist!

Als nächstes traf ich Dr. Grbo, er war zum Jahreswechsel der Vertreter der bosnischen Regierung bei der kroatischen Regierung. Er war ein bitterer, verzweifelter Mann, der weniger humanitäre Hilfe als Waffen wünschte, um seinem Volk zu helfen. Auch er bestätigte die Aussagen der Muslime bezüglich der Gräueltaten der Serben, fügte aber noch Beschuldigungen gegen UN-Leute hinzu, die später auch von den anderen Gesprächspartnern wiederholt werden sollten. Seither weiß ich, dass UN dort ein Schimpfwort ist.

Danach besuchte ich die Universitätsfrauenklinik von Zagreb, sprach mit Prof. Dr. Grzley, dem Leiter. Dieser überreichte sofort eine Liste mit gynäkologischen Instrumenten, die er brauchte. Die Klinik war auf 1000 Entbindungen pro Jahr ausgelegt, hatte nun aber 2000 Schwangere zu versorgen und bekam kein weiteres Material. Tatsache ist, dass die Kroaten mit dem Flüchtlingsstrom aus Bosnien nicht fertig werden; es gibt zurzeit in und um Zagreb, welches 1 Million Einwohner hat, 300 000 Flüchtlinge, zumeist Muslime aus Bosnien und Herzegowina, vorzugsweise Frauen, aber auch alte Männer, Kinder, Jugendliche ohne Perspektive. Um die Jahreswende waren es noch Verbündete, in der Zwischenzeit handelt es sich um feindliche Ausländer.

Die nächste Gesprächspartnerin, Dr. Vucelic, Chefin der Abteilung zur Koordination von Hilfsgütern, zeigte sich verbittert, dass alle Spenden aus dem Ausland, die sie entgegennimmt, nur für Bosnien bestimmt seien. Hier entsteht bereits der Konflikt, den wir in Deutschland meist nicht wahrnehmen: hier sind drei Länder entstanden, die früher zusammengehörten und jetzt alle drei miteinander im Krieg sind! Und Kroatien droht an seinen jetzt Kriegsgegnern in den humanitären Lagern zu ersticken! Wir müssen das in unsere Gedanken bei den Lieferungen mit einbeziehen. So ist die Ausgabe der gelben Karte, die die Frauen zur Entgegennahme von kostenloser Verpflegung, ärztlicher Hilfeleistung und Unterkunft in Lagern berechtigte, eine Zeitlang nur an geflüchtete Kroatinnen ausgegeben worden. Auf Einspruch europäischer Regierungen ist dies seit März dieses Jahres wieder in Form einer nun grünen Karte auf alle Menschen ausgedehnt worden, die sich registrieren lassen – also auch auf neue Feinde, sprich: viele muslimische Bosnierinnen.

Auch meine letzten beiden Gesprächspartner waren Frauen: zunächst die sehr bekannte Psychotherapeutin Dr. Narcissa Sarajlevic, die sich als Engel der Lager einen Namen gemacht hat, weil sie bis spät in der Nacht nach ihrem normalen Klinikbetrieb in die Lager geht, um Frauen nach den Erniedrigungen und Opfern zu helfen, wieder ein eigenes Selbst zu finden. Sie ist auch die Seele der Organisation BISER, die aus muslimischen Akademikerinnen aus der Gegend von Sarajewo besteht. Diese lassen sich von ihr schulen, um dann ihrerseits in die Lager zu gehen und dort Frauen aufzumuntern und ihnen bei der Neuorganisation ihres Lebens zu helfen. Man darf nicht vergessen, dass einige bereits über ein Jahr im Lager existieren —und ohne Hoffnung auf Rückkehr in ein Leben, das sie als gut in Erinnerung haben. Alle sind arbeitslos und mittellos, bekommen in Kroatien auch keine Arbeitserlaubnis. Zurück können sie nicht. In der alten Heimat würden sie als Geschändete von den Familien nicht aufgenommen, von der Gesellschaft geächtet!

Mein Besuch um die Jahreswende dieses Jahres war sehr erschütternd und hat mich veranlasst, das Hilfsprogramm unserer Organisation sofort zu intensivieren. Um einen genaueren Überblick zu bekommen, bin ich dann im Juli und im August 93 nochmal dort gewesen. Die Zeiten hatten sich nicht geändert! Die Serben sind nicht humaner geworden, nur schlauer und dadurch schrecklicher! Auf meine Frage, ob es denn noch weitere Vergewaltigungslager gebe, da man darüber nichts mehr höre, war die eindeutige Antwort: ja! Aber diese Lager sind anscheinend jetzt mobil, also Fahrzeuge, getarnt und schlecht zu orten. Frauen werden dort wochenlang gehalten. Nachdem sie dann „fertig“ benutzt seien werden sie nicht mehr wie früher hinausgeworfen, sondern erschossen. Auch die Frauenministerin Merkel scheint dasselbe gehört zu haben, denn sie schrieb in ihrem Artikel im August in der Sonntagsausgabe der FAZ: Die Frauen kommen aus den Lagern zumeist nicht lebend heraus. Das ist feiner umschrieben.

Um das Bild noch abzurunden, möchte ich weiter zitieren, was ich hörte: die Serben holen sich immer wieder „Frischfleisch"! Auf meine Frage, wo sie denn noch Frauen finden, die erstaunliche Antwort: Viele Frauen in Bosnien und Herzegowina bekommen keine Zeitung, kein Fernsehen, glauben, sie seien in den Dörfern sicher und verstecken sich, wo sie doch gefunden werden.

Der Krieg geht weiter und keiner weiß, wie er einmal enden wird.

Eins ist sicher: im Balkan wird es für weitere Jahre, wenn nicht Jahrzehnte brodeln. Wenn wir als Europäer diesen Balkan schon nicht befrieden können oder wollen, so müssen wir ihm wenigstens menschlich helfen.

Wir als Zonta sind gefragter als manche andere Vereinigung, weil wir die Verteidigung des Status der Frau auf unser Banner schrieben haben. Hier wird wahrlich um die Verteidigung primitivster Frauenrechte aufgerufen! Hier werden Frauen vor den Augen der Welt auf das Tiefste erniedrigt und alle, auch die westlichen Kulturvölker des gelobten Abendlandes, sehen zu. Deshalb haben wir mit unserem Programm „Geschundene Frauen in Bosnien" ein großes Hilfsprogramm gestartet.

Wer Frauen helfen will, muss Familien helfen! Danach haben wir gehandelt. Wir gaben bereits:

1. Medikamente und Kindernahrung an das aus Brcko ausgelagerte Krankenhaus nach Rahic, in das Krankenhaus in Rumboic nahe Pros oder an das Rote Kreuz Bosnien und Herzegowina in Zagreb zur weiteren Verteilung.

2. Nähmaschinen, Strickmaschinen, Zutaten wie Wolle, Stoffe etc. an das Forum der Frauen von Dubrovnik, sowie an die Organisation

Unterschrift unter der Übergabeurkunde des Waisenhauses Sveta Nedelja von Jelena Braija, Direktorin Caritas Zagreb

BISER in Zagreb für dortige Flüchtlingslager. Wir wollen noch geben:

1. Ambulanzwagen, ausgestattet mit gynäkologischem Stuhl an eine von Zonta Zagreb benannte Organisation zur Verwendung in den Flüchtlingslagern.

2. Eine versprochene Spende an BISER zum Abhalten von Computerkursen für Jugendliche aus den Lagern (berufsvorbereitend).

3. Unterstützung von BISER betreffend Schulmaterial und Sprachkursen in den Lagern.

Die Hauptsache ist aber, Geld zu geben zum Kauf eines Waisen- und Findelkinderhauses in Sveta Nedelja, circa 10 km außerhalb Zagrebs, geleitet von Caritats Zagreb!

Letzteres Programm ist durch einen langen Denkprozess entstanden. Ich meine nämlich heute, dass es sinnlos ist, viele Ambulanzen zu geben, welches unsere erste Idee war. Ambulanzen werden zur Zeit und wohl auch noch bis auf Weiteres nicht sicher genug seien. Sie wer-

Zontahaus in Sveta Nedelja

„Miss Dina“ möchte mitfahren

den zerschossen oder von Serben zum Zwecke des Missbrauchs requiriert. Wir werden daher nur einen Wagen geben. Aber: Missbrauchte Frauen entbinden großteils in Zagreb und Umgebung, lassen dann die Babys einfach zurück und verschwinden. Es sind Findelkinder. Die Situation der Findelkinder ist zurzeit nicht gut. Sie werden nur von Caritas Zagreb aufgenommen. Wir sind von Jelena Braija, der sehr bekannten und allseits gut renommierten Direktorin von Caritas um die Stiftung eines solchen Hauses für Findelkinder gebeten worden. Bei meinem letzten Besuch habe ich das entsprechende Haus besichtigt. Ein solches, erst vier Jahre altes Haus würde 160 000 DM kosten, eine stolze Summe, von der uns z.Zt. etwa 30 000 DM fehlen. Ich plädiere daher für dieses Haus in Sveta Nedelja bei Zagreb, obwohl es nicht in Bosnien, sondern in Kroatien liegt. Aber 30 000 Bosnierinnen leben dort und viele haben dort entbunden. Bosnien selbst ist noch lange ein Unruheherd, auch wenn es zu einer baldigen Befriedung der Region kommen sollte. In jedem Fall sollten Spenden jetzt angelegt werden und nicht etwa erst in einem Jahr, oder wenn der Krieg zu Ende sein sollte. Damit helfen wir Frauen, die akut in vielen Zwiespälten und Verletzungen stecken. Denn: wer Kindern hilft, hilft auch den Müttern, auch wenn sie zunächst gar nicht Mutter sein wollen. Unter den gegebenen Umständen ist es sicher nicht unsere Sache, die zu verurteilen, die gehen und Babys zurücklassen. Unsere Sache ist die Hilfsbereitschaft, eine der höchsten sozialen Tugenden, die ein Mensch haben kann.

Ich danke schon im Voraus!

Zonta hat auch Sie gewählt

Gründungsrede des ZC Düsseldorf II, 1994
District Governor Simone Mirabel, Ratsherr Peter Preuss

Sie, liebe Düsseldorferinnen, haben Zonta gewählt, Zonta hat aber auch Sie gewählt! Zu einer Partnerwahl gehören eben immer zwei – nicht nur bei der Eheschließung! Mit der Übergabe der Charterurkunde hat die Organisation Ihr Beitrittsgesuch nach einer Prüfung offiziell angenommen und sie in die Internationale Gemeinschaft aller Clubs aufgenommen.

Sicher wird Sie unter anderem auch die Internationalität dieser Organisation bewogen haben, einen neuen Zonta Club in der Stadt zu gründen. Diese Internationalität hat in der Tat etwas Faszinierendes an sich. Es handelt sich um unendlich viele verschiedenartige Frauen der unterschiedlichsten Kulturen, religiösen und politischen Denkweisen. Sie alle sind zudem bereit, ihre beruflichen Erfahrungen untereinander auszutauschen, bisher nur mündlich auf den verschiedenen Konferenzen und Conventions, bald sicher auch über ein Computernetzwerk! Es gibt also genug Gründe für die Einzelne, Zontian zu werden – wie viele verschiedenartige Gründe mögen es erst bei 37.000 Frauen sein! Es sind aber nicht nur die realen Vorstellungen darüber, was Zonta der Einzelnen bieten kann, die zu Zonta führen. Vielfach sind es Wünsche und Sehnsüchte, die auf Zonta transponiert werden: Visionen einer Welt, die nicht oder noch nicht existiert.

Visionen sind seherische Träume, Tagträume, die erst in Realitäten umgesetzt werden müssen. Oft unter Anstrengungen und Gefahren. An verschiedenen Stellen dieser Erde gibt es immer noch für Frauen ganz unterschiedliche Lebensbedingungen, die sie verbessern wollen: In Afrika, wo Frauen noch beschnitten werden, sind die Erwartungen natürlich andere als in USA, wo sie zumeist gegen Sexismus kämpfen; in Japan, wo sie sich um den Eintritt in den Beruf sorgen, sind es andere als in Indien, wo die Ernährung der Familie oder der Erhalt des eigenen Lebens bei einer Scheidung noch problematische Rollen spielen. Selbst in Deutschland sind die Realitäten anders als in Finnland, dem emanzipiertesten und zontareichsten Land der Erde.

Mit diesen unterschiedlichen Realitäten und den sich daraus ergebenden Visionen – Tagträumen einer besseren Welt – gibt es auch unterschiedliche Anforderungen an uns, an Zonta International, denen wir versuchen müssen, gerecht zu werden. Eine so große internationale Organisation könnte da fast zerrissen waren. Aber für fast alle Frauen ist Zonta in den Wurzeln doch das Gleiche: eine Hoffnung auf Gleichberechtigung und Gerechtigkeit unter den Menschen, wobei wir Menschen beiderlei Geschlechts meinen.

ZI hat viele Aufgaben, Ziele, die zu erfüllen wir die Unterstützung jeder Einzelnen brauchen; nicht nur finanziell, sondern ideell, indem Sie hinter uns stehen als Botschafterinnen derselben Sache. Ich bin mir sicher, dass Sie dies tun werden. Sie haben uns gewählt und wussten dabei, wer wir sind. Zonta hat auch Sie gewählt – nach einem üblichen Prüfungsvorgang auf Districtebene, hat Sie als Führungskräfte, nämlich als selbständige Entscheidungsträgerinnen in den verschiedenen Berufen akzeptiert. Entscheidungstragende Frauen können die Sache der Frau naturgemäß besser vertreten, besonders wenn sie in einer großen Gruppe auftreten!

Dazu ein Letztes: Um möglichst zahlreich das nächste Jahrtausend durchschreiten zu können, müssen wir Öffentlichkeitsarbeit leisten. Dies tun wir nicht aus persönlicher Eitelkeit, sondern um zu zeigen, dass auch Frauen Dinge tun, für die sich jahrhundertelang nur Männer zuständig zeigten! Kurz gesagt: Tun wir Gutes, tun wir vielerlei, und reden wir laut darüber – und mediengerecht! Meine Damen und Herren, Zonta ist kein Gesellschaftsclub für Frauen, die es sich leisten können, Mitglied zu werden oder mildtätig zu sein! Zonta ist eine Vision für eine bessere Welt für Frauen weltweit, an der Zontians hart arbeiten!

Möge diese Vision in Ihren Herzen aufgehen! Im Namen des Internationalen Vorstands von ZI heiße ich Sie herzlich willkommen!

Zonta-Club Marburg-Gießen
1993

Ich freue mich, dass ich bei Ihnen einspringen und Ihnen einen Vortrag halten darf! Ich tue es gern – aus drei Gründen:

Einmal, da ich Ihre Clubgründung als Vize-Area-Direktorin mitgetragen, Ihr Clubleben als AD von 1992–94 miterlebt habe, auch bei Ihrer Charter aktiv war und den Club seither aus der Ferne empathisch verfolgt habe. Zum anderen weiß ich, dass Sie mit diesem Abend Öffentlichkeitsarbeit betreiben wollen, und da bin ich immer gern zur Stelle. Ich halte sie für außerordentlich wichtig.

Als Letztes aber lassen Sie mich das Wichtigste sagen: Solche Aktionen, die schnelles Handeln und gegenseitiges Helfen erfordern, gehören einfach zu Zonta und zu dem, was unser Leitbild ist, und damit bin ich schon beim Thema, bei meinem Thema, das schlicht und einfach immer wieder heißt:

„Zonta International"! Was ist das eigentlich – was will es überhaupt? Das Thema heißt also nicht Frauenkarrieren, aber vielleicht kommen wir zu dem Schluss, letztendlich auch über Frauenkarrieren gesprochen zu haben.

Wenn man diese Fragen: was ist ZI, was will es, auf einen so kurzen Nenner bringen will, könnte man sagen: Zonta ist die schönste Nebensache der Welt, Zonta will Frauen helfen. Aber zu viel Vereinfachung ist auch falsch.

Um *plakativ* zu verdeutlichen, wofür das Wort im Allgemeinen steht, darf ich Zonta einmal anders buchstabieren, als es gewöhnlich getan wird, nämlich:

Z wie Zusammenhalt untereinander im Club,

O wie Obhut füreinander, wenn es nötig ist,

N wie Nachsicht gegeneinander, die immer nötig sein wird,

T wie Tüchtigkeit und Tatendrang zum Besten des Clubs,

A wie Anstand und Allgemeinsinn jeder Einzelnen!

In diesem Zonta-Geist muss auch Ihr Club bereits einige Jahre existieren, sonst wäre er längst auseinandergebrochen.

In einem solchen Club Mitglied zu sein, heißt Ansprüche zu erfüllen, an sich selbst und an andere; heißt Ziele von Zonta International erleben, ihnen folgen und letztlich sie im Idealfall sogar persönlich leben: sie nämlich verinnerlichen und schließlich zu einem Teil des eigenen Lebens werden zu lassen. Wir alle werden durch Zonta zu anderen als wir vorher waren.

Zonta lehrt uns, die Welt mit anderen Augen zu sehen.

Bei Ihrer Clubgründung gab es zwar ungefähr die gleiche Anzahl von Mitgliedern weltweit wie heute – merkwürdigerweise. Das hängt damit zusammen, dass wir Schwierigkeiten im Mutterland von Zonta haben, in den USA, dass sich Zonta zwar in Europa und in Asien sehr vergrößert, in den USA aber sehr verkleinert, denn Frauen können jetzt auch Mitglied in Männerclubs werden; und dort machen sie es auch!

Zu Ihrer Gründung waren weniger Länder bei uns vertreten, denn der gesamte Osten ist erst zwischenzeitlich dazugekommen: Ungarn, Kroatien, Polen, Lettland, Estland, Litauen, Slowenien, Tschechei, Russland, auch noch Luxemburg. Die International President war Ruth Walker, dann Leneen Ford, heute schon fast historische Gestalten. Heute ist es Josefine Cooke, aus Kalifornien, USA, heute haben wir 34.000 Mitglieder in 64 Ländern, Südafrika als 65. steht vor der Tür. Diese Entwicklungsspanne dazwischen haben Sie bereits miterlebt und mitgetragen.

Zu Ihren eigenen Erfahrungen möchte ich etwas Zonta-Historie zufügen:

Für die meisten von Ihnen ist es sicher eine Wiederholung, ich sehe aber einige in diesem Raum, die ich orientieren darf. Zonta, in Ihrem Gründungsjahr bereits über 60 Jahre alt, hatte sich 1919 in der

Geburtsstunde in Buffalo (New York) die erste Satzung gegeben. In dieser noch recht kurzen Satzung, deren Punkte heute alle noch Gültigkeit haben, spiegelt sich natürlich der Zeitgeist der Frauen wieder, die 1919 zur Emanzipation in breiterem Umfang aufbrachen, als dies um die Jahrhundertwende und davor möglich war. Sie dachten hauptsächlich an Service und gegenseitige Hilfe, im Beruf und bei der Karriere! Damals schon, wie modern!

Es hieß damals: Wir sind eine Service-Organisation auf lokaler und weltweiter Ebene, wollen hohe ethische Standards setzen, Gerechtigkeit, allgemeinen Respekt für Menschenrechte und grundsätzliche Freiheiten fördern, *gegenseitige* Unterstützung und Kameradschaft einfordern unter den Mitgliedern, welche den Gemeinden, den Staaten und der Welt dienen. Das war die ganze Satzung, die heute 40 Seiten umfasst.

Mit dieser kurzen Satzung begann aber 1919 ein Siegeslauf um die Welt. DENN:

Nur elf Jahre später —1930— war es bereits möglich, dass die Organisation eine offizielle Geschäftsstelle, Headquarters, in Chicago, Illinois, eröffnete und sie als Zonta International inkorporiert wurde, d.h. in das Vereinsregister des Staates Illinois eingetragen und dessen Vereinsvorschriften und Gesetzen unterstellt. Das ist bis heute so geblieben. (Davor hieß die Organisation übrigens Confederation of Zonta Clubs)

In der Zwischenzeit waren nicht nur andere intraamerikanische Clubs zu den ersten 19 Clubs in den USA dazugekommen, hatten sich kanadische Clubs angeschlossen, sondern auch als erster außeramerikanischer Kontinent: Europa. Österreich war federführend. Der ZC Wien war nämlich 1930 gegründet worden, viele von Ihnen werden sich noch an deren 60- oder an die 65-Jahr-Feier erinnern und an die noch vorhandenen zwei Gründungsmitglieder, speziell an Grete Maurer, früher Antiquitätenhändlerin, die noch voller Erzählungen und

Schnurren ist aus dieser Zeit. 1931 kam Deutschland als 4. Land von ZI mit dem 1. Club in Hamburg dazu.

Das Jahr 1930 war wohl ein recht wichtiges Jahr für die Organisation, denn in diesem Jahr hatte die allererste Satzung von ZI eine wesentliche Verdeutlichung ihrer Ziele erfahren.

Diese verdeutlichten Ziele machten die Organisation elitär und zu etwas Besonderem, aber auch sehr viel schwieriger zu handhaben. (Um nicht missverständlich zu sein, alle, die mich kennen, wissen, dass ich trotz aller entstehenden Schwierigkeiten eine leidenschaftliche Verfechterin des Elite-Gedankens bin und immer wieder behaupte, dass gerade wir Frauen uns mit solchen Elitegedanken vertraut machen müssen, *wenn* wir Karriere machen wollen und für ZI auch sollen!)

Die Verdeutlichung der Zonta-Ziele geschah durch Folgendes:

Zonta hatte sich eine Klassifizierung gegeben, die es nur noch berufstätigen Frauen in Führungspositionen (auf Englisch: decision makers) erlaubt, durch Aufforderung, nicht auf Antrag, Mitglied zu werden, *wenn* sie mehr als 60 % ihrer Zeit berufstätig sind — heute mindestens 50 %.

Wir erhoffen seither, Mitglieder zu bekommen, die ihren Lebensunterhalt weitgehendst selbst bestreiten, also finanziell unabhängig sind. Bei angestellten Zontians erhoffen wir, dass sie unterschriftsberechtigt im Sinne einer Prokura sind, also geistig unabhängiger als solche ohne Prokura.

Damit ist bei Zonta sozusagen der Einstieg von oben in das Problemfeld der Frau gegeben. Zontians sollen Frauen mit Karriere sein. Zonta hatte sich damals zusätzlich eine Erweiterung der obersten Ziele gegeben, die besonders ehrenwert sind, und auf die wir seither sehr stolz sind. Diese Erweiterung heißt: Wir wollen den erzieherischen, beruflichen, gesetzlichen, politischen, sozialen und wirtschaftlichen Status der Frau verbessern.

Seit 1994 ist als *neuer* Zusatz der *gesundheitliche* Status dazugekommen:

Damit ist Zonta International nicht nur die älteste weibliche Service-Organisation der Welt, sondern die älteste Service-Organisation überhaupt, die sich für den Status der Frau einsetzt.

Zonta ist seither anders als die anderen; Zonta makes the difference!

Sich für den Status der Frau einsetzen, das bedeutet ganz sicher, sich für Karrieren von Frauen einzusetzen, dafür zu sein, dass Frauen nicht nur für die berühmten 3 K's zuständig sind, sondern auch für Begriffe, die z.B. mit G anfangen, wie Gesellschaftspolitik.

Zonta ist dabei überparteilich wie auch über den Religionen stehend, denn: Wir haben sicher nicht nur Mitglieder aller Religionen dieser Erde in unseren Reihen, sondern sicher auch aller politischen Parteien dieser Erde.

Zonta aber ist gerade wegen dieser Tatsachen und wegen dieses hervorragenden Satzungspunktes nicht unpolitisch. Wir sind politisch interessiert — nur so lassen sich nämlich Dinge bewegen, die das öffentliche Interesse ausmachen. Und das Wohl der Frau ist nun mal eine Frage des öffentlichen Interesses.

Mit diesem hervorragenden Satzungspunkt, verkürzt „Status der Frau“ oder auch nur „Status“ genannt, beginnt aber Glanz und Elend dieser Organisation, auch mancher Scheidepunkt zwischen Zontians. Ich will dies verdeutlichen.

Einer einfachen Service-Organisation (oder besser in Deutsch gesagt, was das wirklich meint: einer Hilfsorganisation für Menschen in Not) ist der große Wurf gelungen. Wenn sie früher irgendwie in einer Reihe zu nennen war zwischen dem Internationalen Roten Kreuz, Organisation MS, Misereor oder auch Kuratorium ZNS stehend, so gilt das nicht mehr. Es ist etwas ganz anderes daraus geworden: eine faszinierende Organisation mit Charisma, mit einer großen Vision! Einer Vision einer besseren Welt für alle Frauen, mögen sie nun auf dem

Scheiterhaufen in Indien — heute noch — stehen oder in den Palästen von Bangladesch leben, in Bambus-Hütten in Korea oder Hochhäusern in Australien, ob sie unter den Beschnittenen und Verstoßenen im Islam anzutreffen sein, in Tel Aviv wie in Istanbul, im Schwarzenghetto oder an der Wallstreet in New York. Oder mögen sie in dieser Republik beheimatet sein, in der doch zunächst nichts verbesserungswürdig erscheint — aber für viele Frauen verbesserungswürdig ist.

Diese Vision einer besseren Welt ist unser glanzvolles Ziel.

Das Elend ist, dass natürlich fast alle Männer dies nicht so sehen, auch viele Frauen es nicht sehen wollen, da sie sich fürchten, die Vision durchsetzen zu müssen. Durchsetzen bedeutet immer, dass ein Widerstand da ist.

Gegen Widerstände angehen ist aber nicht die Aufgabe, die die durchschnittliche Frau sich selbst stellt. Die durchschnittliche Frau ist und bleibt *eher* das „liebe Kind“, als das „böse Mädchen“, von dem mittlerweile aber jeder schon weiß, dass dieses überall hinkommt, auch dorthin, wo Geld und Gesellschaftspolitik gemacht werden.

Es zeigt sich, dass nicht alle den gleichen Bewusstseinsstand haben und für manche alles so bleiben kann oder soll, wie es gerade ist. Damit kämpft die Frauenpolitik weltweit auf allen Ebenen genauso wie Zonta. Wir kämpfen dabei auf zwei Seiten, nämlich gegen den Unverstand der Männer und gegen den mancher Frauen. Dabei bangen beide Seiten um das gleiche! Der Mann bangt um angeblich angestammte Vorrechte, die er wahren will, um geliebt und geachtet zu bleiben, der Gedanke, dass man auch einen „schwachen“ Mann lieben kann, ist ihm undenkbar. Die Frau bangt um ihre Position beim Mann und kann sich nicht vorstellen, als „starke Frau“ geliebt zu werden. Also kämpfen wir nach außen wie nach innen: kämpfen genauso gegen Machotum des Mannes wie gegen Mutlosigkeit und Minderwertigkeitsgefühle der Frauen.

Als ich einmal in meinem Club über dieses Thema sprach, sagte eine Zontian, die es in ihrem eigenen Beruf sehr weit gebracht hatte, zu mir: „Was wollen Sie denn noch erreichen, wir haben doch die Gleichberechtigung im Gesetz!“ Ich antwortete: „Zeigen Sie mir die Oberlandesgerichtspräsidentinnen in Deutschland, die Parteivorsitzenden, die Vorstandsvorsitzenden der Großindustrie, die C4 Professorinnen an den Universitäten, ja, den ersten weiblichen Bundeskanzler oder Bundespräsidenten, und ich schweige sofort. Oder wollen Sie behaupten, dass wir für solche Posten keine fähigen Frauen haben?“

Rita Süssmuth ist als 2. Frau im Staat eine absolute Ausnahme, und sie ist Zontian.

Wir Frauen stellen generell 50 % der Bevölkerung dar und sind mit *keinen* 30 % in wichtigen Gremien vertreten. Im Klartext: Frauen brauchen Macht, politische Macht, um erreichen zu können, dass erstklassige Frauen nicht männlichen Seilschaften geopfert werden, und dass zweitklassige Frauen genauso weit in ihrer *Karriere* kommen wie zweitklassige Männer, und dies alles aus Selbstverständlichkeit.

Doch ist dies alles eine Vision! Visionen aber sind das Licht am Ende des Tunnels, ohne das man den Weg nicht sieht, den man zu gehen hat. Wir Frauen dieses und des kommenden Jahrhunderts müssen den steinigen Weg durch den Tunnel an das Licht einer gelebten und nicht nur der geschriebenen Gleichberechtigung gehen. Ich persönlich meine, dass es sogar eine besondere Aufgabe der europäischen Frau ist, nachdem ein Neokonservatismus die USA befallen und die Frauen dort zurückgeworfen hat. Sicher sind wir uns einig, dass dies Probleme sind, die die Frauenpolitik angehen muss, und Sie werden fragen, was dies mit einem Zonta Club, mit seinen Mitgliedern zu tun haben soll.

Es hat etwas damit zu tun! Visionen müssen durch das Nadelöhr der Realität, d.h. sie müssen in Taten umgesetzt werden — hier ist aber unsere Satzung von Zonta International im Wort, damit auch Clubs und Mitglieder. Wer kann sich besser engagieren, als die entscheidungstragende Frau, die schon einiges erreicht hat, Beispiel und Vorbild sein kann für andere?

Im Englischen heißt es: show leadership – be a role-model! Im Deutschen wagen viele Frauen nicht, das Wort Karriere für sich überhaupt in den Mund zu nehmen! Leadership, also Führungskraft ist etwas Teuflisches! Die angelsächsischen Frauen sind uns darin voraus, ja, ich fürchte (und bin mit meiner Furcht nicht allein!), dass in fast ganz Europa die Frauen heute emanzipierter sind als die deutsche Frau. Ich persönlich sehe den Grund hierfür in einem immer noch in den Köpfen herumgeisternden Erbe der vergangenen Epoche, der Nazi-Zeit! Damals hieß es, die deutsche Frau tut dies und das nicht, sie ist Ehefrau und Mutter: ENDE. Unsere Großmütter haben darunter gelitten, oder etwa nicht? Die NS-Zeit muss für die meisten Frauen durch ihre Bevormundungen unerträglich gewesen sein! Aber deren Enkelinnen verhalten sich oft noch immer nach dem ungeliebten Schema.

Zonta International aber will Leadership und Einsatz für den *Status* der Frau, will letztlich deren *Karrieren* fördern.

Auf internationaler Ebene geschieht es bereits durch die Arbeit des Boards von Zonta International und des Boards der Foundation. Das heißt, durch Mitarbeit von ZI bei den Vereinten Nationen, deren Mitglied wir als NGO seit Bestehen der Vereinten Nationen sind, also seit der ersten Stunde, bei UNESCO, USEOC, UNIFEM. Bei letzterer waren wir über die letzten zehn Jahre größter Einzelgeldgeber überhaupt. Dadurch ist vielen Frauen das Leben erleichtert oder überhaupt ein menschenwürdiges Leben ermöglicht worden: in Sri Lanka durch die 1000 Brunnen, in Indien durch das Programm Umgang mit Pestiziden, in Südamerika und Afrika in vielen Programmen zur Hilfe zur Selbsthilfe. Dabei gilt es, zu lernen, einen Lebensunterhalt für sich und zumeist auch als Alleinerziehende für die Kinder zu erarbeiten.

Zurzeit läuft das Programm der UNESCO, eine Erziehungshilfe für Mädchen in Südafrika, ebenso wie ein Programm gegen Gewalt. Unser

Service-Geld kann hier viel bewirken — aber ich meine, *Geld* kann nicht *alles* sein! Wir können uns zum Beispiel bei Frauenbeauftragten als Ansprechpartnerinnen in Frauenfragen anmelden. Welche Organisation hat schon solch breites Spektrum an Informationsquellen zu bieten wie wir!

Zum anderen können wir mit anderen Club-Mitgliedern und den andern Zontians weltweit in einem Netzwerk der Frauen kommunizieren. Das bringt sicher nicht nur neue Mitglieder, die sich heutzutage nicht nur für reinen Service interessieren, sondern auch eine Unterstützung für sich selbst suchen, es bringt aber auch für alle beruflich erweiterte Perspektiven.

Zum Dritten kann ein Zonta Club anregen, kann eine Karriereschule werden, nämlich durch Üben von eigenen Vorträgen, durch Diskussionsbeiträge, durch Workshops, durch Öffentlichkeitsarbeit. So kann Schubkraft für sich selbst und die eigene Karriere entstehen.

Zum Vierten aber können wir das üben, das für Z wie Zonta steht: Zusammenhalt: das ist Solidarität aller Frauen. Diese Solidarität kann als ein Machtpotenzial benutzt werden, welches sich neben der Seilschaft der Männer sehen lassen kann.

Hier möchte ich der Frauenpolitik zurufen:

Alle Frauen können – und sie sollen dann auch! – einer anderen Frau helfen, sich ihrerseits verbessern zu können, sowohl auf erzieherischem, gesundheitlichem, politischem, rechtlichem, sozialem als auch wirtschaftlichem Sektor, so wie wir es tun! Solidarität üben kann aber nicht bedeuten, es nur im fernen Afrika oder sonst wo zu tun, Solidarität üben kann aber nicht bedeuten, etwa nur Frauen zu unterstützen, welche am unteren Rand der Gesellschaft angekommen sind und natürlich angehoben werden müssen. Solidarität heißt auch Solidarität unter Gleichen oder mit einer Stärkeren, die offensichtlich die Sache der Frau vorantreibt. Frauen müssen mit ihrem Beschützer-Mutterinstinkt besonders aufpassen, dieses Wort „Solidarität" nicht einseitig politisch linkslastig misszuverstehen. Solidarität üben heißt nicht kritiklose Gleichmacherei betreiben zu wollen und oder den Stärkeren ein Bein zu stellen.

Ich will zum Ende kommen, obwohl man über dieses Thema noch stundenlang reden und vor allem diskutieren könnte. Lassen Sie mich das Ganze zusammenfassen in einem altbekannten Zontasatz, welcher nach meiner Erinnerung der Hamburgerin Ada Sieveking zugeschrieben wird:

„Was du für Zonta tust, tust du für dich und für die Welt!“ Und wenn es erst für die Welt unserer Töchter sein soll. Aber um das alles umzusetzen zu können, muss noch etwas geschehen, was mir am Herzen liegt, das ich einem Zitat Winston Churchills entnommen habe, welches er in einer Rede 1949 in Zürich dem noch nicht geeinten Europa widmete: „Let Europe arise“; ich münze es auf Zonta um:

Let Zonta arise!

Lassen Sie Zonta erstarken, durch Ihre Mitarbeit und Ihre Unterstützung! Eine so großartige und visionäre Frauenorganisation verdient unser aller Einsatz!

Zur Charterfeier des Zonta Clubs Frankfurt II-Rhein-Main

im Kaisersaal des Frankfurter Römers

Oberbürgermeisterin Petra Roth,
Stadtverordnetenvorsteherin Dr. Helga Budde,
Neue Präsidentin Dr. Heidi v. Leszczynski,
neue Zontians des ZC Frankfurt Main II-Rhein-Main

„Nichts ist erfolgreicher als der Erfolg!" Ein pragmatischer Satz, ich las ihn neulich in einer bekannten Tageszeitung, und ich musste sofort an Sie, Frankfurterinnen, denken. Obwohl Ihr Club jung ist, zwei Jahre jung, haben Sie diese kurze Zeit bis zur heutigen Charter sehr gut, nämlich erfolgreich genutzt. Sie haben große Service-Erfolge erzielt. Mein Kompliment. Machen Sie so weiter! Mehr kann man dazu nicht sagen.

Dieser Service, selbstlose Hilfe für Menschen, denen es schlechter geht als uns, ist für ZI das wichtigste überhaupt. Wir sind eine Service-Organisation, aber – auch das soll gesagt werden – Service ist nur eine der vielen Säulen, auf denen Zonta International ruht, denn: GELD kann nicht alles sein! Zonta ist da anders als die anderen: Zonta makes the difference.

Lassen Sie uns die verschiedenen Säulen betrachten, auf denen ZI steht. Seit der Gründung 1919 in Buffalo im Staate New York haben wir uns nicht nur für den Service an Bedürftigen eingesetzt, sondern diesen benutzt, um uns für den Status der Frau stark zu machen. Gemeint ist bei dem Begriff „Status der Frau" die öffentliche Sache der Frau. Es ist uns bewusst, dass öffentliche Sachen immer auch politische Sachen sind. Zonta steht zwar über den politischen Parteien, wie auch über den Religionen, durch den Einsatz für die Sache der Frau kann es aber nicht mehr unpolitisch sein – das geht gar nicht, wenn man für die Sache der Frau eintreten will.

Zum Verständnis: In unserer internationalen Satzung, die für alle Clubs weltweit in 67 Staaten der Erde verbindlich ist, ist seit 1931 festgeschrieben: Wir stehen ein für den erzieherischen, rechtlichen, politischen, sozialen und wirtschaftlichen Status der Frau. Wir tun dies, weil es weltweit leider nötig ist. Seit 1994–1996 treten wir darüber hinaus auch für den gesundheitlichen Status der Frau ein, da dieser in vielen Ländern der Erde schlechter ist als der der Männer.

Als Zonta International sich damals diesen hervorragenden Satzungspunkt des Status der Frau gegeben hat, ist etwas Besonderes passiert: Einer einfachen Service-Organisation ist der große Wurf gelungen! Wenn die Organisation früher in einer Reihe zu nennen war mit vielen anderen Service-Organisationen, so gilt das heute nicht mehr.

Zonta ist seither etwas ganz anderes, eine faszinierende Organisation mit Charisma, mit einer großen Vision! Einer Vision einer besseren Welt auf diesem Globus für alle Frauen! Nämlich für solche, die auf dem Witwenscheiterhaufen in Indien heute noch in Dörfern stehen oder in den Palästen von Bangladesch als Puppen dienen, in afrikanischen Hütten mit den Kindern ihr Leben fristen oder auf Farmen in Australien hart arbeiten, unter Beschnittenen und Verstoßenen, wie sie in islamischen Gesellschaften anzutreffen sind, in Tel Aviv wie in Istanbul leben, im Schwarzenghetto oder in der Wall Street in New York. Oder mögen sie in dieser Republik beheimatet sein, in der doch zunächst nichts verbesserungswürdig erscheint, aber so vieles für uns verbesserungswürdig ist.

Vielleicht werden Sie Frankfurterinnen denken: Was soll das? Wir haben die Gleichberechtigung ja im Gesetz. Ich muss dann aber fragen: Haben wir nicht die Quotenfrau, die Gleichstellungsbeauftragten in unserem Land? Natürlich gibt es diese Funktionen deshalb, weil es die Frauen in der BRD schwerer haben, voranzukommen, als die Männer und dies als ungerecht ansehen. Wir wollen, dass erstklassige Frauen nicht männlichen Seilschaften geopfert werden, und dass zweitklassige Frauen genau so weit in ihrer beruflichen Laufbahn kommen wie zweitklassige Männer. Hier hat die Politik noch viel zu tun, aber Ausnahmefrauen wie Zonta-Mitglieder in hervorragenden Positionen können sich auch in dieser Republik für die öffentliche Sache der Frau an vielen Stellen des Lebens einsetzen und tun es.

Zonta International hat aber noch weitere Säulen. So vertreten wir den weltweiten Friedensgedanken. Auch da sind wir heute bei einem heißen Thema. Der Friede ist trotz Beendigung des Kalten Krieges – oder gerade deswegen – vielerorts gefährdet. Er ist heute zwar kaum noch durch Nationalismus in Gefahr, aber durch den Aufstand ethnischer Minderheiten. Überall auf der Landkarte gibt es solche Aufstände. Sie haben sich seit den 1950er Jahren versechsfacht und entstehen an vielen Plätzen der Erde durch Minderheiten, die sich gegen beherrschende Majoritäten erheben, unter denen sie glauben, nicht leben zu können. Diese Aufstände werden immer grausamer und kosten oft das Leben Unschuldiger, und das sind überwiegend Alte, Kinder und Frauen. Es sind an einigen Plätzen auch Zonta-Frauen.

Sicher ist auch dies nicht das besondere Problem des ZC FFM II und wird es hoffentlich auch nie werden. Aber ich möchte gerade auf die Wichtigkeit hinweisen, in jedem Land – auch in diesem Land – oder gerade da – mit den Minderheiten zu arbeiten und für sie. Dies kann auch hier vor der Haustür beginnen, damit die Integration vieler Flüchtlinge erleichtert wird und nicht etwa auch noch zu einem deutschen Problem werde. Gleichzeitig könnten Sie dabei die Internationalität der Organisation dokumentieren, eine weitere Säule von Zonta! Dazu gehört auch der Hinweis, dass ZI den Vereinten Nationen seit der ersten Stunde 1946 als Mitglied der NGO's angehört; wir sind mehr als zehn Jahre die größte Einzelgeldgeberin von UNIFEM (der größten Frauenorganisation der UN) gewesen. Auch das darf einmal gesagt werden.

Wir vertreten unsere Ziele in den Büros in New York, in Wien, Paris und Genf – und auch in Straßburg beim Europarat.

Wir Zontians vertreten aber noch vieles mehr: Last but not least vertreten wir die Freundschaft der Zonta-Mitglieder untereinander. Sicher können Sie mir sagen: Wenn man es wirklich hinterfragt, dann hat man nur eine Handvoll echter Freunde im Leben, und nicht 34, wie sie im Club sind – aber, meine Damen, man kann auch etwas pflegen, was ähnlich und sicher möglich ist: *Solidarität.*

Solidarität, das ist dieses Zusammengehörigkeitsgefühl, das ist diese wechselseitige Verbundenheit der Mitglieder eines Zonta Clubs, die sich unter dem Einfluss äußerer Momente zu deren Beseitigung wie eine Einheit verhalten, sozusagen rangehen wie eine Frau! Das ist herrlich zu erleben, nämlich Solidarität als eine Einheit der Gesinnung, ein sich ähnelndes Gruppenbewusstsein. Der kleinste Nenner mag die Interessensolidarität für den Club sein, der große, wünschenswerte Nenner sicher die Solidarität aller Frauen für die Verbesserung ihres Status weltweit. Es ist unser Zonta-Ziel. Wobei das Thema sich schließt. Noch ist dieses Ziel einer besseren Welt für die Frauen weltweit eine Vision. Visionen aber sind das Licht am Ende des Tunnels, ohne dass man den Weg nicht sieht, den man gehen muss.

Liebe neue Zonta-Mitglieder!

Während meiner Area-Direktoren-Zeit habe ich den 13 von mir aufgenommenen Clubs immer ein Zitat gewidmet. Ich möchte es auch heute tun, sozusagen als ein Freundeswort. Hier in Frankfurt muss es natürlich ein Goethewort sein! Ich habe nur einen Satz gewählt, einen kurzen noch dazu: „Zu neuen Ufern lockt ein neuer Tag!"

Es ist ein positiver Satz, der zu immer neuem Beginn aufruft. Er hat aber die Besonderheit: Es ist der gleiche Satz, der den Weg unseres Clubs Bad-Soden-Kronberg erfolgreich begleitet und uns oftmals neue Kraft gegeben hat. Ich habe den Satz absichtlich gewählt, um die Verbundenheit meines Clubs zu dokumentieren. Wenn ich uns und unter uns sage, dann spreche ich nicht von den 38 aktuellen Club-Mitgliedern, sondern spreche auch zwei Mitglieder an, die mit uns damals in

Soden das Abenteuer Zonta begonnen haben. Wir haben sie mit einem tränenden Auge, aber vertrauensvoll und in Freundschaft ziehen lassen, damit diese erfahrenen Zontians den Club Frankfurt II-Rhein-Main gründen mögen: Heidi von Leszczynski und Ruth Gräfin Wuthenau!

Es ist gelungen, wir freuen uns über den Erfolg, der besonders der deine ist, liebe Heidi, und auch das muss gesagt werden: Wir sind stolz auf dich und dir dankbar!

Zum Abschied aber möchte ich Ihnen noch den Begriff Zonta, der ja für uns so viel bedeutet und unser aller Leben verändernd prägt, einmal so buchstabieren, wie Sie es sicher noch nicht gehört haben, wie es Ihnen aber für Ihr Clubleben in Frankfurt II Rhein-Main wichtig sein sollte.

ZONTA:

Z stehe für Zusammenhalt untereinander im Club, der muss sein

O für Obhut füreinander im Club, wenn es Not tut

N für gegenseitige Nachsicht, das ist immer nötig

T für Tatendrang zum Besten des Clubs

A für Allgemeinsinn und Anstand jeder Einzelnen von Ihnen

In diesem Sinn möge Ihr Clubleben gelingen, Sie beflügeln und bereichern – ad multos annos!

Electra heute?

Festrede anlässlich der Charterfeier des Zonta Clubs Electra Würzburg – bereits als Past International Director von Zonta International Am 30. Oktober 2004 in der Residenz

Unter den Gästen: Internationale Direktorin Annette Binder, District Governor Anneliese Lucks, Past District Governor Barbara Riedel, Zontians, Oberbürgermeister, zahlreiche Ehrengäste, Präsidentin Brigitte Nordlund

Sie haben sich für Ihren neuen Club einen ganz besonderen Namen gewählt: Electra.

Ursprünglich hatte ich hier gar nicht reden wollen, aber der Name hat mich dann doch gereizt, das Thema „Electra" zu bearbeiten. (Ich bedanke mich daher noch besonders herzlich für die Einladung, die größere Mühe sei vergessen!)

Was steht dahinter, wenn man sich einen solchen Namen gibt, was bewusst, was – möglicherweise – unbewusst?

Zunächst zum Bewussten. Es wurde heute schon gesagt, der Club habe sich von dem Flugzeug, der Lockheed Electra Maschine unserer prominentesten Zontian, der Fliegerin Amelia Earhart aus den USA, zum Namen inspirieren lassen. Sie war die erste Frau, die die Welt im Alleinflug umrundete, und mit eben dieser Maschine 1935 im Pazifik verschollen ist. Warum die Maschine so hieß, wissen wir nicht. Die Firma Lockheed wurde erst 1932 in Kalifornien gegründet und Amelia flog dieses neu entwickelte Flugzeug als eine der ersten; möglicherweise hat sie auf die Namensgebung Einfluss genommen, sie hatte ja in der Fliegerei viel Einfluss.

Aber wer auch immer diesem für Zontians so bedeutungsvollen

Flugzeug den Namen gegeben haben mag, geschrieben mit k oder c in der Mitte, der/die muss die Elektra-Sage gekannt haben. Welches ist nun diese Sage?

Ich beziehe mich auf die Antike, die griechische Mythologie, und erinnere: Elektra, Tochter des Agamemnon und der Klythemnestra, Schwester von Orest, Chrysothemis und Iphigenie, spielt in den Tragödien eine Hauptrolle, die die Rache an Klythemnestra behandeln. Hatte doch Klythemnestra ihren Gatten Agamemnon gemeinsam mit Ägisth, ihrem Geliebten, umgebracht. Beide, Ägisth und Klythemnestra, herrschten danach zusammen in Mykene. Nach des Vaters Ermordung entfernte Elektra den Bruder Orest, um ihn zu retten und blieb selbst, schmachvoll behandelt, zurück im Haus der Mutter und Ägisths, zusammen mit ihrer Schwester Chrysothemis. Nach der Rückkehr des Orest half sie diesem, Ägisth und die Mutter zu bestrafen, ja, umzubringen. Seither gilt sie als Sinnbild der Anstifterin zum Muttermord. Wahrlich ein interessantes Thema für einen Frauenclub! Vielleicht sogar ein notwendiges?

In allen Sagen hat sie interessanter- und wohl auch frauentypischerweise die Mutter nicht selbst umgebracht. Sie hat aber mehr oder weniger zur Tat überredet, ja, moralisch dazu gezwungen. Sie allein zeigte somit Treue zum Vater, während Schwester Chrysothemis sich mit Mutter und Liebhaber „arrangiert“ hatte. Letzteres erscheint uns moderner! Aber Liebhaber der Mütter sind auch heute noch ein Konfliktthema für Töchter.

Soweit der historische Stoff. Er hat die Antike mehrfach beschäftigt, wurde dann eher beiseite gelegt, als andere Themen, vor allem christliche, aufkamen, bis sich die Literaturgeschichte des Elektra-Themas wieder besann. Das war am Übergang des 19. in das 20. Jahrhundert, als Familienbande eine andere Aufmerksamkeit als zuvor erhielten. Es war die Zeit der Brüchigkeit bürgerlicher und familiärer Werte, fin de siècle genannt. Die Psychoanalyse war geboren worden: Aus meiner

Sicht war es ein großer Aufbruch zur Selbsterkenntnis. Menschliche Urprobleme wurden anders, nämlich analytisch, hinterdacht. C. G. Jung prägte jetzt den Begriff Elektrakomplex als den einer gestörten Vater-Tochter-Beziehung (zu große Liebe zum Vater ist ja auch nicht normal). Er stellte ihn Freuds Ödipuskomplex (gestörte Mutter-Sohn-Beziehung) gegenüber, welcher ja schnellstens Allgemeingut wurde, ja heute sogar allgemeines Sprachgut ist. Niemand, der das Wort Ödipus nicht schon im Mund hatte, es folgt im Bekanntheitsgrad dem Wort Röntgen auf dem Fuß. Freud selbst hat den Ausdruck Elektrakomplex nicht gewünscht. Vermutlich hing dies mit seinem eigenen Unbewussten zusammen. (War da nicht was? Eine unverheiratete Tochter? Anna!) Ich will nicht in Details gehen!

Vereinfacht ausgedrückt besagt der Elektrakomplex, dass die Tochter die Konkurrentin, ja, Mörderin der Mutter sein muss, wenn sie den ersten Platz in der Liebe des Vaters einnehmen will. Die Überwindung des Elektra-Komplexes im weitesten Sinn meint: das Überwinden der verinnerlichten Mutter und ihrer sexuellen Verbote; der Konflikt mit den Müttern, weil sie den Töchtern den Zugang zum männlichen Geschlecht im Regelfall zunächst verwehren. Wahrlich ein ewig aktuelles Thema zwischen Müttern und Töchtern, vor der Pille noch aktueller als heute.

Das 20. Jahrhundert ließ aus der Mythologie 1905 Hugo v. Hofmannsthals Drama Elektra entstehen, daraus dann 1909 die berühmte Strauss-Oper „Elektra", in der diese sich im Freudentanz nach dem Mord der Mutter selbst umbringt. Aus heutiger Sicht keine Lösung. 1931 veröffentlichte O`Neill: „Trauer muss Elektra tragen", die Fabel ist in die Zeit des amerikanischen Bürgerkrieges übertragen worden, also in modernerer Verkleidung. Der Konflikt wird als generelle Rivalität der Frauen um den Mann schlechthin erweitert. Darüber hinaus wird Ägisth hier sogar von seinem Mörder verstanden, der, nachdem er ihn umgebracht hatte, ausruft: „Ich hätte das gleiche getan, Mutter geliebt, wie er sie geliebt hat und Vater getötet, um ihretwillen." Hier schaut also Ödipus noch zusätzlich um die Ecke!

In den 30er Jahren bearbeitete der Franzose Giraudoux das Thema zu einem Theaterstück „Electra", (ob Amelia es gesehen hat? Sie war zu dieser Zeit oft in Paris) und 1943 Sartre, dessen Drama „Die Fliegen" ebenso auf dieser Sage basiert. Er behandelte sie ungeheuer wortgewaltig, transponierte sie ins Allgemeine und zu einem Aufruf zur Freiheit und gegen Usurpatoren. Ägisth war ein solcher. Es war die Zeit der deutschen Besatzung in Paris. Wieder sehr zeitnah ...

Gerhard Hauptmann befasste sich kurz vor seinem Tod mit dem gleichen Thema. Und sicher noch andere. Es ist also eines der großen Themen der Menschheitsgeschichte, ein Thema von Gerechtigkeit, Treue über den Tod hinaus, von allerersten, frühkindlichen zwischenmenschlichen Bindungen und ihren mehr oder weniger geglückten Ablösungen. Ich möchte Sie nicht durch Historie langweilen, indem ich vertiefe, schon gar nicht weiter analysieren. Ich möchte viel eher fragen: Was sagt uns Electra heute, im 21. Jahrhundert? Im Jahrhundert der gehäuften Scheidungen, der Pille, des Sexualunterrichts für Kinder, der freien Sexualität Frühpubertierender, der Patchworkfamilien, der offenen Ehen, der eheähnlichen Partnerschaftsverbindungen auf Zeit in allen sozialen Schichten?

Elektra heute sagt uns natürlich etwas ganz anderes; aber sie sagt uns etwas! Elektra war nämlich eine starke, konsequente, entscheidungsfreudige Frau. Sie stand zu der Moral und Gesetzgebung ihrer Zeit, war eine Rachegöttin. Rache war ein archaisches Äquivalent für Gerechtigkeit. 2000 Jahre Christentum hat es gebraucht, um Rache als Ausdruck der Gerechtigkeit (im Abendland!) zu überwinden.

Wo finden wir Elektra bei uns wieder? Ich sage: *überall!* Sind nicht alle entscheidungsfreudigen, konsequenten, starken Frauen, die ihr Schicksal und das anderer entscheidend in die Hand nehmen, Schwestern von Elektra? Kurz: Kann Elektra im übertragenen Sinne für Leadership der Frau stehen? Ich denke: ja! Elektra heute kann man – losgelöst vom antiken Urbild der Rachegöttin und den psychoanalytischen Deutungen der nicht abgelösten Vaterliebe – als Fahnenträgerin der selbstbewussten Frau ansehen, als eine echte weibliche Führungskraft!

Warum aber ist Elektra mit ihrer Kraft und Ausstrahlung bei uns heute immer noch relativ unbekannt?

Vielleicht deshalb, weil Mädchen immer noch nicht den spielerischen, fairen Schlagabtausch wie Jungen auf vielen Übungsfeldern in Kindheit und Jugend lernen. Ein Fehler, der korrigiert werden müsste, wenn Mädchen sich später als kluge Frauen, als Elitefrauen, im Wettbewerb beweisen sollen. Hinzu kommt, dass ein Grundbedürfnis von Zugehörigkeit bei Frauen vorhanden ist oder per Gruppendruck ausgeübt wird, welches schädlich ist. Mädchen definieren sich in einer Gruppe weniger nach hierarchischem Rang als nach dem Grad der Akzeptanz in der Gruppe und Zugehörigkeit zu der Gruppe. Gleichsein ist alles! Jungen dagegen erkämpfen ihre eigene Position in der Gruppe und ordnen die Beziehung untereinander dann einem gemeinsamen Ziel unter. Das kennen Mädchen/Frauen nicht. Sie wollen so sein wie die Freundin! Viele von Ihnen kennen den Werbespot aus dem Fernsehen, wo die Schauspielerin schreit: „Was hat sie, was ich nicht habe?" Der Urschrei der Frau, ihre Urangst! Psychologisch hervorragend erfasst. Aber: so wird man keine Führungskraft!

Frau muss sich aus der Gruppe lösen, wenn sie sich an deren Spitze stellen will. Und sie sollte es tun, denn unser Land kann sich nicht leisten, auf einen wesentlichen Teil der geistigen Elite in den hervorragenden Positionen zu verzichten, nur weil er weiblich ist! Wir alle kennen nicht nur PISA, sondern auch die Situation an den Universitäten und anderen Hochschulen, die verhindert, dass Deutschland wieder geistige Weltspitze ist. Wir müssen es aber sein, denn als Handwerkernation haben wir im globalen Wettbewerb keine Chance. Ich sehe diese nämlich nicht darin, dass wir Seidenblusen nach China exportieren. Wir brauchen Gehirn zum Export! Wir müssen verhindern, dass ein Teil der Begabtesten unseres Landes, Frauen, sich selbst untereinander schadend und zusätzlich von Männern nicht genügend anerkannt, besser geachtet und unterstützt werden. Wir müssen verhindern, dass begabte Frauen das Handtuch werfen und zurückkehren zu den berühmten drei Ks, anstatt sich weiter wissenschaftlichen und kulturellen Aufgaben zu widmen. Frauen brauchen natürlich die Unterstützung des Staates, damit sie gleichzeitig auch ihre reproduktive Aufgabe erfüllen können – sprich sie brauchen Kitas, Tagesschulen etc. – sie wollen Kinder, wollen aber nicht das Studierzimmer endgültig mit dem Kinderzimmer tauschen müssen! Viele zeigen sich leider viel zu leicht zu frustrieren, wählen laut Barbara Bierich nach dem ersten Kind bereits den „Helden-Notausgang des Kinderkriegens". Ich nenne es Mütterlichkeitshysterie. Sie meiden den Wettbewerb, werden trotz großer beruflicher Qualifikation Ehefrau, Hausfrau, Mutter. Erst wechseln sie Windeln, dann spielen sie Golf, später Bridge; heutzutage suchen sie eine Rolle im Internet ...Von älteren und/oder von weniger fähigen Frauen werden sie dazu durch Gruppenzwang ermutigt. Auch hier spielt der von Alice Miller so gut beschriebene Wiederholungszwang eine Rolle. Es ist die alte, schon besprochene Gruppendynamik aus der Jugend, die weiterwirkt: „*Wir* haben gemeinsam *Frauenschicksal* zu tragen; dir geht es nicht besser als mir." Der Mensch war immer der Wolf des Menschen. Es gilt auch für Frauen. Es trifft die Elite-Frau heute besonders. Wären Frauen doch solidarischer mit Starken auf dem Weg nach oben, würden besser miteinander netzwerken und vor allem im Berufsfeld konkurrenzfähiger, kampfes- und elitebewusster sein! Es würde vieles in diesem Land um den Status der Frau besser bestellt sein, aber vielleicht nicht nur um diesen, sondern um das ganze Land.

Meine Damen und Herren, weibliche geistige Eliten, Frauenführungskräfte, sind gefragt. Wir Frauen brauchen keine Quote, anstatt derer brauchen wir Macht! Es geht nur über die Macht; anders lässt sich nichts aus einer Stagnation herausheben. Beten reicht nicht. Ich weiß, dass ich auch mit dieser Forderung immer wieder ein Tabu breche. Macht (zu der Elitebewusstsein nun einmal gehört) wird nicht nur von Männern als unweiblich angesehen (warum wohl?), sondern besonders von unfähigen Frauen. Ich höre Elektra von ferne fragen: Hat sich denn nichts geändert, gar nichts? Die Antwort ist bedauerlich: Die durchschnittliche Frau definiert sich in Deutschland immer noch über den Mann!

Ich will zusammenfassen: Der neue ZC Würzburg hat sich den Beinamen Electra gegeben. Ich hatte anfangs gesagt; dass es dafür zwei Gründe geben kann, einen unbewussten und einen bewussten. Jetzt benenne ich sie genauer: Der bewusste Grund ist, dass Sie, meine Damen, sich als Zontians als Führungskräfte verstehen, wie es Elektra ist – dazu gratuliere ich! Der unbewusste zweite Grund mag sein, dass Sie, meine Damen, mit dem Beinamen Elektra Amelia Earhart als role-model ansehen, dazu gratuliere ich ganz besonders!! Deshalb möchte ich Ihnen zuletzt ein Wort von Amelia auf den Weg in die Zukunft mitgeben! Zitat: „Von Zeit zu Zeit sollen Frauen alles das tun, was Männer bereits getan haben, gelegentlich auch etwas, was Männer noch nicht getan haben – um sich als Persönlichkeiten zu bestätigen und um vielleicht andere Frauen zu größerer Unabhängigkeit in Gedanken und Taten zu ermutigen! Sollten sie Schiffbruch erleiden, darf ihr Misserfolg nur Ansporn für andere sein, weiter zu machen!"

Ich wünsche dem ZC Electra Würzburg in diesem Sinne Glückauf, ad multos annos.

Frauen gestalten den Weg in das nächste Jahrtausend

Symposium, gehalten in Bonn, 1993

Eröffnungsrede: namentliche Begrüßung an Ministerin Dr. Irmgard Schwätzer, Bürgermeisterin Ruth Schmidt-Niemack, Prof. Dr. Völger, Ministerialrätin Drews von Seinsdorf, Frau Wilhelmi, Vice Ara Direktorinnen Naujoks und Siller, Präsidentinnen, Zontians

Ich begrüße Sie auf das herzlichste zu diesem Symposium, das wir heute hier veranstalten unter dem Thema „Frauen gestalten den Weg in das nächste Jahrtausend".

Grund der Veranstaltung mit dem Blick in das dritte Jahrtausend ist die Tatsache, dass wir in diesem Jahr das 30-jährige Bestehen der Area Deutschland von Zonta International begehen können. Wir benutzen also unsere Vergangenheit, um in die Zukunft zu schauen. Dies erscheint mir sinnvoll. Der Philosoph Lübbe nennt das so: „Zukunft braucht Herkunft". Aus Herkunft, also aus Wurzeln – bestehend aus Weltgeschichte wie individueller Lebensgeschichte, dazu gehört auch die Zeitgeschichte – ist unser Heute zu verstehen, kann der Weg in das Morgen des neuen Jahrtausends gestaltet werden. Aus dem Nichts gestaltet sich nichts.

Ich sehe meine Aufgabe heute und hier darin, geschichtlichen Überblick zu zeigen, Fragen aufzuwerfen, vielleicht auch provokative, die unser runder Tisch möglicherweise aufgreifen wird. Beginnen wir mit der Geschichte, mit dem Jahr 1919! Natürlich 1919, denn Zonta International wurde in Buffalo im Staate New York in diesem Jahr gegründet. Es war eine für das Selbstbewusstsein der Frauen in der Geschichte schlechte Zeit. Nur wenige Frauen kämpften damals für ein anderes Leben. Sie wurden Feministinnen genannt.

Zonta wurde von Geschäftsfrauen gegründet, nicht von Feministinnen! Sie wollten sich hohe ethische Berufsvorstellungen geben – wahrscheinlich eine besondere Notwendigkeit damaliger Tage. Auch damals gab es nämliche Rezession und ethischen Zerfall; es war eine der unseren also vergleichbare Zeit. Darüber hinaus wollten sie Service leisten, Hilfe denen geben, die durch das soziale Netz fallen: ein Gedanke, der nach den Wirren des Ersten Weltkrieges und in den USA, dem Land ohne großes soziales Netz, wichtig war und noch heute ist. Zonta wuchs schnell. 1931 wurde der 1. deutsche Club in Hamburg gegründet, in diesem Jahr kam auch der wichtige Satzungspunkt dazu, dessen Fehlen vorher anscheinend nicht relevant gewesen war, jetzt aber, 1931, bedeutend erschien: „Wir wollen uns für die Belange der Frau in rechtlicher, politischer, sozialer und wirtschaftlicher Hinsicht einsetzen." Wir nennen diesen Satzungspunkt seither: *Status of Women,* es ist der Punkt unserer Satzung, der uns weit über jeden anderen Service-Club hinaushebt und uns eine besondere Legitimation für eine Veranstaltung gibt, über die Gestaltung des Weges der Frau in das nächste Jahrtausend nachzudenken.

Weltweit unterstützen Clubs den Gedanken des Status of Women, wird in entsprechenden Committees darüber nachgedacht, daran gearbeitet. Allerdings: in Deutschland hat nicht jeder Club ein entsprechendes Komitee, Weiteres zu sagen erübrigt sich.

1963 wurde eine Area von Zonta International als kleinster, nationaler, lockerer Zusammenschluss von elf deutschen Zonta Clubs gegründet, nämlich dem Club Hamburg (1931), München I (1952), Wiesbaden (1954), Mainz (1956), Bad Kissingen und Bonn (1958), Stuttgart (1959) Bad Homburg (1960), Garmisch-Partenkirchen (1961), Essen und Frankfurt (1963). Der Zusammenschluss der einzelnen deutschen Zontaclubs war so locker, dass die Area nicht als Verein eingetragen wurde, sie hatte zunächst auch gar keine eigene Satzung oder Geschäftsordnung.

Wie sah die Welt damals, 1963, aus? Wie die der Frau? 1963 war das letzte Jahr, in dem Adenauer noch deutscher Bundeskanzler war, er trat am 15. Oktober 1963 zurück. Erhardt wurde sein Nachfolger – in seinem Kabinett war Elisabeth Schwarzhaupt die einzige Frau – natürlich Gesundheitsministerin: Ein Frauenministerium gab es noch nicht, wobei ich persönlich fragen möchte, wann wohl die Zeit kommen mag für ein Männerministerium? Ich möchte sie gerne noch erleben, besonders wenn es dann aus dem gleichen Grund entstünde wie das Frauenministerium.

Kennedy regierte seit zwei Jahren in den USA, er sollte aber bereits am 22. November 1963 in Dallas erschossen werden. Für viele, nicht nur Amerikaner, war er eine Verheißung, die nicht in Erfüllung ging. Chruschtschow herrschte (und wie!) in einem heute gar nicht mehr existierenden Staat, der UdSSR. Es war kalter Krieg. Die Schweinebucht-Affaire war überstanden, russische Raketen von Kuba abgezogen – ich kann mich noch an die Ängste erinnern, die man damals verspürte: Chruschtschow besichtigte bei seinem DDR-Besuch anlässlich des VI. SED-Parteitags am 17. Januar 1963 die Berliner Mauer, am 2. Juni 1963 sprach daraufhin Kennedy vor dem Schöneberger Rathaus zu Berlin den berühmten, warnenden Satz an die Russen, der ihm die Herzen aller Deutschen zufliegen ließ: „Ich bin ein Berliner!“

Es war das Jahr, in dem Johannes der XXIII., der erste fortschrittliche Papst, in Rom starb. Kilius-Bäumler wurden Weltmeister im Eiskunstlauf, Edith Piaf, Jean Cocteau, Gustaf Gründgens, Paul Hindemith und der erste deutsche Bundespräsident Theodor Heuss starben in diesem Jahr, die Beatles belegten zum 3. Mal den 1. Platz in der Hitparade mit dem Song „She loves you“, und der geschichtlich so wichtige Vertrag über deutsch-französische Zusammenarbeit wurde von de Gaulle und noch von Adenauer in Paris unterzeichnet.

Das war im Groben das Jahr 1963 in Westdeutschland, die Stimmung, aus der heraus die Area Deutschland gegründet wurde. Es muss damals recht schwierig gewesen sein, interessierte Frauen in Zonta Clubs zu bekommen. Elf Clubs waren ja keine berauschende Zahl. Sicher hatte es verschiedene Ursachen. Der Neuaufbau des zerstörten Landes durch das Wirtschaftswunder in Westdeutschland zeigte erste Blüten. Frauen waren Trümmerfrauen gewesen, tüchtig und anpackend, mit der für sie üblichen Doppelfunktion als Hausfrau und Mutter gefordert. Viele wollten nicht mehr, sondern eigentlich gern nur noch ausruhen. Andere rutschten aber zunehmend in die heute fast übliche dreifache Aufgabe hinein: Hausfrau, Mutter und Berufstätige zu sein. Es wurde aber als Belastung angesehen, weil es verkrampft und voller Schuldgefühle geschah. Es widersprach noch dem sonst üblichen Rollenspiel: „Frau im Haus und Mann als Pascha“. Sich zu Zonta ähnlichen Frauenclubs zu bekennen, war sicher nicht in Mode. Zontians waren noch stärkere Ausnahmen als heute.

In diesem Jahr 1963 zeigten sich aber auch noch andere Ansätze: der Philosoph Frankfurter Schule Marcuse entwickelte sich als Theoretiker einer Protestbewegung, über deren Auswirkung er selbst später entsetzt sein sollte. Es zeigten sich die Anfänge einer systemkritischen Richtung. Manche Menschen suchten langsam doch Antworten auf die Fragen, die durch die Kriegswirren aufgeworfen worden waren, die neben äußeren auch innere Werte zerstört hatten, wobei man sich als Deutscher fragen musste, welches denn nun eigentlich unsere inneren Werte gewesen waren. Nach dem Krieg hatte man nur konservativ – oder rein konsumistisch – gedacht: mehr an Bananen und Mallorca, wie wir es nach 1989 wieder feststellen konnten; wobei ich heute die Frage stellen sollte, ob dies ein typisch deutsches Verdrängungsmuster ist.

Bald kam das viel genannte Jahr 1968, das Jahr der Studentenunruhen, der Anschlag auf Rudi Dutschke, der als Führer des Sozialistischen Deutschen Studentenbundes, SDS, begonnen hatte und Anführer dessen wurde, was man Außerparlamentarische Opposition, APO, nannte und was ihn gefährlich machte. Die APO und was daraus entstand, hat uns und diesen Staat lange schrecklich beschäftigt und ist noch nicht völlig ausgestanden. Autorität wurde damals zunehmend hinterfragt, leider jede Form von Autorität und nicht nur die begründungslose – wie es doch richtiger gewesen wäre. Junge Eltern gaben ihre Kinder nicht mehr in normale Kindergärten, sondern wünschten antiautoritäre Kinderläden, wobei sie sicher nicht wussten, was sie taten, erste WGs entstanden, Wohngemeinschaften! „Freiheit" hieß der Slogan, menschliche Bindung wurde als Gegensatz angesehen, der Sinn der Ehe in Zweifel gestellt; freie Liebe spukte plötzlich in den Köpfen herum, erstmals vor allem in den Köpfen der Frauen! Das war etwas Revolutionäres! Das wirklich Revolutionäre kam gar nicht von alten Philosophen, sondern von jungen Frauen. 1963 waren die 18 Jahre alt und älter, also circa ab Jahrgang 1945. Es sind Frauen, die jetzt erst zontareif sind und ihr Denken in die Clubs bringen werden. Sie zeigten sich befreit. Natürlich war die Befreiung der Frau von vielen Ängsten nur durch die sogenannte „Pille" möglich. Für Frauen bedeutete sie den Durchbruch zu Eigenständigkeit und Selbstbestimmung. Ja, sie machte es Frauen möglich, eigenen Lustgewinn zu haben, wie niemals zuvor in der Geschichte. Angstfrei hatte es so etwas nie gegeben. Es wurde ausgekostet.

Darüber hinaus war den Frauen mit der Pille die Möglichkeit in die Hand gegeben worden, selbst zu bestimmen, ob sie einen beruflichen Weg weitergehen oder Mutter werden wollten. Das sollte eskalieren zu dem Satz: „Mein Bauch gehört mir – auch wenn ein anderes Lebewesen darin wächst". Diese Thematik ist bis heute nicht abgeschlossen, sie wird uns in das nächste Jahrhundert begleiten, es ist meines Erachtens ein medizinisches Problem. Es muss Medizinern gelingen, Verhütung zu verbessern und zwar für Mann und Frau, anstelle von Abtreibung. Es kam schließlich zu einem – wie Elisabeth Noelle-Neumann sagt – schockhaften Wertewandel in der Gesellschaft: Mitte der 1970er Jahre lebte eine Generation von Menschen, die das Leben allein an eigenen Wünschen, Bedürfnissen und Neigungen ausrichtete, was eine Kluft zwischen Eltern und Kindern errichtete. Familienbande wurden vielmals zerstört. Familien, die einigermaßen intakt ihre 15- bis 25-jährigen Kinder über die 70er Jahre brachten, konnten sich stolz nennen. Es herrschte Kritiksucht und Orientierungslosigkeit. Vieles ist damals aus dem Ruder gelaufen, alte Werte wurden verachtet, gar manche jungen Menschen sind in die Drogenszene geraten und/oder an Gurus einer falschen Heilslehre. Die Jugend fühlte sich unabhängiger als die der Generation davor, sie war wertefrei und darin intolerant. Oftmals wirkte sie freudlos. Es war Fremdheit zwischen den Generationen.

Erst in den 1980er Jahren machte sich eine vorsichtige Veränderung bemerkbar, die hoffen ließ. Positive Beurteilungen der Frauen der 80er Jahre stammen dann auch von einer Frau; es sind Veröffentlichungen von Gertrud Höhler, auf die ich mich beziehen möchte: Die Jugend der 80er Jahre, schreibt sie in „Neue Horizonte“, lebe nach dem Motto: „live now, pay later“, sie verneine Selbstknechtung in Familien-, Kindes- und Partnerbindungen. Aber: die jungen Frauen stehen zu Leistung, zu Toleranz! Stress wird bejaht, jedoch der selbstverordnete, der auch Vergnügen bereitet und auch bereiten soll. Wie diese jungen Frauen und Männer generell eine erstaunliche Freude am Leben genossen, die selbst zu schaffen, zu erarbeiten sie bereit seien. Eine neue Generation entstand (nun erscheint es, als seien sie alle Zontians).

Das New Yorker Umfrage-Institut Catalyst spricht, laut Höhler, vom Jahr 1987 bereits als Postliberation-Zeit und dem neuen Dogma: „You can't have it all“. Frauen akzeptieren dies, entscheiden sich, zumindest in vielen Ländern, für den Beruf: Beruflicher Erfolg wird zuerst angestrebt. Kinderlosigkeit, als Preis des Aufstiegs in den späten 80er Jahren zunächst gern gezahlt, Kinderwunsch zumeist verschoben, man lebt vernünftig. Der Management-Stil dieser Frauen sei nicht anders als der der Männer, sie seien genauso hochmotiviert, machtbewusst, leistungsorientiert und zielsicher, ja, mit Leidenschaft bei ihrer beruflichen Sache – denn das brauche der Erfolg! Erfolg braucht Leidenschaft!

Höhler schreibt: Trotzdem haben aber auch in den USA nur 2 % der Frauen Stellungen im Spitzenmanagement, da die Männer wegen ihrer *Seilschaften* auf dem Weg nach oben überlegen seien – Frauen versuchen es oft „on her own", auf eigene Faust, und erschweren sich den Weg! Mit großer Freude habe ich Gertrud Höhler expressis verbis die Seilschaften der Frauen als Notwendigkeit preisen hören! Sie hält das Fehlen der Seilschaften für das Hauptproblem beim Aufstieg der heutigen Frau und fragt, ob etwas Rivalität der Frauen um Männergunst, die Geschlechterspannung zwischen Männern und Frauen ein Handicap gegen die Seilschaften der Frauen untereinander bleiben wird?

Es ist eine Frage, die wir uns als Area Deutschland von Zonta International auch stellen und damit beantwortet haben, dass wir ein freiwilliges, berufliches Netzwerk für Frauen anbieten wollen, damit Unterstützung untereinander möglich wird. Sie ist einfach nötig, umso nötiger, je höher eine Frau steigt. Noch hat nämlich eine aufsteigende Frau viele Feinde: Es sind viele zurückgedrängte Männer und zusätzlich alle Frauen ihrer Umgebung! Der aufsteigende Mann aber hat jene Frauen als Bewunderinnen um sich! Denn Frauen beklatschen den Erfolg eines Mannes wesentlich herzlicher als den ihrer Geschlechtsgenossin.

Und damit sind wir bereits beim Status quo.

Wo stehen wir heute? Lassen Sie mich in die Statistik schauen und dann kurz nach vorne. Frauen in der gesamten Bundesrepublik stellen in der Gegenwart generell 40 % der Erwerbstätigen, davon sind 57 % verheiratet, 21 % haben Kinder unter 15 Jahren. Nur 5,3 % dieser

Frauen sind in der Gruppe der Selbständigen tätig, dagegen 11,1 % der Männer, 4,7 % Frauen sind beamtet gegenüber 11 % der Männer, 58 % sind dagegen angestellt gegenüber 33,4 % Männern. (Das sind die Bürokräfte), 27 % Arbeiterinnen stehen dann wieder 44 % Arbeitern gegenüber. Der Rest sind mithelfende Familienangehörige (4,2 % Frauen, aber nur 0,5 % Männer!) Bei den Hochschulprofessoren sieht die Sache übrigens wieder ganz anders aus. 10 300 C4-Professoren in der BRD stehen 265 Professorinnen gegenüber: Ähnlich wird es in den Vorstandsetagen der großen Industrieunternehmen aussehen. Hier fehlen mir die Zahlen. Dafür haben wir eine Bundestagspräsidentin, die die 2. Frau im Staat ist, drei Bundesministerinnen, die erste Ministerpräsidentin eines Landes (in Schleswig-Holstein) und nicht genügend Frauen im Bundestag. In den Ortsbeiräten der Städte sind Frauen nur unter 30 % vertreten! Das entspricht nicht dem Bevölkerungsanteil.

Wirtschaftlich befinden wir uns in einer Zeit der Rezession, es soll gespart werden, am Konsum gespart werden, man beginnt zumeist an den Frauen zu sparen. Sie sind die, die zuerst arbeitslos werden. Besonders in der Ex-DDR stellen sich Männer radikal gegen ihre Arbeitskolleginnen, mit denen sie doch angeblich in DDR-Zeiten so gleichberechtigt zusammen arbeiteten. Hiervon merkt man nicht mehr so viel. Zeiten der Rezession sind aber gefährliche Zeiten, weil alltägliche Probleme noch mehr in den Vordergrund rücken als sonst; Rezessionen begünstigen den Zerfall von Kultur, Zunahme von Verwilderung tritt ein. Es hat sich auch bereits allenthalben eine gefährliche Verwilderung in Form der Mitnahmementalität breitgemacht; es fehlt weitergehend an Eigenverantwortung, auch an Eigeninitiative, an Sinn für Plicht, für Toleranz, für Partnerschaft: Zunehmende Rücksichtslosigkeit, Kriminalität und Wut sind Zeichen, auf die man achten muss. Insgesamt sind wir zu kleingläubig, engstirnig und pessimistisch geworden.

Wie kann da die Zukunft aussehen? Laut Paul Kennedy werden alle

Völker dieser Erde auf dem „Weg ins 21. Jahrhundert“ (so der Titel seines Buches) dreimal herausgefordert:

1. Betreffend Erhalt einer relativen Konkurrenzfähigkeit (z.B Standort Deutschland)

2. Betreffend demographischer und ökologischer Notwendigkeiten (z.B. Umweltvergiftung. Entwaldung und vieles mehr)

3. Betreffend Durchführung von Reformen, um politische Instabilitäten und Auseinandersetzungen zu vermeiden (z.B. Asylrecht und vieles andere)

All diese Probleme sind also nicht hausgemacht, sondern weltweit.

Soziale Theoretiker von Wells bis Toynbee argumentieren daher, dass sich die Gesellschaft weltweit in einem Wettlauf befindet zwischen Katastrophe und Umkehr durch andere Erziehung! Erziehung aber, insbesondere eine verstärkte zu Vernunft und ethischen Werten, ist Frauensache! Ich erinnere an Goethe: „Willst du erfahren, was sich ziemt, so frage nur bei edlen Frauen an“. Ich sehe uns Frauen in das neue Jahrhundert eintreten als besonderer Garant für Bereiche des Lebens, die über die materiellen Bedingtheiten hinausgehen. Wir müssen das Leben unserer Gesellschaft mit sittlichen Werten neu gestalten! Es fängt bei der Kindererziehung zu mehr Sitte, Anstand und Benehmen an, es endet nicht bei der Toleranz zu Andersdenkenden und Woandersherkommenden im Beruf! Es zieht durch das ganze Leben, durch jeden Alltag!

Unter Frauen ist Zonta dabei gefordert wie keine andere Institution! Wir sind selbständig denkende, selbständig handelnde und kreative Frauen, in den verschiedensten Brennpunkten unserer Gesellschaft stehend. Natürlich sind wir das, was man in anderen Ländern Elite nennt. Elite durch Leistung! Das ist kein Privileg, sondern harte, ganz besondere Verpflichtung für die Gesellschaft! Es bedeutet nicht Vergnügen, sondern Arbeit und Einsatz. Ja eine ganz besondere Verantwortung beim Gestalten der Zukunft in das nächste Jahrhundert.

Dabei wird es auch Aufgabe sein, Zonta immer wieder neu zu gestalten als immer wieder neuen Weg der Zonta-Frau, also der berufstätigen Frau, die in der Männergesellschaft bereits vorangekommen ist, ohne zu lamentieren und etwa auf Quoten zu setzen, sondern auf Leistung. Gestalten heißt kreativ sein, leisten und handeln, natürlich auch die Macht dazu haben. Wer unten herumwurschtelt, kann nichts bewegen.

Frauen brauchen dazu aber auch Hilfen. Sie müssen primär auf dem Ausbildungssektor, also Schule, Lehre etc. liegen. Wäre es nicht sinnvoll, weitere Schulungskurse für Berufstätige anzubieten? Seien es allgemeine Kurse wie „Rhetorik", „Streitkultur", oder solche, um sich im Beruf besser vorzustellen, darzustellen, einzubringen? All dies können Frauen in der Regel schlecht. Wäre es nicht sinnvoll, berufliche Netzwerke anzubieten, die sich eignen zu gegenseitiger Information und Hilfestellung? Der deutsche Frauenrat ist hier bereits tätig, und Männer benutzen solche Netzwerke andauernd bewusst und noch mehr unbewusst. Gilt dies nicht ganz besonders für Zontians, die Wegbereiterinnen ihres Geschlechts sein müssen?

Wäre es nicht sinnvoll, sich bei Zonta für Tagesschulen zu interessieren? Berufstätige Mütter können mit besserem Gewissen ihren Geschäften nachgehen, wenn sie wissen, dass ihre Kinder sich in schulischer wie moralischer Hinsicht einwandfreien Tagesschulen befinden? Dies wäre vielleicht eine Aufgabe für einen Zonta-Area-Wettbewerb namens: „Anforderungskatalog: wie sieht die beste Tagesschule aus?"Brauchen wir nicht die große Solidarität, um tatsächlich Gleichberechtigung zu erreichen, über das Papier hinaus, auf dem ja schon alles steht? Und ist der geeignete Weg dazu nicht vor allem der des Einstiegs von oben? Brauchen wir nicht mehr Politikerinnen auf den verschiedenen Ebenen, vor allem auf Orts- und Kreisebenen, aber natürlich auch im Bundestag? Müssen wir unseren Frauen hier nicht mehr Mut und mehr Unterstützung geben, auch auf dem Wahlzettel?

Noch einmal: Meines Erachtens hat die Frau die große Aufgabe, den

Weg der Gesellschaft in das nächste Jahrtausend wesentlich, ja wegweisend zu gestalten, wir sind gewissermaßen Fackelträgerinnen, vor allem durch das Einstehen für Kultur und ethische Werte. Ich bin sicher, dass es in der westlichen Welt ein Jahrtausend der Frau werden wird, es sollte es auch werden in der muslimischen, islamischen, asiatischen Welt. Dies müssen wir unterstützen, nicht nur, indem wir muslimischen Frauen in Bosnien zur Seite stehen. Das sind große Aufgaben! Aber davor haben Zontians sich nie gescheut.

Lassen Sie uns nun diskutieren!

Begegnung mit Sirimavo Bandaraneike bei Eröffnung der District Conference 1995 in Colombo, Sri Lanka

I did it my way

Resumee einer Director International Zonta 1994–1996

International Conventions finden in geraden Jahren statt, beginnen bislang in der Regel am dritten Samstag im Juli mit der Eröffnungsparade und enden am darauf folgenden Dienstag mit einem großen Bankett

Seit Jahren war es Sitte, dass die deutschen Zontians sich am ersten Abend (aber nicht nur an diesem!) in der Bar des Convention-Hotels treffen. Es gibt immer ein großes Hallo, alle tun so, als hätten sich die Mitglieder benachbarter Clubs Jahrzehnte nicht gesehen, es geht laut und fröhlich zu. „Wie geht es dir?" „Was gibt es Neues?" Die Gerüchteküche muss natürlich abgefragt werden.

Es gab etwas Neues! Eine der 14 Kandidatinnen für die Posten der International Directors war überraschend von der Kandidatur zurückgetreten. Die Königinnenmacher, das International Nominating Committee, hatte dafür die Area-Direktorin einer kleinen europäischen Area (Österreich) nominiert, die nicht einmal anwesend war. Die Stimmung dagegen wuchs. Viele Deutsche fühlten sich düpiert. Warum nicht eine, die anwesend war, und wenn Area-Direktorin: warum dann nicht die Area-Direktorin der größten Area von Zonta überhaupt, größer als der größte Distrikt im Zonta-Land, nämlich die von Deutschland?

Ich war gemeint, hielt mich bedeckt. Die Arbeit für jetzt 74 Clubs der Area Deutschland war ganz schön anstrengend gewesen, dazu die Teilung dieser Area in vier mit vielen Schwierigkeiten (man mag sich erinnern). Das Ganze neben einer internistischen Ganztagsarbeit und der Verantwortlichkeit für die medizinische Abteilung eines Hauses mit

450 Senioren ... ich hatte wenig Lust und dazu bereits andere Pläne. Aber der Druck wuchs. „Man kann from the floor kandidieren." „Holt die Satzung." „Es ist noch machbar." „Wir können uns nicht so übergehen lassen."

Nach einer halb und schlecht geschlafenen Nacht wusste ich am Samstag früh wieder, dass ich mir einmal geschworen hatte, jede Herausforderung anzunehmen. So sagte ich unter der Bedingung zu, dass der District Governor unseres Distrikts, die selbst kandidierte, mit der neuen Konkurrenz einverstanden war. Sie sagte es. Welcher deutsche Club würde mich nominieren? Mein eigner wollte sekundieren. Krefeld machte sich stark! Wenige Stunden vor Ablauf der Meldefrist schob der Zonta Club Krefeld seine Meldung meiner Kandidatur unter der Zimmertür der Internationalen Präsidentin durch, nicht ohne vorheriges telephonisches „reconfirming". Der Tanz konnte beginnen! Zunächst wurde ich „eingekleidet", d.h. für alle erkenntlich mit dem Candidates Ribbon bestückt, dann wurden mir die Verhaltensmaßregeln überreicht. Dabei erfuhr ich erstmals, wie wichtig für Zonta ein gewisser Verhaltens-Kodex ist, der zumindest nicht immer moderner deutscher Norm entspricht. Das Wichtigste war, keine Eigenreklame zu machen, man nennt es „campaigning".

Nun war ich wer! Eine Kandidatin für einen internationalen Posten, wer weiß, was aus ihr noch werden könnte! Es gab erstaunliche Erlebnisse, die meine Menschenkenntnis erweiterten. Am schönsten aber war die Solidarität und Begeisterung, mit der die deutschen Zontians ihre Area-Direktorin den anderen „vorstellten", denn international war ich außer in Europa kaum bekannt. Auch den Französinnen und mancher Italienerin bin ich unendlich dankbar für viele nette Gesten. Unvergesslich aber sind mir 7 Australierinnen, die zu mir in den Aufzug stiegen: „Oh, that's her, shall we give the last one to her?" „Yeah.", „sure", „give it", und schon wurde mir ihr letztes Känguru an mein Ribbon geheftet. Ich habe es sofort als Talisman verstanden, und war mir bewusst, die Stimmen eines Kontinents bekommen zu haben. Dieses Känguru hüte ich noch heute unter meinen Zonta-Schätzen.

Ansonsten bewegte ich mich wie im luftleeren Raum. Meine Freundinnen „arbeiteten" für mich, die anderen hatten nicht viel Zeit, gegen mich zu sein. Am Abend musste ich mich erstmals der Zonta-Welt zum Interview stellen. „Meet the Candidates," Jede von ihnen steht an einer großen weißen Tafel mit gedrucktem Namen, Foto, Beschreibung der Zonta-Karriere und ihrer Zonta-Ideen. Alle hatten diese Poster bereits in ihrem Gepäck mitgebracht. Und da war ich, in die hinterste Ecke eingeschoben vor einer weißen Tafel, mit Kuli rasch noch von meiner eigenen Hand beschrieben. Lange Zeit blieb ich unbeachtet. Dann aber lernte ich amerikanisches Wählerverhalten kennen. „Do you really think you know the job?", „Why do you really think you are able to manage it?" Ich musste mir immer wieder den berühmten Tritt geben, europäische Erziehung wegstecken, bevor ich konterte. „Yes, I know the job", „I'm able, because I like it." Das wollten sie hören. Im Übrigen wurde ich beobachtet, ob ich nicht doch entgegen der Vorschriften verbotenes „campaigning" betrieb.

Zwischendurch aber musste ich meine Vorstellungsrede schreiben, die die anderen Kandidatinnen ja ebenso im Koffer mitgebracht hatten. Natürlich hatte ich gar keinen richtigen Diktionär dabei und keine Stoppuhr. Die Rede durfte nur drei Minuten dauern, dann würde das grüne Licht angehen, dann das rote und sofort danach würde das Mikrofon kommentarlos abgestellt werden.

Es gelang mir, meine Vision von Zonta für das nächste Biennium aufzuzeigen, nämlich Verbesserung der Arbeit von Headquarters durch Computerizing (immer noch beklagenswert), professionelle PR, um neue Mitglieder zu werben, sowie meine ureigene Vision: nämlich das Errichten eines professionellen Netzwerks für Zontians only („Zonta for Zontians") u.a. auch als Anreiz für neue Mitglieder. Wir waren damals 36.000 Frauen weltweit; es sollte ein Anreiz sein, den Abstand zu den männlich geprägten, seit 1987 weiblich vermischten Clubs zu verringern. Ein brennendes, immer noch nicht gelöstes Problem, denn heute hat ZI nur noch circa 30 bis 31.000 Mitglieder!

Es ist mir tatsächlich auch gelungen, diese VISION den über 2000 versammelten Zontians am Montagmorgen in meiner Rede herüberzubringen, denn am Dienstag früh bei der Wahl hatte ich 50 Stimmen mehr als die nächstfolgende Kandidatin – ich war gewählt. Es brach ein völlig unübliches, ohrenbetäubendes Getöse in der deutsch-europäischen Ecke los! Sie stiegen schreiend auf die Stühle, zum ersten Mal war eine echt from the floor zur Direktorin „gemacht" worden, am Committee und am Establishment vorbei! Endlich wieder die zweite Deutsche in der Geschichte von Zonta. Ich saß dazwischen, wie betäubt, ausgelaugt, war ein Vorstand einer internationalen Organisation mit 36.000 Mitgliedern geworden, aber meine Seele war noch nicht angekommen.

Zuerst musste ich zuhause abklären, ob meine Vertreterin mich eine Woche länger vertreten konnte, ob mein Flug umgebucht werden könnte. Dann konnte das 1. Board-Meeting des International Board unter Chief Folake Solanke beginnen. Es war eine interessante, schöne, aber auch schwere Zeit. Ich war eine Outsiderin mit einer Vision, nicht ungefährlich, weil mit „strange ideas", dazu galt die Zusammensetzung des Boards als „stark". Ich hatte das Gefühl, dieses „stark" wurde mit gefährlich für die alte Tradition gleichgesetzt. Für Europäerinnen ist die strikte Form, unter der Angelsachsen zu arbeiten gewohnt sind, etwas altbacken. So fanden wir es teils skurril, eine „Unterrichtsstunde" im Verhalten zu bekommen, in der u.a. mitgeteilt wurde, wo die Nadeln zu sitzen haben, dass man sich business-like , also nicht in Jeans oder jawohl: nicht in langen Hosen zu kleiden habe etc. Wir wurden aber auch in Satzungsfragen getrimmt und mussten uns zu absolutem Schweigen über unsere Arbeit verpflichten, sicher verständ-

lich, aber in dieser Form Ursache für die Verfremdung zwischen oben und unten, zwischen ZI und den Clubs. Es wurde Wert darauf gelegt, dass die Abstimmungen einstimmig verliefen, aus meiner Sicht ein Zeichen unselbständigen Denkens und Wertens. So ist mir auch nie verziehen worden, dass ich öffentlich bei der Convention einmal gegen das Board gestimmt habe. Nur PIP Hilvi Sippla (Schwedin und bis dato die einzige weibliche stellvertretende Generalsekretärin der UNO) kam hinterher zu mir und sagte: „Wenigstens eine, die selbständig denkt". Insgesamt war die ganze Struktur zur Spitze hin gedanklich eingefahren, zwar keine old boys party, wie wir es als Seilschaft der Männer immer verdammten; aber ein Establishment einiger sehr konservativer Frauen.

Was war unsere Arbeit? Jede war u.a.für die Zusammenarbeit mit und für die Berichte über drei Distrikte (ich für 13, 20, 25) zuständig und für eins der Committees (Amelia Earhart). Jede war in drei Task Forces member (ich in Solidarity Fund, International Honorary Membership, WHO). Bei einem davon Chairman (WHO). Letzteres war Zonta-Neuland, ich war einmal zu vergeblicher Aufnahmeverhandlung in Genf. In diesen Task-Forces werden die Strategien für die Zukunft der Organisation erarbeitet. Jede musste die International President ferner auf drei Distriktkonferenzen vertreten und diese eröffnen (Sri Lanka, Helsinki/Tampere Finnland, District Virginia in den USA). Wir trafen uns insgesamt sieben Mal (Detroit, Paris, St. Louis, dazwischen fünf Mal Chicago). Alle zusammen waren wir für die Finanzen von ZI verantwortlich, deshalb auch versichert, verhandelten mit der Auditor-Firma (Steuerberaterfirma). Gemeinsam mussten wir über den Internationalen Service mit der ZI-Foundation konferieren, deren Probleme zu den unseren machen. Das gute alte Palmer-House Hotel wird mir wie Generationen von Zontians vor mir immer in quasi-heimatlicher Erinnerung sein, ebenso meine room-mate Christine Harvey aus London, mit der ich lots of fun teilte.

Was aber ist geblieben? Vieles, was zu beschreiben der Platz zu kurz ist. Positives und Negatives, vor allem eine andere Schau der Dinge, nämlich ein „point of view from the inside" der Organisation, den andere natürlich nicht haben können. Verändern oder bewegen habe ich nichts können, dabei sein war alles. Es wurde mir leider versagt, eine Task Force zu gründen für das, wozu ich gewählt worden war, wozu mir auch der alte Distrikt 14 zwei Jahre zuvor Sympathie gezeigt hatte: die Idee, Zonta for Zontians als auch beruflich benutzbares Netzwerk aufzubauen. Insofern musste ich den Wählerauftrag während meiner Amtszeit im Direktorium schuldig bleiben. Dies ist mir schwergefallen. Man fürchtete eine Abkehr vom Schwerpunkt des selfless service. Es gab eine Abstimmung im International Board (IB), die gegen mich lief. Ich war und blieb ein fremder Vogel, typisch old Europe, erst 7 Jahre vorher zu Zonta gestoßen und ohne „Hausmacht", welche auch noch from the floor gewählt und daher nicht durch die Hierarchie geprägt als gefährlich angesehen wurde.

Ich wollte sie in Deutschland nach Rückkehr vom IB einbringen; es hätte aber bedeuten können, dass man mir dies als Campaigning auslegen können, welches den Ausschluss von ZI hätte bedeuten können. Ich wollte bleiben und kein Risiko eingehen. Dafür bedeutete es das Ende meiner Arbeit für Zonta International.

Die Zonta-Zeit fiel in eine auch politisch hochinteressante Zeit: Krieg in Bosnien mit seinen Ungeheuerlichkeiten, besonders gegen Frauen; Frieden in Deutschland durch den Beitritt der DDR unter die Verfassung der BRD. Auf beide Tatsachen hatten wir in meiner Areazeit reagiert. Erstmals gab es mit dem Zontahaus für Findelkinder in Sveta Nedelja ein Zonta-Projekt in Europa, dazu eines mit einem Vertrag auf 25 Jahre Betreuung durch Caritas. Nie sind so viele Clubs in einer Landschaft gegründet worden, denn jetzt kam der Osten dazu. Zonta wuchs.

1995 erhielt ich das Bundesverdienstkreuz am Bande des Verdienstordens der Bundesrepublik Deutschland.

Als meine „Karriere" bei Zonta und im Deutschen Ärztinnenbund zu Ende gegangen war, dachten viele: Nun wird sie in ein großes Loch fallen! Aber dem war nicht so – denn nun kam ziemlich zeitgleich eine andere Aufgabe auf mich zu. Die Gründerin des Sarah Herzog Memorial Hospitals (SHMH) in Jerusalem, Elisabeth Oswalt, wollte ihre Nichte zu ihrer Nachfolgerin machen – aber diese sagte ab; um die Tante nicht zu enttäuschen, gab sie ihr aber den Rat, sich mit mir in Verbindung zu setzen. Sie war nämlich Zontian, wir kannten uns daher. Aber lesen Sie weiter, zunächst in der Rede auf Elisabeth Oswalt, in der manches verständlich wird. Vor allem: was bedeutet SHMH überhaupt für die Region um Jerusalem, was für uns hier?

Rede zum 80. Geburtstag von Elisabeth Oswalt – Gründerin des deutschen Freundes- und Förderkreises Sarah Herzog Memorial Hospital in Jerusalem

Anwesend Familie Oswalt, der große Freundeskreis der Jubilarin und des Sarah Herzog Memorial Hospitals in Jerusalem mit Generaldirektor Dr. Yehezel Caine im Juli 2003 in der Frankfurter Gesellschaft

Mir ist die große Ehre zuteil geworden, über den deutschen Freundes- und Förderkreis des Sarah Herzog Memorial Hospitals in Jerusalem zu sprechen! Letztendlich heißt das, eine Rede auf die Stifterin des Vereins zu halten, Elisabeth Oswalt, über deren zahlreiche Werke bereits viel geredet wurde. Aus meiner Sicht waren dies Jugendwerke! Gemälde, die eine Frau zeigen, die aus einer starken familiären Sozialisation kommt und diese bis heute in sich weiterträgt und weitergibt; die ein großes soziales Engagement an der Seite ihres Mannes lebte und nach seinem Tode mit starker Hand weiter zu leben und auszubauen in der Lage war. Das alles ist bereits bekannt. Ich aber spreche über ihr Spätwerk! Das eigenständigste aller Werke der Elisabeth Oswalt.

Wie hat sie es entworfen? 1997 reist sie in einer kleinen Gruppe von Freunden nach Jerusalem und trifft während des Besuchs das Ehepaar Menczel. Professor Menczel ist zu dieser Zeit der Leiter des SHMH in Jerusalem, eines kleinen geriatrischen Krankenhauses mit circa 430

Betten am Fuße des Ölbergs. Es ist Lehrkrankenhaus der Universität von Jerusalem, hat eigene, sehr renommierte Forschungsabteilungen, u.a. das Lattner-Institut für soziale Psychotherapie. Hauptsächlich aber werden alte Menschen über 60 Jahre behandelt und zwar an fast allen Krankheiten, die sie haben können, außer chirurgischen. Zumeist handelt es sich um Erkrankungen wie Parkinson, Alzheimer, Depressionen, Schlaganfälle. Nun haben diese Menschen, die dort kurz oder lang liegen, fast alle eins gemeinsam: Sie sind aus Europa Eingewanderte, die das Grauen überlebt haben: Es sind Opfer der Shoa, des Holocausts. Hier nun kommt die zündende Idee:

Elisabeth Oswalt gründet einen deutschen Freundeskreis, „German Friends", wie es solche bereits in den USA, in Holland, Frankreich und in anderen Ländern gibt. Sie wollte aber dabei etwas Besonderes machen: „Wir schicken junge deutsche Helferinnen zu alten Opfern des deutschen Naziregimes als Zeichen der Versöhnung – ja, vielleicht sogar der andauernden Sühne, ausgeführt von jungen Mädchen, die sicher das Glück der späten Geburt haben!"

Den Jungen wollte Elisabeth Oswalt zusätzlich die Möglichkeit geben, in eine völlig andere Kultur und eine andere Problematik im Nahen Osten einzutauchen; den Alten aber wollte sie die Gelegenheit geben, in den letzten Jahren in die Sprache der ursprünglichen Heimat zurückkehren zu können, um auch das junge und andere Deutschland kennenzulernen! Sie hat diese Idee in Frankfurt sofort umgesetzt. Mit ihren zahlreichen, hervorragenden Verbindungen, ihrer Glaubwürdigkeit und Ernsthaftigkeit kann sie sich in das bereits vorhandene Helferinnenprojekt des Internationalen Bundes und des diesem angeschlossenen Instituts für Sozialarbeit einklinken. Sie kann diese Menschen für die Idee gewinnen, die in Gründung befindlichen German Friends zu unterstützen, indem sie Helferinnen rekrutieren, sie schulen und sie finanziell so ausstatten, dass für Wohnen und Reisen gesorgt ist. Die Aufgabe des Freundeskreises sollte es sein, nur darüber hinaus zu finanzieren.

Jetzt muss ich persönlich werden! Liebe Elisabeth, du brachtest die meisten Menschen unseres Kreises dazu, Mitglieder zu werden – nämlich fast uns alle –, auch mich. Auch ich hatte vorher noch nie etwas von Sarah Herzog gehört, bis eines Tages im Jahre 1997 das Telefon klingelte und eine weibliche Stimme sagte: „Ich bin Elisabeth Oswalt. Ich habe von Ihnen gehört und möchte, dass Sie in einem Förderverein für Israel meine Stellvertreterin und später Nachfolgerin werden." Worauf ich natürlich sagte: „Das ist ja sehr nett, aber wollen Sie mir das nicht vielleicht erst mal schreiben?" Unter uns: ich hielt es für einen Scherz! Zunächst hatte ich auch einen gewissen Abstand zu dem Ganzen. Der Name SHMH sagte mir rein gar nichts! Aber wer Elisabeth Oswalt kennt, weiß, dass man wenig Chancen hat, ihrer Überzeugungskraft auszuweichen. Dass Elisabeth Oswalt jemanden bereits vor der Gründung des Vereins vorausschauend als Nachfolgerin – natürlich nach einer genauen Beobachtungszeit – mit ins Boot nahm, das ist ein (wie ich heute weiß) für sie typisches Verhalten. Sie denkt über den Tellerrand hinaus!

Und wir wissen aus der Politik, dass es nicht viele gibt, die ihre Nachfolger auswählen oder frühzeitig benennen und ihn oder sie dann auch tatsächlich inthronisieren. Elisabeth Oswalt hat es getan – das ist etwas Besonderes und zeigt damit schon allein ihre außerordentliche Persönlichkeit, ihren Blick über sich selbst hinweg und ihren Willen, Zukunft zu gestalten. Dafür ist sie dann in der Lage, sich persönlich zurücknehmen zu können, wenn es der Sache dienlich ist. Man kann es auch so ausdrücken: Sie gründet Traditionen, und sie sorgt dafür, dass sie gewahrt werden.

Wir haben bei Sarah Herzog im Übrigen seit Langem eine interne Arbeitsteilung: Ich begrüße die Menschen, und sie sagt das Dankeswort. Meine Damen und Herren, es gibt auf dieser Welt niemand, der besser danken kann als sie: warmherzig, ehrlich, umfassend. Der Bedankte fühlt sich danach einfach erhöht. Erst dann weiß er, was er

IzS mit Elisabeth Oswalt

alles getan hat! Von ihr kommen auch immer wieder hervorragende Ideen, so z.B. die folgende: ein ausgezeichneter Film ihres Sohnes Rainer Oswalt und eines Freundes über das Helferinnen-Projekt!

Sie sehen: wir brauchen Elisabeth noch viele Jahre! Über deinen reizenden Gedanken, dass jeder der Anwesenden heute ein Gedicht mitbringen möge, ist schon viel gesprochen worden. Ich weiß auch, dass du bereits viele wundervolle Verse bekommen hast, und du willst sie veröffentlichen. Ich habe lange gesucht, nichts gefunden, was meines Erachtens deine Haupteigenschaften anspricht: Güte, Mütterlichkeit, Menschlichkeit, Humanität im weitesten Sinne, die sich in Teilnahme und Hilfsbereitschaft für den Mitmenschen, in Verständnis und Duldsamkeit für seine Lebensform äußert. Dann kam ein ganz einfacher Spruch in meine Hände, dessen Erfinder mir sogar unbekannt ist. Ihn möchte ich dir widmen, denn er passt:

„Menschen treten in unser Leben und begleiten uns eine Weile; einige bleiben für immer, denn sie hinterlassen Spuren in unseren Herzen!"

Ein unvergleichbares Krankenhaus!

Das Sarah Herzog Memorial Hospital in Jerusalem aus der Sicht einer deutschen Ärztin

Ich bin gebeten worden, etwas zum Sarah Herzog Memorial Hospital aus der Sicht einer deutschen Ärztin zu sagen. Das möchte ich gerne tun. Allerdings habe ich das Haus selbst nur an einem Tag gesehen, also nur einen kurzen Überblick bekommen – aber es war dies ein sehr erlebnisreicher, eindrucksvoller Tag im April des Jahres 1997 in Jerusalem!

Wenn man etwas aus einer bestimmten Sicht sagen will, dann ist dies zum einen subjektiv und zum anderen ein Vergleich. Ich werde also versuchen, meine subjektiven Eindrücke über das Herzog Hospital im Vergleich zu deutschen Häusern zu vermitteln. Ich muss allerdings gleich enttäuschen: Das Sarah Herzog Memorial Hospital in Jerusalem ist mit keinem mir bekannten deutschen Haus vergleichbar. Es ist gewissermaßen viele Häuser in einem. Wenn man das Besondere des Hauses auf einen kurzen Nenner bringen will, dann kann man drei Dinge hervorheben. Es ist ungeheuer bescheiden, immens vielfältig, beeindruckend wissenschaftlich.

Vielleicht gibt es für diesen kurzen Nenner sofort eine Erklärung: SHMH wird medizinisch wie wirtschaftlich von ein und derselben Persönlichkeit, natürlich einem Arzt, geleitet, welcher die Prioritäten verantwortlich und mit Kompetenz setzt! Es ist Dr. Yehezel Caine, praktizierender Chirurg (SHMH hat aber keine eigene chirurgische Abteilung!) und der administrative Chef des Hauses. Ein Zustand, der in der BRD generell nicht mehr zu finden ist, da er auf dem Weg der Veränderung von Hierarchien zerschlagen wurde, lassen Sie mich sagen: leider. Ich meine, dass hier der Schlüssel für den Erfolg des Herzog Hospitals liegt. Man verzettelt sich nicht in Grabenkämpfen zwischen Verwaltung und Ärzteschaft. Das Haus finanziert sich im Übrigen über seinen medizinisch-wirtschaftlichen Erfolg seit Jahrzehnten weitestgehend selbst, sei es durch Spenden, sei es über Patientenrechnungen, obwohl es Lehrkrankenhaus der Universität von Jerusalem ist. Auch dies ist uns – bisher zumindest – noch weitgehend unbekannt.

Lassen Sie mich die drei genannten Besonderheiten etwas detaillieren!

Zunächst betreffs der Bescheidenheit: Herzog Hospital ist ein großes, aber unauffälliges Haus. Es ist ein Haus, welches weder krankenhausmäßig steril noch etwa hotelartig elegant daherkommt. Es ist einfach, korrekt und bescheiden; es ist alles vorhanden, es ist funktionell und legt auf Äußerlichkeiten keinen Wert. Am besten kann ich es an der Beschäftigungstherapie erklären. Es hat mich gewundert, wie viele Patienten mit sich selbst allein unaufhörlich übten. Da war keine Therapeutin mit ein oder zwei bis drei Patienten beschäftigt, um Bewegungsabläufe zu koordinieren, Isometrie zu üben. Nein, da sitzen einige vor großen Brettern mit allen möglichen Formen von Türklinken und üben, diese zu betätigen; andere sitzen vor Schlössern mit verschiedensten Schlüsseln, die sie versuchen hineinzustecken und umzudrehen ... Da ist ein Lehrbad, in welchem gezeigt wird, wie man sich klug verhalten muss, um nicht im Bad zu fallen, wie ein Bad behindertengerecht umgestaltet sein muss etc. Es wurde Baden geübt! Es gibt auch eine Lehrküche mit Hilfsmitteln für Gelähmte. Es wurde mir gesagt, dass der Patient anhand dieser Fertigkeiten letztlich selbst bestimmt, ob er zurück nach Hause oder in das Pflegeheim im Krankenhaus kommt. Kurz: die Übungen erschienen mir sehr viel praxisbezogener, zeitrelevanter und weniger kostenträchtig als bei uns.

Zur Vielfalt: Man weiß gar nicht, wo anfangen und wo aufhören. Nennen Sie mir heute ein deutsches Haus, in dem eine geriatrische Zahnklinik, eine geriatrische orthopädische Klinik, ein geriatrisches Akutkrankenhaus, Pflegeheim und Reha-Zentrum unter anderen zusammen unter einem Dach angesiedelt sind? In Deutschland landet bisher Jung und Alt im selben Krankenzimmer, wenn man Glück hat, mit einem Vorhang voneinander getrennt, weder zum Vorteil der Jungen noch der Alten.

Nun zum Dritten: die Forschungsabteilung. Ich halte sie für das Kernstück des Hauses, für ein ganz besonderes Juwel. Sicher wird in Universitätskliniken und ihnen angeschlossenen Häusern in unserem Land Forschung auf höchstem Niveau betrieben. Dies hier ist aber ein kleines, geriatrisches Haus, allerdings ausgestattet mit einer außerordentlichen Verpflichtung, nämlich einer moralischen Verpflichtung. Denn die hier entwickelten Forschungsprojekte sind weitgehend aus dem Holocaust-Problem entstanden. Die nach der Befreiung in das gelobte Land heimgekehrten Juden waren körperlich wie seelisch Gezeichnete, denen dringend geholfen werden musste, teilweise besser geholfen werden sollte, als es nach dem medizinisch-psychologischen Wissensstand möglich war. Forschung war moralisch notwendig!

Dazu kam, dass bald Juden aus der ganzen Welt sich in diesem Land niederließen, um die Staatsidee „Israel" zu stärken, um am Fuße des Ölbergs zu leben und zu sterben, nicht selten hervorragende Forscher, die ihr Wissen und ihre Forschung aus anderen Ländern in den Dienst der Sache stellten. So wird verständlicherweise über Depressionen geforscht, zumeist Langzeitdepressionen. Das Herzog Hospital hat eine solche Abteilung für Kranke aus dem ganzen Land. Für deutsche Mediziner ist es vielleicht von Interesse, dass diese Langzeitdepressionen häufig mit relativ hochdosierter Lithiumtherapie behandelt werden. Die Erfolge sind zum Teil überraschend.

Zuletzt möchte ich auf zwei Projekte hinweisen, die besonders interessant sind und aus unserer Sicht wiederum sehr ungewöhnlich. Es sind einmal die humangenetischen Untersuchungen von Professor Ebstein, die teilweise gemeinsam laufen mit der Universitätsklinik Bonn unter Professor Mayer. Es sind dabei viele genetische Polymorphien, Veränderungen im Erbgut verschiedenster Art, gefunden worden. Lassen Sie mich nur eine Polymorphie nennen, das NOVELTY SEEKING GEN, welches Risiko suchende Menschen in sich tragen. Interessant für uns mag sein, dass es umgekehrt korreliert ist mit der Neigung zur Drogenabhängigkeit. Das Besondere der Arbeiten der Forschergruppe um Prof. Dr. Ebstein ist dabei, dass sie Erbmaterial von homogenen geschlossen Gruppen bearbeiten können, nämlich aschkenasischen Juden aus abgeschlossenen Dörfern, die zudem aus isolierten Großfamilien stammen. Solcherlei relativ reines Erbmaterial findet sich im Europa der Völkerwanderungen und Vermischungen überhaupt nicht mehr. Das ist ein Glückstreffer für SHMH und für alle Forschergruppen, die daran partizipieren können.

AIs Letztes lassen Sie mich auf das Lattner-Institut hinweisen. Es ist ein soziologisch-psychotherapeutisch ausgerichtetes Institut, welches dem SHMH angeschlossen ist. Es beschäftigt sich zunächst mit dem psychologischen Phänomen der Folgeerscheinungen des Holocausts. Hierzu zählt ein nur zunächst unverständlich hohes Aggressionspotenzial. Man kann dies bereits an der hohen Zahl von Autounfällen ablesen und an vielen anderen Verhaltensweisen. Das Institut befasste sich mit den Jahren zunehmend mit dem Phänomen PTSD, „Post Traumatic Stress Disorder". Es wurde sogar eine Art Schnellverfahren als Behandlungsweg gefunden: Short time treatment techniques, nämlich in Form einer Art Desensibilisierung durch Augenbewegungen, Eye Movement Desensibilation and Reprocessing. Das Herzog Hospital ist mit den Ergebnissen an die Öffentlichkeit getreten. Denn es gibt PTSD nicht nur in Israel, sondern in vielen Ländern! Es kamen Anfragen aus anderen Ländern mit internem Konfliktpotenzial wie Südafrika, Irland, natürlich auch aus Jordanien und Palästina. Die Methode kann bei Unglücksfällen jeder Art gut helfen, wenn das Geschehen nicht aus dem Bewusstsein verschwinden will – zum Beispiel auch bei Gewalt, die Frauen oder Kinder erdulden müssen. Auch die Helfer des Zugunglücks von Eschede in Deutschland haben eine Behandlung nach den Forschungsergebnissen vom Lattner-Institute erhalten.

Ich will schließen: Ein kleines Krankenhaus am Rand von Jerusalem, zu den Füßen des Ölbergs, ist in der Aufarbeitung des Genozids über sich selbst herausgewachsen und bringt helfende Beispiele und Therapiemöglichkeiten für die ganze Welt. Es ist unterstützungswürdig!

Das Sarah Herzog Memorial Hospital in Jerusalem

Sprachlos trotz Sprache

Rede zur Vorstellung des Buches „Sprachlos" herausgegeben von Ingeborg Ronecker vor dem Deutschen Freundes- und Förderkreises des Sarah Herzog Memorial Krankenhauses in Jerusalem in der evangelisch-reformierten Kirche Frankfurt am 16. Januar 2006

Ingeborg Ronecker,
Pfarrerin Dr. Susanne bei der Wieden, Pfarrer Köhnen und andere

Psychische Traumata als Folge von Terror und Angst sind seit Jahren Alltag in Israel und Alltag in der ganzen Region des Vorderen Orients. Es sieht so aus, als bliebe es so für weitere Jahrzehnte! Das Lattner Institut in Jerusalem kämpft dagegen an. Deren soziale Psychotherapie versetzt vor Entsetzen Stumme wieder in die Lage, über das Erlebte zu sprechen, damit wieder Zugang zu dem verdrängten Erlebten zu bekommen um es schließlich zu verarbeiten. Diese Verarbeitung geht zunächst über Konzentrationsübungen, es braucht aber über diese Übungen hinaus hauptsächlich Sprache. Und hier sind wir beim Thema! Letztlich ist es die Sprache, die den Menschen ausmacht, ihn von anderen Menschen, auch von Tieren unterscheidet. Sprache ermöglicht uns, unsere Gedanken explizit weiterzugeben und ermöglicht dem Gegenüber, das Mitgeteilte über die gleiche Sprache mehr oder weniger zu verstehen. Um Gefühle mitzuteilen, braucht es nicht unbedingt die Sprache, es geht zum Beispiel auch mit Musik oder Gebärden. Sprache ist vor allem das Werkzeug intellektueller Menschen. Es ist das Werkzeug des Denkens.

In dem Buch „Sprachlos – Gedichte aus Jerusalem“ von Ingeborg Ronecker habe ich viele kluge Sätze über die Sprache gelesen. So den

Satz: „Wir können uns unsere Muttersprache nicht aussuchen, wir werden hineingeboren“ und sind damit bereits in der jeweiligen Sprachkultur gefangen. Oder den klugen Satz: „Man kann aus dem Vaterland auswandern, aber nicht aus der Muttersprache. Sprache ist Schicksal.“

Wenn diese Sprache dann verfemt ist, macht es sprachlos. Ein besonderes Schicksal von dem Holocaust entkommenden jüdischen Deutschen in Israel. Hier schließt sich der Kreis. Holocausterleben macht stumm vor Entsetzen, Israel als Rettung hat Hoffnung erweckt; aber es kam für viele die Enttäuschung: Mit wem kann ich reden, wer versteht hier meine Sprache und damit mich? Und sogar schlimmer:

Wer will hier meine Sprache hören? Deutsche Sprache in Israel?

Es war und ist in vielen Fällen der Rückfall in grenzenlose Einsamkeit, in sprachlos!

Sprache ist heute in vielfältiger Weise in Gefahr, auch weil alle Sprachen von der englischen überrundet zu werden drohen. Aber Sprechen ist insgesamt gefährdet! Weil viele, besonders junge Menschen, nicht gewöhnt sind, sich miteinander diskutierend auseinanderzusetzen, werden Steine geworfen, schließlich Granaten und dann Bomben. Wir müssen zurück zum Sprechen! Zu Sprache! Israel und seine Einwohner sind ein Beispiel für das Gefangensein in Sprache, die oftmals die deutsche war! Letztendlich kann man es aber auf alle Einwanderer in ein fremdes Sprachgebiet ausdehnen. Es kann nicht angehen, dass das Problem der Sprachlosigkeit durch das Nichtverstehen der Sprache des Gegenübers in einem gemeinsamen Land zu Missverständnissen und schließlich Aggressionen auf beiden Seiten führt! Sprachunterricht ist wichtiger denn je. Es ist nicht nur das Problem in Israel, es ist das Problem aller Länder mit Migration. Es ist daher unser aller Problem. Lasst uns Brücken bauen! Sprachbrücken!

„Die Angst fährt mit"

Rede zur Vorauspremiere des Dokumentarfilms von Rafael Zukran und Judith Feit am 12. März 2005 im Saalbau Ronneburg, Frankfurt am Main

Wir sind hier, um einen Dokumentarfilm aus Israel zu sehen, mit dem Titel „Die Angst fährt mit". Es ist leider ein aktueller Film und ein besonderer. Er erzählt die Geschichte von Busfahrern, die heute wegen der Selbstmordattentate den gefährlichsten Beruf ausüben, den Israel zu bieten hat. Das Besondere an dem Film ist, dass er die Angst tatsächlich herüberbringt – dazu in einer unhysterischen, eben dokumentarischen Art und Weise. Dieser Film steht für eine Reihe von Selbstmordattentaten von verführten, verblendeten, zumeist jugendlichen Palästinensern, die die Ungeheuerlichkeit ihres Tuns vermutlich nie verstanden haben.

Der Film dokumentiert Einzelschicksale, die aber als pars-pro-toto stehen für eine mittlerweile enorm große Zahl von Anschlägen auf Omnibusse – von anderen Anschlägen nicht zu sprechen –, bei denen bereits Hunderte unschuldiger Menschen starben. Das erste Attentat auf einen Bus war am 17. März 1954, elf Personen wurden erschossen. Es folgten je ein weiteres 1978 und 1989. Von 1994 bis 2005 gab es 31 Selbstmordattentate mit 332 Toten und vielen Verletzten. Dies waren nur Anschläge auf Busse, sie sind aber das wichtigste Transportmittel Israels.

Kein Wunder, dass der Titel des Films heute Abend heißt: Die Angst fährt mit. Wir wollen diesen Film auch deshalb zeigen, weil Israel in den deutschen Medien oft als waffenstrotzende, eiskalte Siegernation dargestellt wird im Kampf mit armen, vertriebenen Jugendlichen. Die Wahrheit sieht wohl anders aus. 1948 hat die Weltgemeinschaft den

Juden nach ihren Erlebnissen des deutschen Holocaust dieses Land zugestanden, damit ein verfolgtes Volk zur Ruhe kommt. Israel wurde aus einem Nichts zu einem blühenden Land, jedoch zu keinem ruhigen! Die Weltgemeinschaft hat es nicht fertig gebracht, diese Gegend zu befrieden; im Gegenteil. Im Grunde ist „Israel heute" zu einem Land geworden, in dem Menschen, die der Hölle von Auschwitz entgangen sind, wieder nicht ohne Angst leben können.

Kein normal denkender und empfindender Mensch westlicher Prägung kann so etwas gutheißen. Traumata, die durch Attentate oder durch Angst vor Attentaten entstehen, können immens sein. Sie drohen unter anderem eine ganze Generation von Kindern, die solches erleben müssen, zu angstneurotischen Erwachsenen, zu chronisch Depressiven oder zu Menschen mit erhöhtem Aggressionspotenzial werden zu lassen! Dies kann einen Wiederholungszwang initiieren. Man kennt diesen von anderen Belastungsstörungen. Er ist der Anfang einer Wiederholungsschraube.

Der Film „Die Angst fährt mit" macht anschaulich, was Attentate aus vorher ganz normalen Menschen machen können – in Israel, aber auch anderswo! Und er zeigt uns, wofür und wogegen wir stehen müssen!

„Unsichtbare Mauern – Wohltätigkeit heute"

Rede vor der Loge B'nai Brith in Frankfurt Am 14. November 2004 im Hotel Intercontinental Frankfurt

Präsident Ralph Hofmann, Logenmitglieder

Ich möchte heute über meine subjektiven Erfahrungen betreffs der Wohltätigkeit sprechen und der Fragen, die sich dabei stellen. Was verleitet Menschen dazu, zu spenden, und an wen?

Gehört schlechtes Gewissen dazu? Mitleid? Muss es ein sozial Schwacher sein, dem ich gebe, oder doch besser jemand, mit dem ich mich notfalls identifizieren könnte? Oder ist heutzutage etwa nur die dadurch zu erwartende Steuererleichterung attraktiv? Man kann diese Themen anhand von drei verschiedenen Organisationen hinterfragen, über die ich persönlich etwas sagen kann, und die alle Spenden benötigen: nämlich über

- die Internationale Serviceorganisation Zonta International,
- meine eigene kleine Stiftung, die IzS,
- den Deutschen Freundeskreis des Sarah Herzog Memorial Hospitals in Jerusalem.

Aber vielleicht wollen wir erst einmal den Begriff „Wohltätigkeit" hinterfragen, und das Thema auch historisch streifen. Was versteht man unter Wohltätigkeit? Laut Brockhaus ist es eine freiwillige, unentgeltliche Hilfe. In unserer heutigen Gesellschaft wird sie bereits etwas verwässert. Man kann nämlich schon etwas dafür erhalten! Falls der Empfänger der Spende eine einkommenssteuererleichternde Bewilligung hat, wird die Spende durch eine Spendenbescheinigung steuerlich in eben derselben Höhe versüßt.

Reine Wohltätigkeit, die im Englischen mit selfless service beschrieben und in den Religionen unter aktiver Nächstenliebe eingefordert wird, ist selten geworden. Warum? Es hat wohl etwas zu tun mit einer relativen Verarmung nach zwei Weltkriegen, ferner mit dem jetzt circa 50 Jahre fortdauernden Niedergang der christlich-jüdischen Religionen und dem damit einhergehenden Verlust wesentlicher Facetten der zwischenmenschlichen Kultur in den letzten 70 Jahren. Es muss schon eine sehr große Flut kommen, bis man heute in Deutschland erhebliche Summen selbstloser Hilfsleistung einsammeln kann. Heute ist Sponsoring beliebter; das hat etwas Geschäftliches an sich. Der Sponsor bekennt sich dazu, dass er die Wohltätigkeit nicht nur selbstlos betreibt, sondern mehr aus kommerziellen, nämlich Reklamegründen, neudeutsch PR oder auch Marketing genannt. Der Ursprung der Wohltätigkeit liegt aber im Begriff des Mäzenatentums, eine Förderung künstlerischer Tätigkeiten durch einen Gönner, den Mäzen, genannt nach dem Lateiner Gaius Maecenas, welcher um 80 vor Christus als erster Gönner beschrieben wurde! Jahrhunderte war der Mäzen meist ein Aristokrat. Dies änderte sich erst mit dem 19. Jahrhundert und dem Beginn der Industrialisierung. Im Laufe dieser industrialisierten Entwicklung und der Ablösung der Aristokratie durch wirtschaftliche Eliten übernahmen auch Inhaber von erwirtschafteten Vermögen die Rolle des Mäzens, zunehmend jetzt aber in Form von Stiftungen, um dadurch staatlich geregelte Beträge von Einkommen- und Erbschaftssteuern zu sparen.

Dies wurde ein neuer Anreiz zu spenden, ein neuer touch neuer Eliten. Ohne Mäzenatentum (sowohl das alte wie das neue) wäre ein großer Teil des künstlerischen Werkes der Menschheit ungeschaffen geblieben. Denn junge Künstler, deren Werke sich noch nicht verkaufen, brauchen früher wie heute finanzielle Unterstützung zum schieren Überleben und zur Kraft zum Weitermachen.

In der Region Frankfurt waren zu allen Zeiten besonders viele Mäzene für Kultur zu verzeichnen, aber auch reine soziale Wohltäter, die sich den Schwachen, Armen und Kranken zugewendet haben. Durch diese alle galt Frankfurt lange als die Hauptstadt deutscher Stiftungen. Sehr häufig sind es jüdische Mitbürger gewesen, die hier in Frankfurt segensreich für die Allgemeinheit wirkten. Ich nenne nur einen Namen aus der Vergangenheit als pars pro toto: Merton, dem wir, gemeinsam mit anderen, die Goethe-Universität verdanken. Juden waren aber allgemein wohltätig. Vielfach haben sie sich Rechte damit erkaufen müssen. Es war eine Art Überlebenszoll, den zu zahlen Sie und Ihr Volk über Jahrhunderte in der Diaspora ganz Europas bereit sein mussten zu entrichten. Man kann es gut bei Michael Blumenthal nachlesen. Die jüdische Wohltätigkeit wird aber auch mit der Religion zusammenhängen, die ein solches Verhalten noch mehr einfordert als das Christentum. Das will ich nicht ausführen, denn Sie alle wissen es besser als ich. Nach 1945 hatte niemand in der BRD Geld, um Mäzen von Künstlern zu sein, es gab ebenso kaum soziale Wohltätigkeit. Jeder kämpfte ziemlich allein ums Überleben. Es wurde – auch in Erinnerung an die Vergangenheit der 20er Jahre und an den Kommunismus der DDR – ein Sozialsystem aufgebaut, welches Wohltätigkeit Einzelner anscheinend unnötig werden ließ. Es gab in Deutschland fast (!) schwedische Verhältnisse. Hierzu eine Anekdote: In meiner Eigenschaft als internationale Direktorin habe ich einmal für Zonta International in Schweden recherchiert, warum die schwedischen Clubs keinen Service – sprich Wohltätigkeit – in ihrem eigenen Land ausübten. Die verblüffende Antwort lautete: für Landsleute spenden? Wir können doch unsere eigenen Landsleute nicht durch Spenden diskriminieren! Diese Antwort hat mich damals schier sprachlos gemacht.

Heute sind auch die Schweden beim Rest der Welt angekommen, brauchen Wohltätigkeit für Bedürftige unter ihnen, wie auch wir in der BRD soziale Wohltätigkeit wie künstlerisches Mäzenatentum und Sponsoring von Veranstaltungen etc. dringend nötig haben. Mit meinen schwedischen Erfahrungen habe ich bereits zu Zonta International übergeleitet. Sie werden wissen, dass es Rotary ähnelt; für die wenigen anderen: Es ist eine internationale Serviceorganisation in 74 Ländern der Erde mit 36 000 Mitgliedern, die alle aus weiblichen Führungskräften bestehen, die sich für den Status der Frau einsetzen. Das Servicegeld ist ausschließlich für Frauen gedacht und läuft relativ konstant und unabhängig von der Wirtschaftslage. So weit so gut. Hierzu nun aber eine amerikanische Zonta-Statistik! Danach wird 80 % des Service-Aufkommens im Land von Frauen gegeben, sie geben interessanterweise zumeist unabhängig von der Steuerersparnis, geben vorzugsweise für Kinder und Tiere, danach für andere Frauen. Geben Frauen nichts für Männer? Und bei insgesamt 80 % weiblichen Spendern in USA darf man fragen: Spenden Männer ungern? Spenden Männer anders? Ich weiß: Männer behaupten, alles, was sie tun, nur für Frauen zu tun! Ich will es ja auch gerne glauben! *Aber*: ich habe tatsächlich noch nie gelesen, dass Rotarier ein Frauenhaus unterstützen – lasse mich gern eines Besseren belehren.

UNSICHTBARE MAUERN?

Ich habe noch weitere Erfahrungen machen dürfen, nachdem ich die Ingrid zu Solms-Stiftung (IzS) gegründet habe. Es war im Jahr 1993, und ich hatte bei einem Kongress des Deutschen Ärztinnenbundes die Meinung gehört, dass zur Verbesserung des internationalen Status der deutschen Ärztinnen unbedingt ein Wissenschaftspreis für diese fehle. Da ich keine leiblichen Erben habe, machte es in mir Click. Ich ging sofort zu der Präsidentin und sagte: Sie haben Ihren Preis – ich stifte ihn! Damit war der Anfang gelegt zu einer mich bis heute zunehmend umtreibenden Geschichte, deren Ende offen ist bis auf die Tatsache, dass das Ende erst mit meinem Ende so richtig anfangen wird. Dann können die Stiftungsgremien nämlich endlich handeln, wie sie wollen! Aber das ist allgemeines Stifterschicksal! Im weiteren Verlauf hat die IzS-Stiftung sich vom DÄB getrennt, da wir nur Wissenschaftlerinnen, aber keine Frauenbeauftragten mit Preisen bedenken wollten; gleichzeitig wurde die Stiftung erweitert um einen regelmäßigen Kulturpreis für Frauen, um einen regelmäßigen Hochbegabtenpreis für Mädchen des Hochleistungs-Gymnasiums Schloss Hansenberg, und um einen gelegentlich ausgeworfenen Menschenrechtspreis.

Wir, damit meine ich immer meinen Vorstand und mein Kuratorium, haben in einem langen Selbstfindungsprozess unser Stiftungsziel klarer definiert: Wir unterstützen weibliche Eliten in Wissenschaft, Kultur und Erziehung im Sinne von Brain Gain. Wir glauben, dass Geist im Land der Dichter und Denker zurzeit dringend unterstützungsbedürftig ist, vor allem betreffs des weiblichen Anteils! Wenn wir als IzS uns dazu bekennen, weibliche Eliten zu fördern, dann nicht im Sinne von elitär oder schickimicki, sondern eher im Sinne der Gesellschaftslehre des Konfuzius, der sich circa 500 Jahre vor Christus mit der Kultivierung der Persönlichkeit befasste und vom Einzelnen forderte, das Beste zu geben für die Gesellschaft. Es bedeutet, mehr zu tun als die anderen und für die anderen, nicht weniger. Frauen in Kultur und Wissenschaft sind dazu gern bereit, brauchen aber mehr Unterstützung wegen des Alleinstellungsmerkmals ihrer reproduktiven Belastungen! Zu solchen Förderungen braucht man Geld. Mehr Geld als eine kleine Stiftung hat und bei der zurzeit schlechten Verzinsung aus dem Kapital der IzS ausgeworfen werden kann. Mit anderen Worten: Wir suchten Spender! Wir fanden sie nicht! Suchen Sie als Gräfin mal Spender für Eliten! Da geht es nicht mehr um die Sache, sondern es trifft den Neid derer, die sich unterlegen fühlen und die Missgunst derer, die in Augenhöhe stehen.

UNSICHTBARE MAUERN?

Zuletzt möchte ich von meinen Erlebnissen bei dem Deutschen Freundes- und Förderkreises des Sarah Herzog Memorial Hospitals in Jerusalem berichten. Auch hier erst einmal eine Erklärung. Es handelte sich ursprünglich um das älteste psychiatrische Krankenhaus im

Nahen Osten, wurde 1948 von Sarah Herzog – (ich brauche hier nicht zu erklären, wer dies war) – umfunktioniert in ein Geriatrisches Krankenhaus, das einzige in der Region. Hier werden circa 430 alte Menschen behandelt und gepflegt bei ziemlich allen Alterskrankheiten, aber mit einigen Schwerpunkten, nämlich betreffend Alzheimer, Parkinson und Depressionen. Besonders erwähnenswert ist das angeschlossene Lattner Institut für soziale Psychotherapie, und eine Ambulanz für posttraumatische, psychische Belastungsstörungen. Dies waren zunächst Folgen des Holocausts, später von Unglücksfällen, heute zusätzlich von Terroropfern. Also ein ungeheuer wichtiges Institut für Israel, aber genauso für die ganze westliche Welt, die wir in einem Boot auf schwerer See sitzen, beschossen von Fundamentalisten. Das Herzog Hospital hat darüber hinaus auch noch eine Forschungsabteilung für Alterskrankheiten. So kann man sagen, dass dieses Krankenhaus für alte Menschen in Pflege und Forschung beispielhaft ist, und, bei der demoskopischen Entwicklung der westlichen Welt betreffs der Forschung potenziell für jeden von uns wichtig!

Zurzeit sind die dort Betreuten noch überwiegend Entkommende des Holocausts. Ihnen fühlen wir uns als Deutsche besonders verpflichtet. Elisabeth Oswalt, die vor sechs Jahren diesen Deutschen Freundeskreis gründete, dachte besonders daran, deutsche Helferinnen nach Jerusalem zu schicken, damit die alten Menschen dort die jungen, anderen Deutschen, die sogenannten Gutdeutschen, kennenlernen. Jedoch mit der Eskalation der Gewalt im Nahen Osten kann man keine jungen Menschen nach Jerusalem senden, unser wichtigstes Spendenziel ist damit weggebrochen. Auch ist es generell immer schwieriger, Gelder für Israel zu sammeln. Christen sagen: das Geld geht nur in Waffen, das unterstützen wir nicht. Juden sagen: wenn ihr was machen wollt, dann sammelt bei euch selbst. Ich habe beides expressis verbis so erlebt!

UNSICHTBARE MAUERN?

In Israel gibt es jetzt sogar sichtbare Mauern, wie wir sie in Deutschland lange, zu lange, hatten! Trotzdem möchte ich persönlich die israelische Mauer bejahen; es ist keine DDR-Gefängnismauer für das eigene Volk, sondern eine Schutzmauer, wie sie die Geschichte seit 221 v. Christus als erste chinesische Mauer kennt. Das ganze europäische Mittelalter ist voll davon. Im Grunde ist die israelische eine aus Angst und Verzweiflung geborene Mauer, beides Empfindungen, die hinter der vordergründigen Stärke stehen. Wir Deutschen haben alles zu dieser Angst und Verzweiflung beigetragen, denn die unerwiderte Liebe der jüdischen Deutschen zu ihrem damaligen Vaterland endete in der bekannten Katastrophe. Durch sie haben wir eine gemeinsame, entsetzliche Geschichte.

Unsere gemeinsame Geschichte ist aber länger: Im Grund haben deutsche Christen und deutsche Juden sich zumindest in den letzten 300 Jahren gegenseitig enorm beeinflusst, und dies ist natürlich an beiden Seiten nicht spurlos vorübergegangen. Alfred Wiener sagte 1930: „Gäbe es einen Nobelpreis für deutsche Gesinnung, die jüdischen Deutschen würden ihn gewinnen.“ Jüdische Deutsche haben in ihrem damaligen Vaterland bedeutende wissenschaftliche und kulturelle Leistungen für Deutschland erbracht (hier wieder nur stellvertretende Namen: Einstein, Werfel, Walter), sie haben ihren Blutzoll im Ersten Weltkrieg geleistet, und sie waren darüber hinaus beispielhaft wohltätig für die deutsche Allgemeinheit. Unter Hitler entstand trotzdem eine sichtbare Mauer, dahinter grauenvolle KZs.

Meine Damen und Herren: Sichtbare und unsichtbare Mauern, wir kennen sie seit Jahrhunderten, erleben sie überall, auf allen Ebenen, auf all unseren Wegen! Aus meiner Sicht sind zurzeit die unsichtbaren die schlimmsten, die sichtbaren verschwinden irgendwann, weil sie auffallen, wenn auch für Millionen zu spät – aber die unsichtbaren in den Köpfen, geboren aus törichtem Vorurteil oder aus dummer Gedankenlosigkeit, sind ebenso unangenehm, weil sie versteckt weiterschwelen. Ihnen sollte unser besonderer Kampf gelten!

Ich komme zum Schluss, und auf die Fragen vom Anfang (wer gibt an wen und warum) und meine, sie sind bereits beantwortet:

- Frauen sind anscheinend wohltätiger als Männer, man kann sie emotional besser ansprechen!
- Man fühlt sich wohler, wenn man Arme, Unterlegene, Schwache unterstützt, obwohl es vielleicht erfolgversprechender für die Zukunft wäre, Eliten zu fördern, besonders weibliche, denn hier gibt es sehr viel Nachholbedarf.
- Man gibt am liebsten für Schwache, mit denen man sich irgendwie identifizieren kann!
- Man gibt lieber innerhalb seiner Gemeinschaft als nach draußen!

Von diesen Tatsachen ist Wohltätigkeit ummauert! Diese unsichtbaren Mauern scheinen einfach menschlich zu sein, mit diesem Menschsein müssen wir wohl leben, denn sie sind auch nicht nur auf Wohltätigkeiten beschränkt.

Denn die Entwicklung des idealen Menschen, von dem Konfuzius schon träumte, ist in diesen circa 3000 Jahren einigermaßen bewusster Geschichtsschreibung nicht wirklich gelungen, wir müssen weiter hoffen und mit uns als Bruchstücken leben! Allerdings sollten wir intensiv und weltweit an einer notwendigen Verbesserung arbeiten! Nur das kann zu einer besseren Welt für alle führen!

Auch diese Zeit für den Deutschen Freundes- und Förderkreis des Sarah Herzog Hospitals in Jerusalem war eine überaus interessante und bewegende Zeit, die ich nicht missen möchte. Und keinesfalls die Erinnerung an das sagenhafte King David Hotel in Jerusalem, in dem 1948 viele entscheidende Verhandlungen stattgefunden hatten. Dessen arabisch plüschige, europäisch vermischte Atmosphäre habe ich während zweier Tage 1998 in mich aufgesogen, israelische Gastfreundschaft genossen und versucht zu verstehen. Die Probleme dieses Vereins waren keine politischen; die Grenzen der Möglichkeiten lagen

Verleihung Bundesverdienstkreuz 1. Klasse aus der Hand von Bundespräsident Horst Köhler

einfach an den Schwierigkeiten, Menschen zum Engagement zu bewegen, und das ist ein Zeitphänomen! Wir waren keine 100 Mitglieder, der ehrenhalber arbeitende Vorstand schwer zu besetzen. Die Tätigkeit blieb trotzdem nicht unbeobachtet, denn der damalige Bundespräsident Horst Köhler überreichte mir gemeinsam mit 15 weiteren Personen am 4. Oktober 2005 in Berlin persönlich den Orden erster Klasse des Bundesverdienstordens der Bundesrepublik Deutschland in einer großartigen Zeremonie im Schloss Bellevue. Ich habe es als große Ehre aufgefasst. Ein Jahr später habe ich die Tätigkeit trotzdem aufgegeben, denn die Arbeit für die Steuben-Schurz-Gesellschaft (SSG) nahm mich stärker in Anspruch.

Mit SSG begann ein neues Kapitel in meinem Leben, 14 Jahre Vereinsleben mit allen Höhen und Tiefen vom 14.4.2005 bis zum 30.3.2019! Steuben-Schurz-Gesellschaft e.V., älteste deutsch-amerikanische Freundschaftsorganisation in der Bundesrepublik. In einer Nachtsitzung des Präsidiums trat der damalige Präsident zusammen mit seinem Schatzmeister 2005 zurück, da er seinen Willen betr. Personalfragen gegen das „Parlament“, das Präsidium, welches für Anstellungen allein zuständig ist, nicht durchsetzen konnte. Es war David

IzS mit Generalkonsulin Jane Powell

Fisher, der erste und bisher einzige amerikanische Präsident dieser ehrwürdigen Freundschaftsorganisation. Dadurch entstanden in unseren Köpfen Befürchtungen, wie dieser Rücktritt in der Presse und in der amerikanischen Community aufgenommen würde. In der gleichen, recht turbulenten Sitzung wurde ich zur geschäftsführenden Präsidentin ernannt, da ich erst kurz im Präsidium war und den meisten tolerierbar erschien, natürlich nur für eine kurze Übergangszeit bis zur richtigen Wahl in einer außerordentlichen Generalversammlung!

Mancher dachte wohl zunächst, genau wie es im gleichen Jahr der Bundeskanzler Gerhard Schröder vor der ersten Wahl von Angela Merkel zur Kanzlerin aussprach: Wir wollen doch die Kirche im Dorf lassen, diese Frau kann doch nicht „Kanzlerin/Präsidentin" werden! In einer drei Wochen später einberufenen außerordentlichen Generalversammlung wurde ich jedoch rechtskräftig zur Präsidentin gewählt. Es war den meisten Zeitungen des Rhein-Main-Gebiets eine Meldung wert.

Lesen Sie und schauen Sie:

„Ich nehme die Wahl an!"

Erste Frau an der Spitze einer deutsch-amerikanischen Gesellschaft

Rede zur Wahl der Steuben-Schurz-Gesellschaft e.V. am Dienstag, den 5. April 2005, im Kennedysaal des Amerikahauses Frankfurt

Ich nehme die Wahl an!

An dieser Stelle möchte ich ein paar Worte sagen.

Zuerst möchte ich herzlich danken! Danken, dass Sie mir Ihr Vertrauen schenken, ich bin davon überwältigt. Ich bin zwar seit 20 Jahren Mitglied in der SSG, aber erst seit vier Jahren „aktiv" im Präsidium und vielen daher unbekannt. Das wird sich nun aber ändern. Ich werde alles daransetzen, den von Ihnen in mich gesetzten Hoffnungen zu entsprechen. Da ich schon einmal in der Führung einer Organisation mit 36.000 Mitgliedern in 74 Ländern eingebunden war, kenne ich Führungsprobleme und hoffe, damit umgehen zu können.

Darüber hinaus möchte ich dem gesamten Präsidium, allen deutschen wie den amerikanischen Mitgliedern danken, dass sie in den vergangenen Turbulenzen so treu zur SSG gestanden sind. Ferner danke ich den Mitgliedern des BGB-Vorstands für die Mitarbeit, für den immensen Einsatz, den die meisten in diesen Tagen zu bewältigen hatten, um Klarheit über unsere Situation zu bekommen. Hier danke ich besonders dem Vorstandsmitglied Dr. Harald Jung. Dem Amerikahaus, heute hier vertreten durch Consul Walsh, sei herzlich gedankt für die Bereitschaft, weiter mit uns zu arbeiten wie bisher. Das gleiche gilt für das Ministerium für Wissenschaft und Kunst unter Minister Corts. Meine Besuche beim Generalkonsul, beim Botschafter und den Militärs stehen noch aus. Ich bin aber überzeugt, dass auch sie alle wie bisher mit unserer Organisation zusammenarbeiten werden.

Denn ich werde versichern, was ich auch Ihnen zusage: Wir machen alles weiter wie bisher, business as usual. Lediglich zwei Köpfe sind ausgetauscht: der Präsident und der Schatzmeister. Auch an der Zusammensetzung der Mitglieder hat sich nichts geändert. Es hat keinen Exodus der Amerikaner gegeben!

Wir hatten mehrere Zugänge nach dem 14. März 2005. Heute ist noch ein Ehepaar durch Vermittlung von Herrn Riemensperger von der Firma Accenture zu uns gekommen. Die Gemeinnützigkeit ist entgegen anderer Darstellungen nicht in Gefahr, wir werden erst wieder zum 31. Mai 2006 geprüft werden. Ich habe eine außerordentliche Buchprüfung zum 15. März 2005 vornehmen lassen, darüber wird noch berichtet. Ich bin aber persönlich überzeugt, dass keine Schwierigkeiten auf uns zukommen werden. Last but not least, auch meinem Vorgänger herzlichen Dank. David Fisher hat in den sechs Jahren seiner Präsidentschaft eine Vision gehabt und sie umgesetzt. Ich spreche von USA-Interns, das deutsch-amerikanische Praktikantenprogramm. Dies hat unserer Gesellschaft ein neues Standbein, neue Impulse und Ansehen gegeben, etwas, das wir brauchen. Für diesen Einsatz sei ihm zu jeder Zeit gedankt. Leider hat es ihm bei gelegentlich in solchen Organisationen entstehenden Konflikten an Rückhalt gefehlt, was ihn zum Rücktritt veranlasste. Ich freue mich, dass ich im 57. Jahr der SSG die erste Frau sein darf, die dieser Gesellschaft vorsteht.

Vor mir war der erste Präsident 1948 der hessische Ministerpräsident Geiler, welcher von der Besatzungsmacht eingesetzt und noch nicht gewählt war, zusammen mit Hermann Josef Abs als Schatzmeister – danach kam bereits der legendäre Oberbürgermeister der Stadt Frankfurt, Walter Kolb, 18 Jahre lang, gefolgt von Dr. Wilhelm Alexander Menne, dem Vorstand der Höchst AG. Von 1975 bis 1980 war es Casimir Prinz Wittgenstein, danach Paul Ungerer, Aufsichtsratsmitglied der Degussa. Von 1982 bis 1991 leitete Dr. Manfred Meier-Preschany, Vorstand der Dresdner Bank, die Geschicke, gefolgt von unserem heutigen Ehrenpräsidenten Stadtrat Dr. Albrecht Magen, damals Vorstand von Rütgers, und seit 1999 David Fisher.

Es ist eine große Ehre, diesem illustren Kreis zu folgen, und eine Herausforderung, die mich beflügelt. Es ist auch eine große Aufgabe, die ich Sie alle bitte, mit mir zu teilen! Wir hatten eine stürmische Zeit, wir wollen das Beste daraus machen!

Ich möchte der Gesellschaft erstmals ein Motto vorausstellen:

Providing stability and friendship in a challenging environment.

Lassen Sie es uns gemeinsam angehen. Nochmals herzlichen Dank!

Zur Neuaufstellung der SSG

Rede in der Hessischen Staatskanzlei am 5. September 2006 Gastgeber Ministerpräsident Roland Koch

Es ist nicht leicht, nach einem hervorragenden und kompetenten Redner das Wort zu ergreifen, ganz besonders, wenn es der Hessische Ministerpräsident Roland Koch ist!

Aber es ist sehr leicht, für eine so besondere Einladung zu danken!

Herr Ministerpräsident, es ist für jeden von uns eine große Freude und eine besondere Ehre, heute hier sein zu können! Das können Sie bereits an der Zahl der Anwesenden ablesen und an der Tatsache, dass ich Mitglieder erkenne, die ich jahrelang nicht mehr gesehen habe! Roland Koch ruft, und alle …

Wenn wir in Zukunft wieder einmal wenig Anmeldungen zu einer Veranstaltung haben werden, werde ich das Gerücht ausstreuen lassen, der Ministerpräsident kommt!

Spaß beiseite: Wir haben hier heute buchstäblich die Möglichkeit, hinter die Vorhänge zu schauen, hinter die Vorhänge der Macht, was die Neugierde eines jeden Menschen befriedigen kann, aber nicht jedem Bürger des Landes Hessen erlaubt ist. Sie erlauben es den Mitgliedern der SSG, als der ältesten deutsch-amerikanischen Freundschaftsorganisation in der BRD, die mit ihrer Dachorganisation immer in Hessen beheimatet war, wir haben also eine gemeinsame Vergangenheit, wir sind nur wenig jünger als das Land Hessen – werden 2008 60 Jahre alt! Solch eine Altersgemeinschaft bedeutet auch Erlebnisgemeinschaft! Ich möchte erinnern: Die SSG blickt dabei gemeinsam mit den Politikern in Hessen auf herausfordernde Zeiten zurück. Sie, Herr Ministerpräsident, haben es schon angesprochen, ich möchte es verstärken und vielleicht etwas in andere Worte kleiden. Es waren für unsere Gesellschaft wichtige, ja großartige Zeiten, als wir noch an vorderster Front mitkämpfen durften, um das Vertrauen der Besatzungsmacht Amerika in einem ehemaligen Feindesland zu gewinnen. Es war weit vor meiner Zeit, nämlich als der erste Ministerpräsident Karl Geiler dann auch der erste Präsident der SSG wurde – Herr Ministerpräsident Koch, so was kann natürlich nachgeahmt werden, allerdings hoffe ich, Sie machen mir mein Amt nicht sofort streitig. Ich wäre absolut chancenlos! Damals lieferten wir mit unseren Veranstaltungen den Rahmen für Zusammenkünfte von Mächtigen jenseits der Öffentlichkeit. Später waren wir über viele Jahre eine quasi private Anlaufstelle für US-Militärs, nicht selten gemeinsam mit der Bundeswehr, die Anwesenheit von Angehörigen beider Streitkräfte freut mich daher besonders!

Wie sehe ich unsere Aufgabe in der Zukunft?

Sie, Herr Ministerpräsident, werden mit mir einig sein, dass Stillstand bereits Rückstand ist, da bin ich sicher. So werden wir als Organisation zwar stetig und verlässlich sein und bleiben, unsere Programme wie bisher mit gleich großem Engagement weiterführen: nämlich das Berliner Luftbrückenstipendium, den Medienpreis, und vor allem das Studenten-Praktikanten-Programm USA-Interns. Aber wir werden auch neue Impulse setzen – setzen müssen –, um im Trend der Zeit zu bleiben.

Mit unserer ersten Podiumsdiskussion im Oktober zum Thema „Das deutsch-amerikanische Verhältnis im 21. Jahrhundert, Konvergenz und Divergenz“ setzen wir bereits neue Akzente in Richtung einer positiv kritischen, gesellschaftspolitischen Diskussion.

Ich halte solche Diskussionen unter Freunden für befruchtend. Besonders im heutigen internationalen politischen Umfeld ist es notwendig, sich gemeinsam selbst zu hinterfragen. Im nächsten Oktober 2007 ist angedacht, diese Diskussion zu erweitern mit einem jährlich sich wiederholenden Workshop, wahrscheinlich zu halten gemeinsam mit der Universität Frankfurt. Hier könnten dann alle Interessierten teilnehmen, vor allem sollte man aber deutsche Lehrer einladen, die ja das politische Bild der Jugend mitprägen. Wir denken daran, uns auch direkt an Schüler und Studenten zu wenden. Somit wird sich dieses Projekt auch mit unserer Suche nach deutschen Studenten für das USA-Interns Programm verbinden lassen. Es erscheint insgesamt als eine lohnende Aufgabe, die in unsere Organisation passt.

Zu neuen Ufern lockt ein neuer Tag! Dieses Goethe-Wort ist wie geschaffen für die SSG, die eine starke, eine wieder wachsende, sich verjüngende Gesellschaft ist, deren Mitgliedschaft insgesamt sehr verlässlich und untereinander loyal zusammensteht. Dafür bin ich dankbar.

We are all proud of our new motto: Providing stability and friendship in a challenging environment. It applies inward as outward. Es gilt nach innen wie nach außen.

Ich danke Ihnen, Herr Ministerpräsident Koch, im Namen des Präsidiums und der gesamten Gesellschaft, aber auch ganz persönlich, für eine großartige Einladung und für Ihre ehrenvollen Worte, die uns in die Zukunft begleiten werden!

MP Roland Koch, Generalkonsulin der USA Jane Powell, IzS

Bindung USA-Deutschland
Rede 2007 in New York, auf dem Platz vor der City Hall, City Hall Park NY

Anwesend u.a. OB Magdeburg Wilhelm Polte, Robert Fiore, Jr.

Auf der Rednertribüne vor dem Rathaus in New York, auf dem Platz vor der City Hall, City Hall Park NY

Ladies and Gentlemen!

I am very proud to be in this great environment and I thank you so much for your kindness in receiving us this morning before the Steuben Parade! At first I should explain what the SSG is all about!

It is the oldest German-American frienship organization in the Federal Republic of Germany. We were founded in 1930 in Berlin as Friedrich-von-Steuben-Gesellschaft and refounded after World War II under the same name in 1948 in Wiesbaden – in 1950 we were merged with the Carl-Schurz-Gesellschaft into one, called: Steuben-Schurz-Gesellschaft.

We do not only refer to these two names of Germans, who went to the States in the 18th century and in the 19th century to become great, famous and bold Americans. We also refer to their way of thinking and to their devotion to their new homeland, the United States of America.

May I mention that not only Friedrich von Steuben, not only Carl Schurz, who lived for years in Wisconsin, beame great Americans, but also the wife of Carl Schurz who, in Watertown, founded the first American Kindergarten after a pattern, she knew from Germany. With this founation she laid the foundation of many Kindergartens all over America – for the benefit of millions of American children and parents.

They all did good things! But: the American people gave so much in return to us! In particular, a century later, after World War II, Americans helped our destroyed country to be rebuilt and to be led into democracy. We remain grateful for this today and moreover for the

Beim Abendempfang vor Steuben-Parade 2007 im Hilton-Hotel: (v.l.) Robert Fiore, Jr., Dr. Ingrid Gräfin zu Solms-Wildenfels, Henry Kissinger, Lars Halter

help you gave us in 1990 to make the reunification of the two German countries happen.

May I come back to our organization that has more than 500 members, about ten percent Americans, living in the Rhein-Main-Area, formerly we had 1500 members, because many American military persons joined us during their tours of duty in Germany.

We have a youth exchange program, of which we are very proud, called the USA-Interns-Programm, providing to help young American students to work for up to several months in German firms or organizations – and of course vice versa: in providing German students a work experience in the USA.

We think the best way to connect our two countries is to connect the young generation. I would like to ask you, Mr. Governor, to help us tighten these connections.

Our group is very active, it meets once monthly for lectures about German-American relationship to deepen our commitment according to our motto:

„Providing stability and friendship in a challenging environment." Thanks for listening.

Teilhaben – Teil werden!

Rede zum Einwanderungsrecht bei der Internationalen Woche in Frankfurt

Historisches Museum – 30. September 2008

Das Motto dieser Wochen ist: Teilhaben – Teil werden!
Es könnte auch unser SSG-Motto sein!

Als deutsch-amerikanische Freundschaftsorganisation, der ältesten in Deutschland, die genau vor einer Woche ihren 60. Jahrestag feierte, wollen wir einen Beitrag leisten. Wir möchten Sie an unseren Gedanken teilhaben lassen und Ihnen vorstellen, wie wir uns vorstellen, wie Fremde Teil werden können, nämlich deutsche Staatsbürger! Wir – als Steuben-Schurz-Gesellschaft – glauben, dass wir eine gewisse Expertise darin haben, wie man Ausländer teilhaben lässt! Warum?

Wir haben uns in den letzten 60 Jahren den mehr als 30 000 Amerikanern gewidmet, die hier im Rhein-Main-Gebiet lebten und die zumeist Militärs waren. Sie waren naturgemäß fast ausschließlich vorübergehende Gäste, die wenig Interesse hatten, ein Teil von uns Deutschen zu werden. Es lag uns aber daran, diese Militärs trotzdem an deutscher Kultur und Mentalität teilhaben zu lassen, sie zu vermitteln, um dadurch Nähe aufzubauen. Es war ein jahrelanges erfolgreiches Projekt. Nach der Wiedervereinigung und dem Ende des Kalten Krieges ist das amerikanische Militär zum großen Teil abgezogen. Die Ausländer, die nun in dieser Gegend leben, sind aus aller Herren Länder und wollen nicht selten sogar Teil unseres Landes werden! Sie beabsichtigen also, Deutsche zu werden – manchmal allerdings ohne wirkliche Kenntnis unserer Kultur und Mentalität, ja, manche wollen sie sich auch gar nicht aneignen! Insofern hat sich einiges geändert.

Denn oftmals haben diese Menschen vor der Einreise keine richtigen

Erkenntnisse über das Land, in das sie gehen wollen, um dort zu leben und hoffentlich auch zu arbeiten, und kennen die deutsche Sprache nicht. Es entstehen schon allein dadurch viele Missverständnisse, die in verächtlichen Worten wie im Extremfall „Scheißdeutsche" aus dem Mund von hier lebenden Ausländern gipfeln, die oft sogar hier bleiben wollen – allerdings zu ihren eigenen Bedingungen und Vorstellungen! Dies beleuchtet weniger die oft zitierte Ausländerfeindlichkeit der Deutschen, die unser Land als Reise- und Exportweltmeister eigentlich gar nicht haben kann. Es beleuchtet vielmehr manchmal vorhandene Deutschfeindlichkeit von hier lebenden Ausländern, die uns und unsere Lebensart leider gar nicht verstehen oder verstehen wollen, sondern allein die Früchte des von uns erarbeiteten Sozialstaats. Konflikte sind vorprogrammiert, ganz besonders, wenn das aufnehmende Land anders als z.B. die Vereinigten Staaten kein klassisches, jahrhundertelanges Einwanderungsland ist und daher auch keine Einwanderungskultur hat. Man sieht sich plötzlich vor Problemen stehen, die man als Einwanderungsland schon frühzeitig, nämlich vor vielen Jahren, hätte angehen können. Das wurde in der Vergangenheit verabsäumt. Nun besteht Nachholbedarf.

Ich möchte zur Erläuterung unserer Situation heute, im Jahr 2008, einige Zahlen nennen, die mir vom Amt für multikulturelle Angelegenheiten dankenswerterweise zur Verfügung gestellt wurden, und die mich selbst überrascht haben. Frankfurt hat 657 000 Einwohner. Jährlich kommen circa 3000 Personen dazu: Einwanderer! Nicht eingerechnet sind die, die durch Heirat mit Deutschen Deutsche wurden. Denn 30 % aller Eheschließungen sind zwischen Deutschen und Nichtdeutschen zu verzeichnen. Also ist jede dritte Ehe eine „Mischehe". Bei einer Einwohnerzahl von 657 000 haben zurzeit 163 000, also circa 25 %, keinen deutschen Pass, stammen insgesamt aus 175 Ländern; davon sind 33 000 Türken, 14 500 Italiener, 7 000 Griechen, 6 700 Marokkaner. Es ergeben sich die verschiedensten religiösen Hintergründe. Hier gibt es besondere Probleme mit vielen in Deutschland lebenden Muslimen, von denen wir annehmen, dass sie die Rechte dieses Landes nur ungenügend einhalten, weil sie nur den Koran als Gesetzbuch anerkennen. Nach der Auffassung der überwiegenden Mehrheit der Deutschen müssen deutsche Gesetze und deutsche Kulturinhalte von Einwanderungswilligen genauso eingehalten und gepflegt werden wie von sogenannten „blutsmäßigen Deutschen"! Dazu gehört auch die Sprache, denn tolerantes Verständnis untereinander kann unter Sprachbarrieren schlecht vermittelt werden.

Hier ein Wort zur Toleranz: Wenn wir Toleranz gegenüber der Kultur Einwandernder üben, darf dies aber nicht zum Verlust unserer eigenen Identität und der Kultur in unserem eigenen Land führen, wenn auch zu einer langsamen Veränderung – über Generationen! Meine Damen und Herren, wir alle wissen, dass Hilfsbereitschaft und Toleranz ein ethisches MUSS sind! Wir Deutsche haben Hilfsbereitschaft und Toleranz, verbunden mit dem Streben nach Einigkeit und Recht und Freiheit, in den vergangenen 60 Jahren geübt wie kaum ein anderes Land der Erde! Wir üben Toleranz auch heute – man kann sagen: fast bis zur Selbstaufgabe! Ich weise auf eine offizielle Statistik der EU hin, die sagt, dass 85 % der Einwanderer in die BRD Niedrigqualifizierte sind, die das soziale Netz leicht beanspruchen können; 85 % der Einwanderer der USA aber sind Hochqualifizierte! Hier entstehen natürlich Konflikte. Zusammenfassend möchte ich sagen:

Kein aufnehmendes Land will nur geben, ohne zu nehmen. Es erwartet also etwas von Einwanderern, im Allgemeinen Arbeitskraft und Arbeitswillen, Anpassung an die Kultur und Wohlverhalten bezüglich des geltenden Rechtes!

Deutschland ist dabei sehr tolerant – zu tolerant nach der Meinung mancher Deutsche. Daher sei Einwanderungswilligen ein altes Sprichwort in Englisch ins Tagebuch geschrieben: When in Rome, do as the Romans!

Ist die Bankenkrise in den USA ein Zufall?

Einführungsrede zum Gastvortrag von Jochen Sauerborn, Aufsichtsratsvorsitzender der UBS Deutschland AG am 19. Juni 2008 in der Frankfurt School of Finance and Management

Ich denke, dass man als Laie, als Laiin, von Ihnen sagen kann, dass Sie, Herr Sauerborn, ein Mann mit besonderem Gespür für das Finanzwesen sind und somit sicher für unser Thema der rechte Redner hier bei uns am rechten Ort, in der School of Finance, und auch zu der rechten Zeit. Denn: die Zeit für das Hinterdenken dieser Krise, die als Immobilienkrise der USA begonnen hat und nun eine *weltweite* Bankenkrise ist, ist sicher gekommen. Viele Menschen, sicher auch Teile unserer Mitglieder, haben auf die unterschiedlichsten Weisen Geld verloren:

Die einen sehr direkt durch Immobilien in den USA (im Zeichen der Globalisierung haben ja auch einige Menschen Immobilien in wärmeren Ländern gekauft, wie z. B. Florida), die anderen durch Investitionen in Bankpapiere, nicht nur von amerikanischen Instituten (welcher Laie dachte daran, dass amerikanische Hypothekenpapiere in dieser Form weltweit schneeballartig sogar an Schweizer Häuser weiterverkauft werden!), andere auch durch Währungsverluste (wenn der amerikanische Staat die Zinsen der US-$-Papiere für seine gebeutelten Bürger billig halten muss, dann geht der Dollar runter). Dies wiederum kurbelt die Inflationsgefahr an, es kommt nun auch noch eine Inflationsangst dazu, denn die Inflation beträgt in USA zurzeit circa 4 %! Wir leben also aus Laiensicht plötzlich in einer finanziell gefährlichen Zeit, in der die Bürger sich fragen müssen, wem sie denn noch vertrauen können. Umso mehr, wenn man in der FAZ in einem Interview mit dem Deutschlandchef von Goldman Sachs, Dr. med. Alexander Dibelius, lesen kann (Samstag, 14.6.): „Banker sind nur Erfüllungsgehilfen, nicht aber Ideengeber", eine geheime Wahrheit, die nicht nur Investoren, sondern auch manchem einfachen Bankkunden gelegentlich schon aufgegangen sein und erschreckt haben wird!

Das Thema Ihrer Rede heißt: „Ist die Bankenkrise der USA ein Zufall?" Und ich bin mir ziemlich sicher, dass Sie, wie viele Menschen, schlicht „nein" dazu sagen werden. Ich hoffe, Sie sagen noch ein bisschen mehr, denn: Es interessiert uns natürlich, wie so eine Immobilienblase verursacht und zu einer solchen Hypothekenkrise werden konnte und darüber hinaus zu einer amerikanischen Finanzkrise, ja, zu einer weltweiten, damit man sich für die Zukunft wappnen kann.

Aber betreffs Zukunft: ich habe es schon angedeutet: Es ist vor allem zu einer Vertrauenskrise gekommen! Verlorenes Vertrauen ist schwer zurückzugewinnen! Dies interessiert die Steuben-Schurz-Gesellschaft, älteste deutsch-amerikanische Freundschafts-Organisation natürlich sehr. Einmal, weil es unsere amerikanischen Freunde in den USA betrifft, mit denen zu fühlen wir immer geneigt sind – zum anderen aber auch, weil es unsere amerikanischen Mitglieder betrifft, die in Amerika Dollar verdienen und hier im Euroraum leben und Euro ausgeben müssen. Darüber hinaus ist es auch ein ureigenes Problem der Gesellschaft selbst. Wir haben Programme, vor allem das USA-Interns-Programm, ein deutsch- amerikanisches Praktikantenprogamm für Studierende in Firmen des jeweils anderen Landes, welches wir nicht aus Mitgliedsbeiträgen finanzieren können. Dieses leidet indirekt an dieser amerikanischen Bankenkrise, denn unsere bisherigen Sponsoren schließen ihre Taschen, weil sie angeblich leer sind. So leidet ein ganzes, hervorragendes Jugendprogramm Not, was nicht nur mir Sorgen bereitet. Uns interessiert also, ob man etwas und was man machen kann, damit eine solche Krise nicht wieder passiert! Ich gehe aber persönlich davon aus, dass Menschen letztendlich aus der Vergangenheit entweder gar nichts lernen oder erst im Wiederholungsfall – was eine psychologisch interessante Realität ist.

Ich nehme daraus die Gewissheit voraus, dass wahrscheinlich jede Krise wiederholbar ist, besonders die Krisen, die aus der menschlichen Gier entstehen. Und das scheint hier der Fall zu sein. Gier ist eine urmenschliche Eigenschaft! Die Verehrung des Reichtums kennen wir bereits aus dem 2. Buch Mose durch den Tanz um das Götzenbild des goldenen Kalbes. Goethe lässt Margarethe im Faust sagen: Am Golde hängt, zum Golde drängt doch alles. Es hat sich über *Jahrhunderte* also nicht viel geändert. Wir freuen uns auf Ihre Erläuterungen!

EU in Bewegung – der Lissabon-Vertrag

Einführungsrede zum Vortrag von Bundesverfassungsrichter Prof. Dr. Udo Di Fabio Frankfurt School of Finance and Management 3. Februar 2010

Heute werden viele mit mir übereinstimmen, wenn ich sage: Dieser Raum hat in seiner Geschichte selten so viele Juristen zusammensitzen gesehen!

Lieber Herr Professor Di Fabio, Sie haben mit der Zusage zu dem heutigen Abend uns nicht nur diese Juristenschwemme, sondern überhaupt einen der hochrangigsten Abende der SSG beschert. – Sie rangieren gleich hoch mit jenem Abend der Rede des Bundestagsvizepräsidenten Hermann Otto Solms vor drei Jahren! An solchen Abenden kommen auch viele Menschen zu uns, die sozusagen „geheime" Mitglieder sind. Herzlich willkommen. Wir sind tatsächlich die älteste deutsch-amerikanische Freundschaftsorganisation in der BRD, 1930 in Berlin-Potsdam anlässlich des 200. Geburtstags von Steuben als Steuben-Gesellschaft gegründet, 1948 in Wiesbaden wiedergegründet und bereits ein Jahr später mit der Carl-Schurz-Gesellschaft zusammengelegt, seither mit dem Hauptsitz in Frankfurt.

Was wollen wir? Worauf zielt die Gesellschaft? Sehr verkürzt sage ich immer: auf die Herzen unserer beiden Völker! Das will sagen: wir sind keine Wirtschaftsvereinigung, die gibt es in Frankfurt genug, kein Zusammenschluss von Banken oder Geschäftsleuten, auch die gibt es genügend, wir sind keine politische Partei – wir sind ein gesellschaftspolitisch aufgestellter eingetragener Verein. Wir sind eine Anlaufstelle für deutsch-amerikanische Beziehungen. Wollen rein menschliche Verbindung zwischen unseren beiden Ländern vermitteln und/oder aufrechterhalten, auch falls Politik, Wirtschaft oder die Finanzwelt der beiden Länder gerade nicht miteinander können. Das haben wir in Deutschland auch in den letzten 60 Jahren ja schon erlebt!

Aber: Deutschland steht nicht mehr allein! Wir sind Europäer! Mitgliedstaat der Europäischen Union. Ich möchte an den Weg dahin erinnern: Als der Zweite Weltkrieg zu Ende ging und mit ihm eine zwölfjährige, grauenvolle Diktatur, war dieses Land zerstört und moralisch isoliert – erst langsam sind wir in die Gemeinschaft anderer Staaten wieder aufgenommen worden, ja, sogar als Mitglied in der NATO! Wir haben um neues Vertrauen in uns kämpfen müssen. Ältere unter Ihnen werden sich erinnern. Der Weg war lang, er war unendlich wichtig für dieses Land. Und er hat manchen Verzicht gekostet. Im Alltag vergisst man, wie es angefangen hat. Angefangen hat Europa mit der Montanunion – dann EWG: Europäische Wirtschaftsgemeinschaft, dann EG: Europäische Gemeinschaften, jetzt EU: Europäische Union. Die Meilensteine dorthin heißen:

Vertrag von Paris 1951, Römische Verträge 1957, Fusionsvertrag zu den Europäischen Gemeinschaften EG 1965, schließlich Vertrag von Maastricht 1992, Vertrag v. Amsterdam 1997, Vertrag von Nizza 2001. Schließlich kam anstatt des großen Wurfes einer Europäischen Verfassung, wie es angedacht war, der Vertrag von Lissabon 2007. Dieser war ein geschickter Schachzug, um neuen Diskussionen zu entgehen, denn dessen Inhalte entsprechen ziemlich der angedachten Verfassung.

Für die Bundesrepublik Deutschland, als der große Verlierer nach dem Zweiten Weltkrieg, eine Sternstunde! Oder nicht? Ratifiziert worden ist er in der BRD unter den letzten drei neuen der 27 Mitgliedstaaten, die Ratifizierungsurkunde hat Bundespräsident Köhler erst am 25. September 2009 (zwei Jahre später!) unterschrieben, ab dann ist sie in Rom hinterlegt. Die Verträge von Lissabon konnten erst zum 1. Dezember 2009 ohne großes Aufsehen in Kraft treten. Warum eigentlich kein Aufsehen? Keine Feier? Was war zuvor in der BRD geschehen?

Am Tage der Ratifizierung durch den Bundesrat 2008 hatte der Bundestagsabgeordnete Peter Gauweiler/CSU und ebenso die Bundestagsfraktion der Linken (diese Gemeinsamkeit wäre mir vorher nie in den Kopf gekommen!) beim Bundesverfassungsgericht eine Individual- und eine Organklage eingereicht. Diese wurden im Februar 2009 verhandelt, das Urteil des 2. Senats des Bundesverfassungsgerichts am 30. Juni 2009 in Karlsruhe verkündet!

Ein Mann war an dem Urteil maßgeblich beteiligt: Prof. Dr. jur. Di Fabio. Sie haben das Wort!

Herr Prof. Di Fabio, ich danke Ihnen für diesen Vortrag, für diese Diskussion! Es war ein Highlight. Sie haben uns etwas gesagt über die Rechte der Deutschen in der EU – Sie haben aber etwas – aus meiner Sicht – viel Wichtigeres mitgeteilt: Wir Deutschen müssen uns stärker zu unserer Identität bekennen, jahrhundertelange christlich-jüdische Kultur, 60 Jahre BRD, ein friedlicher Wiederaufbau und eine beispiellose Wiedervereinigung ohne einen einzigen Schuss – wir können und wir sollten uns wieder zu uns als Deutsche bekennen!

Es wird noch ein langer Weg bis zur Herstellung einer europäischen Identität, es wird jedenfalls länger dauern, bis sich die europäischen Völker als ein Volk verstehen werden. Wir haben jetzt diesen Lissabonvertrag und müssen ihn leben, und ihn lebend immer noch verbessern. Er bringt uns aber dem Traum näher eines starken, friedlichen, weil vereinten Europas in einer globalisierten Welt. Einer Welt, in der Menschen ihre Identität als Völker wahren, oder wie wir, wiederfinden und nicht wieder verlieren müssen, und trotzdem in Demokratie und Freiheit gemeinsam leben können! Eine andauernde Herausforderung!

Denn Plato soll bereits gefragt haben: „Ist es nicht so, dass sich die Demokratie selber auflöst durch eine Unersättlichkeit an Freiheit?" Über diese Gefahr wollen wir aber ein anderes Mal reden! Nochmals herzlichen Dank!

Europa am Scheideweg
Einführungsrede zum Vortrag von Bundesverfassungsrichter Prof. Dr. Peter Michael Huber in den Räumen der F.A.Z. am 21. Juni 2018

Europa am Scheideweg – ein Thema, über dessen Aktualität wir uns nicht klar waren, als wir vor Monaten über diesen Abend korrespondiert haben. Das Thema wird fast stündlich aktueller!

Ich möchte aus diesem Anlass fragen: Was ist Europa im Verlauf der Geschichte gewesen? Ein geographischer Subkontinent bis zum Ural, ein lebendes Konstrukt oder doch nur eine kulturelle Idee? Erinnern wir uns! Der sogenannte alte Kontinent, seit Jahrhunderten der Kulturtraum von Generationen, benutzt mit dem Namen Europa einen Mythos zur Namensgebung: benannt nach der Liebe von Zeus zu Europa, der Tochter des Phönizerkönigs. Leider war Zeus verheiratet und musste seiner Gattin Hera etwas vormachen! Er verwandelte sich in einen wunderschönen Stier und näherte sich als solcher seiner Flamme – die ihn natürlich süß fand und kraulte … Sie setzte sich auf seinen Rücken, sofort ging er ins Wasser und schwimmend wurde sie von ihm nach Kreta entführt, wo er sich flux zurück verwandelte in *Zeus* und drei Kinder mit ihr zeugte. Eine Verführungsgeschichte, die übrigens zahlreichen Frauen auch heute noch bekannt vorkommen könnte.

In der Geschichte ist dieses Europa für seine kulturellen Entwicklungen immer berühmt gewesen, aber leider auch für seine vielen Kriege untereinander. Die deutsche Nation, in der Mitte Europas, war zumeist an ihnen beteiligt. Der 30-jährige Krieg, 1648 beendet, war sicher einer der schlimmsten 1918 endete ein ebenso grausamer Krieg! 1945 war der gesamte Kontinent zerstört und Deutschland zum 2. Mal im 20. Jahrhundert geächtet. Das wissen wir alle, vergessen es gern! Aber wir wissen auch, dass es von da an bergauf ging. In ganz Europa – aber besonders in Deutschland – sicher mit Hilfe der Vereinigten Staaten von Amerika. Denn vor 61 Jahren,1957, wurde aus Krieg, Trümmern und Verzweiflung geboren der Vertrag von Rom von den sechs Staaten Belgien, Niederlande, Luxemburg, Deutschland, Frankreich und Italien unterzeichnet; es entsteht die Europäische Wirtschaftsgemeinschaft (EWG) als Beginn des Gemeinsamen Marktes. Das war der Anfang.

Ich will Ihnen die Aufzeichnung des Weges der Europäischen Union bis heute ersparen, viele von Ihnen haben diesen selbst erlebt! Nur noch so viel: 1993 ist der Binnenmarkt vollendet mit den Kennzeichen der vier Grundfreiheiten: freier Verkehr von Waren, Dienstleistungen, Personen und Kapital. In den 1990er Jahren werden zwei wichtige Verträge geschlossen, der Vertrag über die Europäische Union („Vertrag von Maastricht") und der Vertrag von Amsterdam. Seither geht Umwelt uns alle an, aber auch in Bereichen von Sicherheit und Verteidigung kann Europa gemeinsam handeln. 1995 dient ein kleines Dorf in Luxemburg als Namensgeber für die Übereinkommen, die Reisenden die Möglichkeit geben, die Grenzen ohne Passkontrolle zu überqueren. Es heißt Schengen! Ein wirklich großer Schritt, den wir damals als große Erleichterung, ja als Glück feierten ... und uns heute selbstverständlich ist. Seit dem Jahr 2000 haben nun sogar Länder, die sich dazu bereit fühlten, eine gemeinsame Währung, den Euro. Haben wir normalen Bürger damals, als wir nun ohne Pass, ohne vorher getauschte Lira und ohne Gedanken über den Wechselkurs zum ersten Mal nach Italien fuhren, nicht geglaubt, ein Traum sei Wirklichkeit geworden?

Und nun steht Europa trotz dieser ungeheuren Erfolge in der Krise! Dabei ist die EU für die meisten Menschen, vor allem für junge, heute noch der einzig richtige Weg für diesen jahrhundertelang gebeutelten Kontinent. Intellektuelle, die sowohl Platon wie Dante, Shakespeare,

Moliere oder Goethe als Bausteine ihres Denkens benutzen, fanden und finden sich sowieso in Europa wieder. Sie kontaktieren, studieren, wo sie wollen, wie sie wollen, sie reisen ohne Zoll, wohin es sie treibt, handeln und wandeln nach freiem Ermessen. Selbst bildungsferne Gesellschaftsschichten vereint der Europäische Gedanke, wenn nicht im Fußball oder im Eurovision Song Contest, dann spätestens am Strand von „Malle"! Christliche Kirchen, und hier besonders die katholischen, vereinen die Mehrzahl aller Europäer … Warum sieht es trotzdem nicht gut aus für Europa?

Angst wird angegeben: vor Asylsuchenden fremder Kulturen und fremder Religionen, obwohl der Ansturm längst vorbei ist und die Unterkünfte leere Betten haben. 84 Millionen haben Angst vor 2 Millionen? Aber auch Angst vor dem Euro und den damit zusammenhängenden Regulationen geht um, Angst vor Ländern, die Korruption und Betrug, vor allem Steuerbetrug, seit Generationen gewohnt sind.

Dazu kommt noch die Digitalisierung, mit allem, was daran hängt, und vielen zu viel wird – das Tempo – die Globalisierung. Wo bleibt mein Job, wo ist noch Sicherheit, wo noch Rückzug in eine kleine Welt von Ruhe und Gemütlichkeit? Wo findet sich der kleine Mann noch wieder? Und ist er nicht sogar die Mehrheit? An manchen Stellen regiert blanker Egoismus bis zu Hass und führt in rechtsnationales Gedankengut. Wobei gefragt werden muss, ob quer durch Europa die Angst vor fremder Kultur und Religion größer ist oder die vor wirtschaftlich-sozialer Zurücksetzung! In jedem Fall: Angst, Angst, Angst! Ist Europa, als Mythos geboren, als Idee durch die Geschichte gegangen, nicht fähig zur Realität im Kompromiss?

Professor Huber, Sie haben das Wort!

Rede zum 100. Todestag von Carl Schurz – Namensgeber und als 48er Mitglied der Paulskirchenversammlung

Der ursprüngliche Gründungsgedanke der Steuben-Schurz-Gesellschaft war in einem zerstörten und besetzten Deutschland ohne diplomatische Dienste auf privater, rein gesellschaftlicher Basis, zwei Seiten, Amerikaner und Deutsche, zusammen zu bringen, um gegenseitiges Vertrauen zu schaffen.

Auf amerikanischer Seite fehlte das Vertrauen in die neue Gesellschaftsordnung einer sehr jungen Demokratie, auf deutscher Seite das zu einer Besatzungsmacht. Die absolute Integrität der Persönlichkeiten unserer Namensgeber Friedrich v. Steuben und Carl Schurz war dabei wegweisend. Manche Gedanken zur deutsch-amerikanischen Politik sind damals auf Veranstaltungen der SSG erstmals angedacht und off the records vorbesprochen worden. Dies wurde aber zusehends von Regierungsseite übernommen. Geblieben ist der hervorragende Kontakt zu den amerikanischen Militärs, insbesondere zum 5. Corps, dessen Kommandeur immer ex officio auch Mitglied des Präsidiums der SSG war und ist. Das galt und gilt auch für den jeweils amtierenden Generalkonsul in Frankfurt. Mit dem Generalkonsulat verbindet uns einiges. An erster Stelle sei das USA-Interns-Programm genannt. Was sind unsere Aufgaben heute? Wir sind dem Gedankengut unserer Namensgeber, hier des Carl Schurz, weiter verbunden. Wer nun war Carl Schurz eigentlich?

Carl Schurz, auch Karl Schurz, (* 2. März 1829 in Liblar, Preußische

Eröffnung der Carl-Schurz-Gedenkstätte mit Bürgermeister Uwe Becker 2021

Rheinprovinz; † 14. Mai 1906 in New York) war Ende der 1840er Jahre ein radikaldemokratischer deutscher Revolutionär und nach seiner Auswanderung in die Vereinigten Staaten dort während der zweiten Hälfte des 19. Jahrhunderts Politiker. Von 1877 bis 1881 war er unter Präsident Rutherford B. Hayes Innenminister der Vereinigten Staaten. In den Fürstentümern des Deutschen Bundes hatte sich Schurz der demokratischen Bewegung angeschlossen und war an der bürgerlichen Märzrevolution von 1848/1849 beteiligt, insbesondere in der letzten Phase der badischen Revolution von Mai bis Juli 1849. Zwei Tage vor der endgültigen militärischen Niederschlagung der Revolution konnte er aus der von Bundestruppen eingeschlossenen Festung Rastatt entkommen und sich ins Exil absetzen. Daraufhin hielt er sich bis 1852 zeitweilig in Frankreich, der Schweiz und in Großbritannien auf, aber

Wohin kommt welches Exponat? Beim Einrichten der Gedenkstätte: Johannes Ernst, Eckhart Wernicke, Dieter Hansl (von links) werden fotografiert von Gunnar Schanno

auch kurz inkognito in Preußen, um seinem aufgrund revolutionärer Aktivitäten inhaftierten Lehrer und Freund Gottfried Kinkel zur Flucht aus dem Zuchthaus Spandau zu verhelfen.

1852 wanderte Schurz mit seiner kurz zuvor geheirateten Ehefrau Margarethe aus London in die USA aus. Dort wurde er zu einem der bis heute bekanntesten „Forty-Eighters". Der zunächst unter anderem als Publizist und Rechtsanwalt tätige Schurz machte schließlich eine politische, militärische und diplomatische Karriere. 1856 schloss er sich als Gegner der Sklaverei der zwei Jahre davor gegründeten Republikanischen Partei an. Von US-Präsident Abraham Lincoln wurde er 1861 für etwa ein Jahr als Botschafter nach Spanien entsandt. Zurück in den Vereinigten Staaten, diente er im weiteren Verlauf des Sezessionskrieges ab 1862 in der Armee der Nordstaaten, zunächst als Brigadegeneral, zuletzt im Rang eines Generalmajors. Nach dem Sieg des Nordens über die konföderierten Südstaaten und deren Wiederanschluss an die Union wandte er sich als Staatsmann ganz der Politik zu. Er war der erste gebürtige Deutsche, der Mitglied des Senates der Vereinigten Staaten wurde.

Das gesellschaftspolitische Anliegen dieser deutschen Gesellschaft, die den Namen Schurz stolz präsentiert, können wir zurzeit hauptsächlich durch unsere monatlichen Vortrags-Veranstaltungen zu deutsch-amerikanischen Themen darstellen. Aber wir meinen, dass darüber hinaus eine Gedenkstätte die Öffentlichkeit auf Carl Schurz und sein Gedankengut aufmerksam machen sollte. Hier ins Detail zu gehen, würde den Abend sprengen.

Noch ein letztes Wort zu uns: Wir werden auch in Zukunft weiter daran arbeiten, das zu erhalten, was nicht nur zwischen Individuen, sondern auch zwischen Völkern erhaltenswert und wichtig ist: Stability and friendship in a challenging environment.

Die Carl-Schurz-Gedenkstätte wurde in den Jahren 2018–2020 fertiggestellt. Hier finden die vielen Exponate, Erinnerungsstücke, einen bleibenden Platz, welche sich über Jahrzehnte bei der SSG eingefunden hatten. Seitdem wir kein eigenes Office mehr hatten, hatten sie lange Zeit an der Wand hinter meinem Sofa im Wohnzimmer gestanden! Nachdem ich aber aus Altersgründen einen Nachfolger für mein Präsidentinnenamt suchte, suchte ich auch für diese Exponate einen anderen, aber würdigen Platz. Dieser wurde mit Hilfe von Bürgermeister und Stadtkämmerer Uwe Becker im Parterre der Stadtkämmerei, gegenüber der Paulskirche (!), dankenswerterweise ermöglicht! Mit sehr tatkräftiger Hilfe von Johannes Ernst, Gunnar Schanno und Eckart Wernicke wurde dieser Raum bearbeitet und mit zahlreichen, von Dieter Hansl gerahmten Exponaten aus dem deutschen und amerikanischen Leben von Carl, wie wir ihn nannten, bestückt. Zusätzlich wur-

de ein Vertrag über eine Dauerleihgabe mit dem Magistrat geschlossen und die Gedenkstätte endlich 2021 eingeweiht, wenn auch unter Coronabedingungen!

Gleichzeitig erinnerte ich mich an unsere SSG-Reise 2016 nach Philadelphia zur Unterzeichnung des Kooperationsvertrags mit der German Society of Pennsylvania, in der Carl Schurz eines der ältesten Mitglieder war.

Carl Schurz Gedenkstätte

aus Exponaten der SteubenSchurz Gesellschaft e.V

Kuratierung: Johannes Ernst, Gunnar Schanno,

Ingrid Gräfin zu Solms-Wildenfels, Eckart Wernicke,Thomas Young.

Rahmung: Dieter Hansl, gestiftet von Ingrid Gräfin zu Solms-Wildenfels

Schild an der Tür zur CS-Gedenkstätte im Gebäude der Kämmerei Paulsplatz 8, Frankfurt

Wir Kinder des 20. Juli

Einführungsrede zum Vortrag von Berthold Graf von Stauffenberg bei der Steuben-Schurz-Gesellschaft Am 5. Mai 2009 in der HypoVereinsbank, Frankfurt am Main

Unter den Gästen: Elisabeth Haindl, Stadträtin der Stadt Frankfurt, Stadtverordnetenvorsteher Bührmann, Prof. Dr. Friedrich Wilhelm von Hase, ehem. SSG-Präsident David Fisher und Frau Esther Fisher, SSG-Ehrenmitglied Dagmar Westberg

Das Thema: „Wir Kinder des 20. Juli“ ist ein ganz neues Thema. Wer in Deutschland vom 20. Juli spricht, der denkt ganz automatisch an das Attentat auf Hitler am 20. Juli 1944; der denkt an den Versuch einer relativ kleinen Gruppe von Deutschen aus den verschiedenartigsten Schichten der Gesellschaft, der Geschichte unseres Volkes eine andere Wende zu geben, indem sie versuchten, den Kopf eines verbrecherischen Regimes, Adolf Hitler, zu beseitigen.

Kaum jemand denkt an die Familien der Attentäter, vor allem nicht an deren minderjährige Kinder. Wer vom 20. Juli spricht, der denkt daran, dass durch diese Gruppe von Anständigen die Schmach vom deutschen Volk genommen wurde, dass dieses Volk en bloc und ausnahmslos einer Verbrecherbande hinterherlief. Tatsache ist, dass es bereits nach 1933 Widerstand gab, der sich in verschiedenen Gruppen, vor allem um Carl Goerdeler, formierte.

Es sind Bücher darüber geschrieben worden, die natürlich ihren Leserkreis gefunden haben. Aber erst durch Kinofilme ist so richtig bekannt geworden, was damals geschah. Merkwürdigerweise hat die gesamte Welt außerhalb Deutschlands erst durch den letzten, einen

Hollywoodfilm mit dem Namen „Walküre“, mit einem amerikanischen Filmschauspieler, der als Person nicht ganz unumstritten ist, zur Kenntnis genommen, was sich dramatisch in einem Tag zuspitzte. Der Vater unseres Redners Claus Graf Schenk zu Stauffenberg hat das Attentat persönlich auf sich genommen. Dadurch ist der Name Stauffenberg aus den düstersten zwölf Jahren der Geschichte unseres Volkes als ein heldenhafter Lichtblick in die über zweitausendjährige deutsche Geschichte eingegangen. Er hat es mit seinem Leben bezahlt. Kaum jemand denkt dabei an seine Familie und an die Familien der anderen, die mit ihm umgebracht wurden; Familien, die mit bezahlten.

In diesem Jahr 1944 dachten Deutsche nicht mehr viel nach. Alle Menschen waren mit dem Kampf ums Überleben beschäftigt, der Einmarsch der alliierten Streitkräfte erfolgte sehr bald, und der Wiederaufbau eines moralisch und tatsächlich total zerstörten Landes nahm alle Gedanken und Kräfte in Anspruch. Aber auch heute denkt kaum jemand weiter und tiefer in diese Geschichte – und damit auch an die Familien der Widerständler, die in schlimmster Form betroffen waren und von Nazi-Schergen verfolgt wurden. Es wird kaum eine Gruppe von Menschen in Deutschland gegeben haben, welche die Ankunft der alliierten Truppen, und dabei besonders der Amerikaner, sehnlicher herbeiwünschte, als die der Familien des Grafen Stauffenberg und seiner Umgebung. Insofern hat unser Thema auch amerikanische Bezüge.

Ich möchte an dieser Stelle auch auf das Buch „Hitlers Rache“ hinweisen, welches Professor Dr. Friedrich Wilhelm v. Hase herausgegeben hat, den ich herzlich heute hier begrüße. Mit seinen Erlebnissen als Sohn des ebenso umgebrachten Stadtkommandanten von Berlin kann er zum Thema wahrlich beitragen. Ich freue mich, Herrn Heintze begrüßen zu dürfen, dessen Großvater Walter Cramer seit 1933 ein Freund des Leipziger OB Gördeler war, welcher die Kontakte des Gördeler-Widerstandskreises mit deutschen Militärs aufrecht hielt. Auch er wurde nach einem üblen Freisler-Prozess am 14. November 1944 hingerichtet.

Es wurde mit dem Umkreis der Menschen um Stauffenberg nicht zimperlich umgegangen. Die Ehefrauen der Attentäter kamen sofort in Zuchthäuser, ihre Kinder unter falscher Identität in ein NS-Heim. Besitz wurde enteignet. Wir wollen uns heute einmal persönlich Gewissheit verschaffen, was damals geschah, und wie die Sippenhaft der Nationalsozialisten aussah. Graf Stauffenberg, Sie haben das Wort, denn wir wollen diese Missetaten auch nach vielen Jahren weder vergessen noch verdrängen. Sie gehören zu unserem Volkserbe, das Erinnern daran ist daher wiederholungswürdig.

Berthold Graf von Stauffenberg, SSG-Präsidentin und Prof. Dr. Friedrich Wilhelm von Hase

Als Spion unterwegs
Begrüßungsrede zu Stiller/Fischer am 10. September 2014 in den Räumen der F.A.Z. Interview von Werner Stiller alias Peter Fischer durch F.A.Z-Redakteur Peter Badenhop

Unter den Gästen: Past President David Fisher, Ethel Fisher, Florian Neitzert und Mitglieder der SSG
Auszüge aus dem Film von Rudolf Herzog 2012 über Stiller/Fischer

Lassen Sie mich zunächst mit dem Danken beginnen!

Mein großer Dank gilt dem Redakteur Peter Badenhop, welcher heute hier in zweierlei Funktion tätig ist: Er vertritt seine Zeitung, die FAZ. Dadurch ist er sozusagen der Hausherr, der uns dankenswerterweise den Raum zur Verfügung stellt, was uns sehr erfreut! Zum anderen ist er der Interviewer des Abends, denn unser Gast will keine Rede halten. Lieber Herr Badenhop, für beides sehr herzlichen Dank!

Nun komme ich zu unserem Thema heute Abend: 25 Jahre nach dem Mauerfall lautet es „Als Spion unterwegs“. Und damit begrüße ich unseren special guest of tonight: Peter Fischer! Seien Sie uns herzlich willkommen! Dass dieser Raum so voll ist, verdanken wir Ihrem erstaunlichen Lebenslauf! Sie sind ein Mann, der uns eigentlich deshalb so brennend interessiert, weil Sie waren, wer Sie nicht mehr sein wollen: Werner Stiller! Bekannt als Top-Spion der DDR! Daher gehören auch Sie zu denen, die nicht vergessen werden dürfen, denn Ihretwegen hat die DDR erstmals gewankt. Manche mögen aber auch interessiert sein an Peter Fischer, den Niederlassungsleiter von Lehman Brothers in Frankfurt anfangs der 90er Jahre? Oder zurzeit an dem erfolgreichen ungarischen Geschäftsmann? Ich wage zu sagen: Sie sind hervorragend vernetzt, viele kennen Sie, aber wahrscheinlich kennt Sie niemand! Kennen Sie sich?

Sie sind 1947 in der DDR geboren, waren als Jugendlicher in der FDJ aktiv, studierten dann Physik in Leipzig (übrigens kommt man nicht umhin zu sagen: Das Physikstudium in der DDR scheint ein Joker für eine Westkarriere zu sein!), wurden noch als Student 1970 inoffizieller Mitarbeiter des Ministeriums für Staatssicherheit der DDR. Diese Tätigkeit gefiel Ihnen, denn ab 1972 arbeiteten Sie hauptamtlich in der HVA, Hauptverwaltung Aufklärung, waren zuletzt Oberleutnant, zuständig für Spionage im Sektor Nukleartechnik in der BRD und Agentenführer. In dieser ganzen Zeit galten Sie als absolut systemkonform. Sieben Jahre später, im Januar 1979, flohen Sie mit Unterlagen der HVA in den Westen. Weitere vier Jahre später studierten Sie bereits Betriebswissenschaften in St. Louis, sind seither Banker und Kapitalist, nämlich 1983–1990 als Investmentbanker bei Goldman Sachs, später bei Lehman Brothers in Frankfurt/Main, und heute leben Sie als Geschäftsmann in Ungarn – anscheinend in geordneten Verhältnissen. Soweit Ihr heute offizieller Lebenslauf!

Ich möchte den advocatus diaboli spielen, rhetorische Fragen stellen, die Sie sicher nicht beantworten werden – auch nicht sollen – aber sie drängen sich auf: Kennen Sie sich? Sind Sie in sich zuhause? Würden Sie wieder so handeln? Wussten Sie damals, was Sie taten? On the way of no return?

Sie mussten sich innerhalb von wenigen Stunden radikal verändern, um ein anderes Leben führen zu können als das, welches Sie als Agentenführer in der DDR führten. Im engeren Sinne waren Sie selbst ja gar kein Spion, Sie haben Spione geführt. Sie haben Ihre dramatische Flucht selbst provoziert – Sie sind nicht vom BND angeheuert worden, haben sich diesem nicht aus ideellen Gründen angedient, sondern mit dem einzigen Hintergedanken: *Holt* mich *hier raus*! Ich will ein anderes Leben führen! Ein Oberleutnant des HVA, ein *Agentenführer*, riskiert sein Leben und das zugegebenermaßen fragwürdige Glück seiner Familie, lässt Frau und zwei Kinder ahnungslos zurück um, koste es, was es wolle, allein im Westen unterzutauchen. Er hat zwei Alternativen: Glückt es nicht, ist er tot. Wenn es glückt, riskiert er seine eigene Identität. Ein bisschen Tod ist immer dabei. In beiden Fällen wird er ein Teil deutscher Geschichte. War Ihnen klar, was das bedeutet, als Sie die Sache anfingen?

Die Alternative zum Agentenführer im Osten hieß im Westen einsamer Wolf. Selbst den fragwürdigen Ruhm konnten Sie nicht genießen. Sie hatten Ihre Mörder auf den Fersen. Konnten Sie so im Goldenen Westen glücklich werden? Wie Sie sich denken können, lieber Herr Fischer, habe ich mich über Sie belesen. Es wird von Ihnen selbst und über Sie geschrieben und Ihnen in dieser Literatur vorgeworfen, dass Sie keine Ideale, auch keine politischen, gehabt hätten, sondern nur das Novity Seeking Gen.

Es ist das Gen, welches von dem israelischen Forscher Ebstein aus dem Sarah Herzog Memorial Hospital in Jerusalem als das Gen identifiziert wurde, welches alle Menschen, die Gefahren lieben, als Gen besitzen, also Roulette-Spieler, Extremsportler, Pokerer, aber auch ein Werner Stiller. Kann man Opfer eines seiner Gene werden? Sicher ist alles viel komplexer ...

Wir sind gespannt, von Ihnen zu hören, über Sie zu sehen!

- Die dramatische Szene um den gefälschten Reisepass des BND
- die Szene, in der Stiller, Oberleutnant der HVA, verheiratet, zwei Kinder, sich die Papiere erkämpft, mit denen er anschließend innerhalb von Stunden über die Grenze gehen muss
- die nächste Szene: Stiller ist jetzt für die DDR zum Judas geworden
- die nächste Szene: Einstieg bei Goldman Sachs
- die Schluss-Szene: er hat keine Verbindung mehr zum BND. Der Verrat wird geliebt, nicht der Verräter!

25 Jahre Deutsche Einheit!
Kurze Erinnerung an die „Wende" am 3. Oktober 2015 gehalten in der IHK Frankfurt

Unter den Anwesenden: Vizepräsident Thomas Reichert, Geschäftsführer Dr. Jürgen Ratzinger, Geschäftsführer Reinhard Fröhlich, Festredner Professor Dr. Karl-Heinz Paqué

25 Jahre deutsche Einheit, wir feiern diesen Tag! Nun haben wir Deutschen auch einen Nationalfeiertag, wie die meisten Völker dieser Erde, und dürfen stolz darauf sein. Wir feiern ihn in Einigkeit und Recht und Freiheit! Für die Älteren von uns ist es immer noch wie ein Wunder, denn dies ist ein Tag, den selbst vor 26 Jahren kaum ein Mensch für möglich gehalten hätte! Wir wollen uns nochmal erinnern:

Im November 1998 haben circa 20 Millionen Ostdeutsche, Bürger des von der UN anerkannten Staates Deutsche Demokratische Republik, buchstäblich mit den Füßen eine Revolution ohne Gewalt einfach herbeigetreten: nämlich zunächst durch friedliche Demonstrationen mit Kerzen, und dann durch das Stürmen der per Zufall geöffneten Grenztore und schließlich der Mauer! Einmalig in der Geschichte!

Aus dem Slogan: „Wir sind das Volk" wurde: „Wir sind ein Volk!"

Dabei waren wir das wahrlich nicht. Diese Menschen haben die Einigkeit, das Recht und die Freiheit gewählt, wobei sie sicher nicht wussten, was sie taten! Ein Teil von ihnen hat wohl auch ein anderes, sozialistischeres Ergebnis erhofft. Nach 44 Jahren Diktatur wussten die meisten der DDR-Bürger damals wohl kaum, was Freiheit eigentlich bedeutet! Natürlich beinhaltet es die Möglichkeit der freien Reisewahl, die Redefreiheit und die der freien Berufswahl – alles wundervolle Freiheiten für die, die diese nicht hatten! Aber jedes Ding hat zwei Seiten.

Selbstverantwortung ist die Kehrseite der Medaille Freiheit, eine Verantwortung, die ihr Staat ihnen regelrecht ausgetrieben hatte. Zur Übernahme der Selbstverantwortung für die eigene Person gehört aber auch Vertrauen in die eigene Person. Woher sollten sie die nehmen, wenn alles vorgeschrieben, Eigenverantwortung nicht erwünscht war? Die Partei richtete alles. Es fehlte aber nicht nur am Vertrauen in sich selbst, es fehlte generell an Vertrauen: in den Rechtsstaat, zu Fremden, ja selbst zu Nachbarn oder sogar Freunden und Familie. Vorsicht war geboten, oft mit Berechtigung.

Vor 25 Jahren ist Ostdeutschland schnell der BRD beigetreten, es war sicher von beiden Seiten ein Abenteuer ohne Blaupause! Denen, die dies ausgehandelt haben, müssen wir dankbar dafür sein. Bei allen Fehlern, die natürlich auch gemacht worden sind, ist es eine einmalige Leistung der Staatszusammenführung in der Geschichte der Völker! Dabei wurden blühende Landschaften im Osten versprochen, auch den etwas skeptischen Westdeutschen, die sich in der Bonner Republik wohl fühlten! Und sich zunächst Berlin als Bundeshauptstadt gar nicht vorstellen konnten ...

Kohls blühende Landschaften ließen auf sich warten, aber man konnte sie bald keimen sehen. An Berlin haben wir uns mehr als nur gewöhnt. Wir wissen jetzt, dass es mehr hergibt als Bonn. Nicht nur als Stadt, auch im übergeordneten Sinn! Auch wir mussten uns hier ändern, an einen größeren Status gewöhnen. Das erhoffte bessere Leben entwickelte sich nicht für alle DDR-Bürger, alle „offenen Rechnungen“ des ostdeutschen Staates konnten nicht von Westdeutschland so bezahlt werden wie von manchen erwartet wurde. Aber sicher war das Leben für die überwiegende Mehrheit besser – sicher nicht sofort – aber sicher bis heute. Und wir stecken weiter drin ... Und wir erleben gerade, dass wieder Tausende unser Land mit den Füßen wählen! 2015: WAS für ein Jahr!

50 Jahre Kennedy in Hessen am 25. Juni 2013

Rede in Wiesbaden

Anlässlich des 50-jährigen Jubiläums des Besuchs von J. F. Kennedy (1917–1963) lud der Hessische Ministerpräsident Volker Bouffier zu einem Erinnerungsempfang mit den Schülern Wiesbadener Schulen am 25. Juni 2013 in die Wiesbadener Kurhaus-Kolonnaden ein.

Herr Ministerpräsident Bouffier, Ambassador Murphy, Consul General Milas, Herr Oberbürgermeister Müller, verehrte Ehrengäste, meine Damen und Herren, vor allem aber: liebe Schüler und Schülerinnen Wiesbadener Schulen! Es ist wichtig, dass Ihr Schüler heute und hier etwas aus der nahen Vergangenheit erfahrt, die im Unterricht meist nicht besprochen wird.

Ich möchte mich gleichzeitig im Namen der Steuben-Schurz-Gesellschaft bei Ihnen, Herr Ministerpräsident Bouffier, herzlich für die Anerkennung bedanken, die unserer Gesellschaft heute hier zuteil wird! Es ist eine Ehre und Genugtuung für 65 Jahre Arbeit an der deutsch-amerikanischen Freundschaft, welche uns allen guttut! Wir alle sind aber heute vor allem zusammen, um des Besuchs John F. Kennedys in Hessen zu gedenken! Mir geht es dabei besonders um seinen berühmten, in Berlin gesprochenen Satz, den alle Deutschen kennen. Es ist ein Satz, mit dem er sich mit seinen ehemaligen Feinden absolut identifiziert. Mit dem er, einmal ausgesprochen, in tausenden fremden, der absoluten Ungewissheit ausgelieferten Menschen wieder Vertrauen in eine bessere Zukunft für sich selbst herstellt! Und er gab gleichzeitig allen Deutschen Kraft!

Es gab zu dieser Zeit nämlich wenige, die bereit waren, sich mit uns zu identifizieren; noch waren wir Mitbürger der anständigen Welt auf

Probe. Und haben dies auch an vielen Stellen zu spüren bekommen! Wären die Deutschen nicht bereits durch die Carepakete, den Marshallplan und die Luftbrücke zu den größten Fans der US-Amerikaner geworden, sie wären es am 26. Juni 1963 geworden!

Die Steuben-Schurz-Gesellschaft, die zu vertreten ich die Ehre habe, war auch damals schon, wie heute, die älteste deutsch-amerikanische Freundschaftsorganisation in der BRD. Wir waren damals schon dabei! Zu Beginn der SSG waren es große Zeiten für uns, denn sie waren gestalterisch! Und wir waren mitten im politischen Geschehen! Der erste Präsident unserer Gesellschaft, lieber Herr Bouffier, war IHR Vorgänger, der erste MP Hessens, Prof. Dr. Karl Geiler. Ich finde, das ist die beste Reklame für uns! Vielleicht sogar eine zum Nachmachen?

In den Jahren nach der Wiedervereinigung, als viele Amerikaner das Land verließen (welches nicht mehr verteidigt zu werden brauchte), haben sich die Schwerpunkte der SSG aus dem Politischen heraus verlagern müssen. Wir haben sie auf Serviceleistungen für Studenten verschoben, vermitteln seit 20 Jahren im USA-Interns-Programm Studenten beider Nationen in das jeweils andere Land, mittlerweile sind es weit mehr als 400, sämtliche durch unsere Koordinatorin Juliane Adameit hervorragend organisiert. Außer dieser Vermittlungstätigkeit vergeben wir jährlich seit circa 30 Jahren je ein Luftbrückenstipendium für einen US-amerikanischen Studenten nach Deutschland und neuerdings ein Albrecht-Magen-Stipendium für einen Deutschen in die USA! Es ist unsere Arbeit für die Jugend unserer Völker! Wer die Jugend hat, hat die Zukunft! Unser seit 1989 jährlich zu vergebender Medienpreis geht dieses Jahr am 2. September an den amerikanischen Journalisten Don F. Jordan, welcher objektiv und positiv über unsere beiden Länder berichtet. Unser Preis für die aktivste deutsch-amerikanische Städtepartnerschaft ist brandneu, der dritte ging 2012 an Seligenstadt / Brookfield-Wisconsin – hier fördern wir die Wurzeln einer

Gemeinschaft, indem wir Familien beider Länder verbinden. Mit unseren Zweigvereinen Berlin, Potsdam und Magdeburg sind wir auch gesamtdeutsch aufgestellt. Darauf möchte ich ganz besonders hinweisen! In den USA sind wir eine Cooperation mit der Hessen-Wisconsin-Society eingegangen, dankenswerterweise mit der Unterstützung des Landes Hessen und besonders von Ihnen, Herr Minister Boddenberg! Sie sind wahrlich ein guter Freund der Sache!

Zuletzt möchte ich etwas zu unserem wichtigsten Hauptprogramm, der Seele der Gesellschaft, sagen – den monatlichen Vortragsveranstaltungen. Hier wollen wir das neue Bild Amerikas den Deutschen immer wieder erklären. Denn dieses hat sich nach 9/11 verändert – das freiheitlichste Land der Erde muss einen Krieg gegen den Terror führen, um sich selbst und seine Soldaten zu schützen – auch mit hinterfragbaren Mitteln. Es sind eben andere Zeiten aufgekommen, in denen sich manchmal Nebelschwaden auf dem Atlantik bilden, die den Blick verdüstern. Hier sind wir, gemeinsam mit vielen anderen – auch psychologisch erklärend – gefragt. Im Klartext: wir betreiben seit 65 Jahren Völkerverständigung unter Freunden auf ganz unterschiedliche und vielfältige Weise! Wir sind dabei nicht wirtschaftlich, aber gesellschaftspolitisch unterwegs.

Herr Ministerpräsident Bouffier, Ambassador Murphey,

verehrte Ehrengäste, meine Damen und Herren,

Ich komme zurück an den Anfang meiner Rede: Selten hat ein einziger Satz in der Geschichte so viel Bedeutung gehabt, wie der von John F. Kennedy, den gemeinsam mit seinem in Berlin gesprochenen Satz zu ehren wir heute hier zusammen sind!

Aus der Weltgeschichte sind mehrere Sätze bekannt, die im alten Europa schicksalsträchtig gesprochen wurden und von Generation zu Generation weitergegeben wurden, so z. B.

– Morituri te salutants! aus dem alten Rom
– Kerle, wollt ihr ewig leben? Friedrich der Große zu seinen Soldaten

Ministerpräsident a.D. Volker Bouffier, damals noch hessischer Innenminister, mit IzS und Barbara Freifrau v. Kittlitz

- Hier stehe ich, ich kann nicht anders! Luther vor dem Wormser Reichstag
- Ich habe nichts anzubieten außer Blut, Mühen und Tränen … Churchill vor dem Unterhaus ...
- Wollt Ihr den totalen Kriegs? Göbbels

Diese Sätze spiegelten alle in irgendeiner Weise negative Gefühle, ja Lebensverachtung wider. Der Satz Luthers: „Hier stehe ich, ich kann nicht anders“, ist im Vergleich zu den anderen relativ am positivsten zu beurteilen.

Und nun kommt da im Jahr 1963 ein junger Mann als mächtigster Mensch der Erde in ein geteiltes Land, mit dem sein Volk einen harten

Krieg geführt hat, in dem Tausende seiner Landsleute gefallen sind, und der erst 17 Jahre vorher beendet wurde, und spricht einen Satz, mit dem er sich mit seinen ehemaligen Feinden absolut identifiziert. ICH BIN EIN BERLINER.

Diese Satz hat Weltgeschichte gesprochen!

Denn dieses durch sechs Jahre Krieg und zwölf Jahre Hitlerwahn geschundene Volk war zur Dankbarkeit fähig! Wir sind dazu auch heute noch fähig – nachdem die große amerikanische Hilfe bei der friedlichen Wiedervereinigung das Bild abrundet. Wer, wenn nicht wir, dürften darüber sprechen?

Ich spreche im Namen der Steuben-Schurz-Gesellschaft e.V., der deutschlandweit aufgestellten ältesten deutsch-amerikanischen Freundschaftsorganisation in der BRD, denn es gibt uns schon mit der üblichen Unterbrechung seit 1930.

Herr Botschafter, bitte übermitteln Sie Ihrem Präsidenten und Ihren Landsleuten unser aller Dankbarkeit!

Thanksgiving 2015
Rede zum Thanksgiving-Dinner im Maritim Hotel Frankfurt

Was für ein Jahr, was für eine sorgenvolle Zeit!

Als erstes möchte ich allen, die heute hierhergekommen sind, um das amerikanischste aller Feste mit uns und unseren amerikanischen Freunden zu feiern, nämlich das Thanksgiving der Amerikaner, herzlich dafür danken! Dieses so friedliche Fest der Dankbarkeit für gelungene Arbeit eines Jahres zu besuchen, ist heute bereits nicht ohne Risiko! Eigentlich unfassbar!

Lassen Sie mich aber zuerst unsere Redner begrüßen: Brigade General Phillip S. Jolly. Sie vertreten heute bei uns Ihr Land, die Vereinigten Staaten von Amerika, in Vertretung des Oberkommandierenden der US-Europa-Armee General Ben Hodges, der selbst im Januar unser Gast war. Ich danke Ihnen ganz besonders!

Es ist nicht nur eine große Ehre für unsere Gesellschaft, sondern auch eine persönliche Freude für mich, die ich erst unlängst beim Yorktown Dinner des Generals in Erbenheim unsere gemeinsamen Wurzeln, nämlich den preußischen General Steuben feiern durfte! Unser Namensgeber, Ihr Drillmeister! Seien Sie uns wärmstens willkommen!

Ich freue mich, dass die Stadt Frankfurt uns heute die Ehre gibt, und dass in Vertretung von Oberbürgermeister Feldmann der Stadtrat Michael Paris, unser Präsidiumsmitglied, heute Abend bei uns ist. Er ist zwar nicht persönlich als Mitglied der Entourage der Stadt nach Philadelphia zum Verschwisterungsfest gereist, aber er kann uns sicher etwas zu diesem großartigen Ereignis sagen. Denn wir, als älteste deutsch-amerikanische Freundschaftsorganisation in der BRD, sind sehr interessiert an dieser Städtepartnerschaft, auf die wir so lange gewartet haben. Nicht zuletzt deswegen, weil sie mit der GERMAN SOCIETY of PENNSYLVANIA in Philadelphia die älteste amerikanisch-deutsche Freundschaftsorganisation in den Vereinigten Staaten, sozusagen unser Pendant, beherbergt. Ich werde noch darauf zurückkommen! Die dortige Gesellschaft ist 250 Jahre alt, die älteste einer Ländergesellschaft in ganz USA, besitzt ein eigenes Haus und in diesem die älteste Bibliothek der Vereinigten Staaten mit 80.000 Bänden.

Um ihr Interesse an uns als ihrem Pendant im Geiste zu zeigen, hat der Präsident der German Society of Pennsylvania, Hardy von Auenmueller, uns ein überwältigendes Geschenk gemacht! Hier steht es, es ist eine Kopie des Originals der Unabhängigkeitserklärung der Vereinigten Staaten von Amerika, am 4. Juli 1776 in Deutsch veröffentlicht! *Warum* in Deutsch? Die deutsche Zeitung war damals die einzige, die in Philadelphia täglich erschien! Die englische Zeitung war ein Wochenblatt. Der englische Text erschien daher drei Tage später! Ich habe mich im Namen der Gesellschaft sehr herzlich für dieses wunderbare Geschenk bedankt – wir wissen nur noch nicht, wo es hängen soll – allerdings meinte Hardy v. Auenmüller sehr pragmatisch, wir müssten jetzt eben für ein Vereinshaus sorgen!! Er ist eben ein typischer Amerikaner geworden!

Bei diesem Satz muss ich wieder auf das große Ganze zurückkommen. Seit nunmehr 84 Jahren (nämlich seit Gründung in Berlin 1930) oder 67 Jahren (seit der Wiedergründung 1948) arbeitet diese Gesellschaft unverdrossen durch politische Unwetter an dem Hinweis auf die in vielen Ebenen gelebte Wertegemeinschaft zwischen den beiden Völkern der Vereinigten Staaten von Amerika und Deutschland. Diese Wertegemeinschaft ist das Fundament der Freundschaft, einer Freundschaft, die gemeinsam mit Frankreich zu den historisch gewachsenen europolitischen wie amerikanischen Idealen steht: Freiheit, Gleichheit, Brüderlichkeit! Liberté, Egalité, Fraternité! Wir als SSG verstehen unsere Aufgabe darin, dass wir ein ständiges, stetiges und stabiles Bollwerk sind für diese Werte und gegen Anti-Amerikanismus in diesem Land – denn er ist latent vorhanden. Einfach dadurch, dass wir Zeichen setzen, öffentlich präsent und stark sind – auch mitgliederstark!

Im Vordergrund steht dabei die gesellschaftspolitische Ausrichtung der SSG, die nicht rein wirtschaftlich oder rein politisch ist wie die anderer Wettbewerber. Wir beziehen uns mit unseren Aufgaben der Städtepartnerschaften, der Jugendverbindungen (USA-Interns-Programm, Dr. Albrecht-Magen-Stipendium, Luftbrückenstipendium) und des Medienpreises auf die Wurzeln des Zusammenlebens dieser beiden Völker, auf die Familien!

Im Januar haben wir noch etwas kritisch in das Jahr geschaut, da wir den Namensrechtsstreit mit dem Steuben-Verein Magdeburg e.V. vor uns hatten. Im Juni war ich in der Verhandlung beim Amtsgericht noch im streitbaren Clinch mit dem dortigen Vorsitzenden geraten. Aber ich habe im Anschluss daran dem neuen Vorsitzenden Stehli geschrieben und mitgeteilt, dass wir in *jedem* Falle, also auch bei einem unwahrscheinlichen Prozessverlust in Magdeburg den Sitz in der Stadt nicht aufgeben würden, da es die Geburtsstadt unseres Namensgebers ist! Aus einer Situation der Stärke heraus habe ich eine Win-win-Situation vorgeschlagen, auf die der neue gegnerische Vorstand eingegangen ist. Nun werden unsere Gegner sich Anfang 2016 als Zweigverein Magdeburg, aber e.V., also mit eigenständiger Steuernummer und daraus resultierender Verantwortung, unter unser Dach der SSG begeben. Es ist für uns eine günstige Variante, da wir dadurch weniger Arbeit und Verantwortung haben, aber unsere alten Mitglieder zurückbekommen. Außerdem werden wir ein weiteres Standbein in Ostdeutschland haben!

Wir werden aller Voraussicht nach 2016 einen Partnerschaftsvertrag mit der German Society of Pennsylvania unterzeichnen, wie wir einen solchen mit Wisconsin bereits haben. Dieser wird aber nicht nur von uns, sondern auch von der amerikanischen Seite mit Enthusiasmus verfolgt. Hier danke ich besonders unserem Vizepräsidenten Dr. Tom Young und seiner Frau Sigrid für ihren Einsatz, denn Tom stammt aus Philadelphia und hat dort auch noch Familie! Sie alle sprachen für uns!! Rüsten Sie sich, liebe Mitglieder, fliegen Sie im April mit mir nach Pennsylvania. Ich halte diesen Vertrag für notwendig, diese Bollwerk-Aufgabe der SSG nach wie vor für wichtig! Vor allem dann, wenn die offizielle Politik der beiden Länder wieder einmal Unabhängigkeit von einander signalisieren sollte. Dann halten wir stetig und ständig dagegen.

Diese Wertegemeinschaft ist wichtig in einer Zeit, in der der Wind kälter bläst. Deshalb möchte ich die Gelegenheit benutzen und auf unsere Stetigkeit hinweisen, und unseren amerikanischen Freunden sagen, dass diese Verbindung zu Amerika für uns Deutsche als ein Volk in der Mitte Europas, also zwischen WEST und OST, auch Naher Osten und Vorderer Orient sind einbezogen, lebenswichtig und unverzichtbar ist! Diese Wertegemeinschaft zu den USA immer wieder deutlich zu machen, deutlich zu halten und zu stärken, ist unsere in Jahrzehnten gewachsene wichtige Aufgabe!

Kein Land der Erde hat uns je so geholfen wie Amerika – und wenn nötig, wird Amerika politisch wieder zu uns stehen als einem aufgeklärten, demokratischen, freiheitsliebenden Land in der Mitte Europas!

Die SSG lebt diese Freundschaft! Wir setzen Zeichen! In diesem Sinne möchte ich einen Toast ausrufen: „I now ask you to stand up and raise your glasses for a toast. To the president of the United States of America, Barack Obama! To the president of the Federal Republic of Germany, Joachim Gauck!

I wish all of you a happy thanksgiving! Thank you!

Hardy v. Auenmüller (links), seit jungen Jahren Amerikaner, arbeitet unermüdlich und vielfältig an deutsch-amerikanischen Beziehungen, zumeist für die German Society of Pennsylvania, oder für die German-American Heritage Foundation of the USA. Tony Michels (rechts), noch in Essen geboren, war zu dieser Zeit Präsident der German Society of Pennsylvania.

Thanksgiving 2018

Rede beim Thanksgiving Empfang der Steuben-Schurz-Gesellschaft Montag, 19. November 2018, Hotel Intercontinental Frankfurt

Seien Sie mir alle sehr herzlich hier und heute willkommen, ich freue mich über jede und jeden der Anwesenden in diesem schönen Ambiente und für diesen besonderen Anlass. Thanksgiving – das amerikanischste aller unserer Feste. Leider kann ich nicht jeden einzeln begrüßen. Aber einige Personen möchte ich doch besonders hervorheben. First of all a special and very warm welcome to you, Consul General Patricia Lacina, it is honour and pleasure to have you with us this evening – since 1930 our society has bonds with the American people by fostering friendship and stability beyond politics. Almost all former High Comissoners and Consul Generals have been associated with the SSG and have spoken to our members. With many of them we could say: we became friends. Now we are hopefull once again! We are eager to listen to your words and welcome you from the bottom of our hearts!

Mein Dank gilt vor allem den Mitgliedern, die sich 2018 in überaus schwierigen politischen Zeiten zur Mitgliedschaft entschlossen haben und damit Flagge zeigen! Mit uns, der SSG, vertreten Sie damit einen Verein, der die deutsch-amerikanische Freundschaft kontinuierlich seit 1930/48 in Deutschland pflegt, also insgesamt nunmehr 83 Jahre, das ist eine lange und gute Zeit! Da sind politisch widrigste Zeiten eingeschlossen – die wir überstanden haben. Die SSG hat somit ihre Expertise des Zusammenhalts bewiesen zwischen dem deutschen und dem amerikanischen Volk – und zwar über jede Politik hinaus! And on we go …

Wie auch im letzten Jahr haben wir wieder eine positive Mitgliederbilanz von 514 Mitgliedern!

Thanksgiving, meine Damen und Herren – das bedeutet, wie alle wissen:

Erntedankfest! Solche Ernten werden im Herbst eines jeden Jahres eingefahren –

2018 – was für ein Herbst, was für ein Jahr, was für eine Ernte? Es ist das Jahr der 100. Wiederkehr des 9. November 1918, als der Waffenstillstand eines schrecklichen Krieges unterschrieben wurde, das Jahr der 95. Wiederkehr des Röhm-Putschs, mit dem das Elend begann, das Jahr der 80. Wiederkehr der schändlichen Reichspogromnacht.

Ja – und gerade weil wir von da, nämlich aus dem Dunkel, kommen: 2018, es ist in Deutschland ein Jahr des Friedens, der Freiheit und der Würde! Der Sozialstaat – viel beklagt – funktioniert und wird von vielen beneidet.– Das Flüchtlingsthema entkrampft sich, wirtschaftlich und insgesamt ist es wahrscheinlich das beste Jahr, das dieses Volk bisher hatte! Und trotzdem ein merkwürdiges Jahr – nicht nur hinsichtlich des Wetters – ein Jahr, welches politisch insgesamt auf die meisten Menschen chaotisch wirkte: Trump, Brexit, Italien – drohende Fahrverbote, Krach und Ärger, wo man ihn nicht sehen will, merkwürdige Landtagswahlen … Insgesamt ein Wechselbad der Gefühle – und manchmal Scham über so manchen Führungsstil. Dies nicht nur über den im Ausland, sondern auch bei uns.

Es gilt aber trotzdem zu feiern! Wir haben Stabilität und Stärke in großartiger Form – und dazu haben uns unsere amerikanischen Freunde geholfen!

Amerika hat uns so viel Gutes getan, das wir nicht vergessen werden. Amerika hat uns zu unserer heutigen Stabilität und Stärke verholfen wie kein anderes Land der Erde! Da die Jugend und Neubürger wenig davon wissen, gilt es, diese Tatsachen immer wieder zu erwähnen. Die

Vereinigten Staaten waren unsere Schutzmacht nach dem Zweiten Weltkrieg, wie sie die gefühlte Schutzmacht vieler Menschen weltweit waren, die sich unterdrückt und gedemütigt gefühlt haben – eine moralische Instanz, ein wahrgewordener Menschheitstraum. Gerade wir Steubener können historische Hinweise auf unser Amerika geben, wie es sich in unsere Herzen gebrannt hat. Das gehört zu unserer Aussage als Gesellschaft: nämlich Beispiele von Deutschen zu geben, die aus unserem Land geflüchtet sind wie heute viele Syrer aus ihrem Land, und als Flüchtlinge in den USA Menschlichkeit erfuhren: Ich nenne pars pro toto: einen Homosexuellen, nämlich Friedrich Wilhelm Baron von Steuben, einen Terroristen, nämlich Carl Schurz, einen rassistisch Ausgegrenzten, nämlich Henry Kissinger!

Drei Beispiele aus Tausenden dieser Art aus drei Jahrhunderten damaliger Offenheit der Vereinigten Staaten von Amerika gegenüber Flüchtlingen, die zu den Größten in ihrer neuen Heimat wurden! Vielleicht sollte es uns zu denken geben, die wir in Deutschland allzu starke Ängste vor Flüchtlingen geschürt bekommen!

Weitere Beispiele unseres positiven Amerikabildes, das wir als SSG vertreten, sind andere sehr bekannte Tatsachen: Carepakete, Marshall-Plan, Berliner Luftbrücke, aber vor allem die deutsche Wiedervereinigung. Dies alles wurde von der damaligen Politik, aber von größten Teilen der amerikanischen Bevölkerung getragen. Und vergessen wir nicht Tausende von amerikanischen Soldaten, die in Deutschland stationiert waren und die, zurückgekehrt in ihre Heimat, zumeist auch heute noch unsere Verbündeten der Herzen sind! Sie sind uns auch in Zukunft weiter sehr willkommen! Wir kennen nämlich den Ostwind, kennen aber noch keine Europaarmee, wir stehen daher zur Nato! Lieber General Renk, ich bitte hier um Grüße an General Cavoli als dem Oberkommandierenden der US-Streitkräfte in Europa.

Meine Damen und Herren: In der internationalen Politik geht es um Macht, um wirtschaftliche Größe, ja, um Geschäfte, um militärische

Stärke. Letztendlich aber sollte es um den Menschen gehen! Dem amerikanischen wie dem deutschen einzelnen Bürger sind Macht, Größe und Stärke nicht wesentlich – ihm geht es um ein anständiges Leben in Freiheit, in Frieden, in gesicherten Verhältnissen für die Familie. Was kann nun eine kleine deutsch-amerikanische Gesellschaft wie die SSG tun, um diese Gemeinsamkeiten zu bewahren? Es ist schwer.

Meines Erachtens kann sie nur immer wieder versuchen, das jeweils andere Land menschlich zu erklären! Was man menschlich erklärt bekommt, versteht man und kann man letztendlich akzeptieren. Darin liegt unsere wahre Aufgabe! Erklären und auf Gemeinsamkeiten verweisen. Wir tun es vielseitig, mit vielen Programmen, die ich bereits vorgestellt habe, vor allem, um der Jugend das jeweils andere Land zu eröffnen, damit sie es sich selbst erklären! Das ist meiner Meinung nach der beste Weg!

Eine solche Freundschaftsgesellschaft kann sich mit vielseitigen Verbindungen und Verträgen in den USA vernetzen, z.B. mit anderen Vereinen wie der German Society of Pennsylvania in Philadelphia, oder dem Hesse-Wisconsin Verein in Milwaukee, neuerdings angedacht mit dem German Marshall Fund for the U.S. in New York, oder der German Heritage Foundation in Washington. Eine solche Gesellschaft kann andere Gesellschaften einbinden wie AGBC, die DIG, die Frankfurt Philadelphia Gesellschaft. Wir können die Vernetzung besonders gut machen anlässlich des German Year 2019 in den USA. Wenn wir hinfahren! Alles das tun wir gemäß unseres Mottos:

„Providing stability and friendship in a challenging environment.“

Ich komme zum Schluss:

Die in der amerikanischen Verfassung niedergelegte Staatsform der DEMOKRATIE, und die in der deutschen Verfassung beschriebenen und in der deutschen Hymne besungenen Werte: Einigkeit, und Recht und Freiheit – mögen sie Wegweiser für unsere gemeinsame deutsch-amerikanische Zukunft sein! In diesem Sinne: Happy Thanksgiving!

Was ist Freundschaft?

Gefragt am Beispiel deutsch-amerikanischer Freundschaft und ausgewählt am Beispiel Daniel Pastorius, Friedrich Baron von Steuben, Carl Schurz und Henry Kissinger

Rede am 11. 9.2019 im International Women Club FFM

Deutsch-amerikanische Freundschaft ist heute ein schwieriges Thema. Ich möchte daher hinter das Wort Freundschaft ein Fragezeichen setzen.

Warum? Es hängt damit zusammen, dass Freundschaft generell ein sehr komplexer Begriff ist. Menschen verstehen darunter unterschiedliche Dinge. Manche unterscheiden zwischen Männer- und Frauenfreundschaften, zwischen beruflichen und privaten, bezweifeln, ob es Freundschaften zwischen den Geschlechtern geben kann. Und dann unter Völkern? Unlängst bin ich auf einem 60. Geburtstag gewesen, an dem die üblichen Reden zahlreich gehalten wurden. Zuletzt sprach ein ehemaliger Schulfreund über die langanhaltende Freundschaft! Zu dieser langen Zeit konstatierte er: Lange Freundschaft braucht ein kurzes Gedächtnis!

Das muss man sich auf der Zunge zergehen lassen, denn damit ist zum Thema Freundschaft eigentlich bereits alles gesagt! Besonders betreffs einer politischen Freundschaft! Denn Freundschaft braucht Nähe, und Nähe führt auch zu Verletzungen. Wenn Freundschaft überwiegen soll, muss man deshalb vergessen können.

Ich war 14 Jahre Präsidentin der ältesten deutsch-amerikanischen Freundschaftsorganisation in Deutschland, der Steuben-Schurz-Gesellschaft, und habe fraglos Erfahrungen mit dem deutsch-amerikanischen Verhältnis gesammelt – vor allem in der letzten Zeit. Sie denken an die letzten zweieinhalb Jahre? Ja, ich meine auch diese, aber nicht nur: Ich denke an die Jahre seit der Wiedervereinigung, als der große Friede ausgerufen wurde und amerikanische Truppen deutschen Boden verließen. Das Verhältnis wandelte sich, wurde anders – oberflächlicher – vielleicht amerikanischer? Zu den Veranstaltungen mussten offizielle Amerikaner nun intensiv und mehrmals gebeten werden.

Lassen Sie uns deshalb betreffend dieser Freundschaft etwas tiefer denken. Warum sind wir überhaupt mit den USA befreundet oder nennen es so? Wir werden uns einig sein, dass völlig gegensätzliche Menschen schlecht befreundet sein können! Das gilt auch für Völker. Zum Beispiel könnten wir uns schlecht als befreundet mit einem Staat bezeichnen, der von Islamisten regiert wird. Die Tiefe einer Freundschaft, besonders einer politisch motivierten, braucht gemeinsame politische Interessen, die es nicht andauernd gibt, daher ist zum Vergessen gelegentlich eine rosarote Brille von Nöten – nämlich die einer gewissen Mentalitäts-Ähnlichkeit, die viel versteht und daher viel verzeiht.

Hier möchte ich ansetzen, Gemeinsamkeiten suchen und den Einfluss deutscher Menschen auf amerikanische Kulturgeschichte, auf amerikanische Mentalität beleuchten! Da können wir auf circa 400 Jahre zurückblicken, in denen Deutsche ihr Denken, ihr Fühlen, ihr Bauchgefühl – und ihr Handeln – durch Emigration nach USA mitbrachten!

Nach den Annalen ist mit Daniel Pastorius 1683, also Ende des 17. Jahrhunderts, der erste Deutsche in der neuen Welt an Land gegangen, welcher dann dort siedelte. Er kam aus Sommerhausen bei Würzburg, war Jurist und lebte länger in Frankfurt am Main. Er hatte sich dort einer pietistischen Gruppe angeschlossen und kam dadurch in politische Schwierigkeiten. Die Pietisten gründeten eine Land-Kompanie und schickten Pastorius gewissermaßen zur Erkundigung, als Bodenbereiter, in die neue Welt. Die Fahrt an Bord des Schiffes Concordia dauerte 75 Tage; die Concordia kam Gottseidank an! Es ging damals ähnlich zu wie heute im Mittelmeer, allerdings wurde niemand vom Land abgewiesen, von den Indianern aber auch nicht gerade bejubelt!

Um es kurz zu machen: Pastorius blieb, um in Philadelphia ein neues Leben zu gestalten und gründete dort Germantown. Ihm folgten 13 Tuchhändler aus Krefeld, ihnen „besorgte" er Land (was immer das „besorgen" bedeutete), es sollen 63 Quadratkilometer gewesen sein. Pastorius erwies sich als ein außerordentlich moralischer Pietist und hat sich schon damals gegen die Haltung von Sklaven und für die Indianer eingesetzt. Wie auch auffällig viele andere Deutsche nach ihm!

So war Daniel Pastorius einer der ersten der unendlich vielen Menschen aus den verschiedensten Ländern, die jahrhundertelang aus Verfolgungsgründen kultureller, politischer, rassistischer, religiöser, aber auch krimineller Art bis heute ihre Heimat verließen, um in der neuen Welt ein anderes, ein besseres Leben zu suchen. Hören wir das nicht seit 2015 auch immer wieder? Wiederholt sich Geschichte?

Das folgende 18. Jahrhundert war für Amerika das der Unabhängigkeitskriege, hier kommt der Deutsche Friedrich Baron von Steuben ins Spiel! Er war in Deutschland eine etwas zwielichtige Gestalt, hatte als Offizier unter Friedrich dem Großen sehr erfolgreich preußischen Drill, Ordnung, Zuverlässigkeit, Gehorsam gelernt, wurde allerdings vom König entlassen, wahrscheinlich wegen seiner sexuellen Ausrichtung. Bei den anderen deutschen Fürsten bekam er daraufhin keine Stellung mehr. Er war im heutigen Jargon ein Langzeit-Arbeitsloser mit geringen Aussichten!

Da bot ihm Washington, vermittelt über Benjamin Franklin, eine Stellung an. Er wurde Chief of Staff von George Washington, dem General der Unabhängigkeitsarmee! Was für eine Karriere! Haben wir das unlängst schon mal gehört? Arbeitet in der European Army der Vereinigten Staaten von Amerika zurzeit nicht mit Generalleutnant Hartmut Renk der 4. Deutsche als Chief of Staff eines Oberkommandierenden der US Army, jetzt allerdings nicht mehr George Washington, sondern Generalleutnant Christian Cavoli? Geschichte wiederholt sich eben doch!

Von Steuben wissen wir, dass er als Held der Schlacht von Yorktown die Unabhängigkeit der Vereinigten Staaten vom britischen Empire durch die Durchsetzung von preußischem Drill und Ordnung gegen die ungeordneten Krieger seiner Gegner erreichte. Er starb hochgeehrt als einer der Väter des Vereinigten Amerikas, und jedes Schulkind in Amerika weiß heute, wer „Stuben" war. Im Übrigen wurde mir berichtet, dass die Offiziere der Militärakademie von Westpoint, als der Kaderschmiede der USA mit dem Motto: Duty, Honor, Country, heute noch nach dem Drillbuch dieses Deutschen lehren!

Die erste große Welle der deutschen Einwanderer kam im 19. Jahrhundert als Folge der Freiheitsbewegung nach der Französischen Revolution. Es waren die Fortyeighter, die 48er, also die, denen die Revolution 1848 nicht geglückt war, welche mit der Frankfurter Paulskirche verbunden wird. Einer der hervorragendsten unter ihnen war Carl Schurz. Um seinen Lebenslauf in die heutige Alltagssprache zu übersetzen, müsste man sagen: Er war ein studentischer Aufrührer (wie 100 Jahre später die 68er!), wurde in Deutschland als Terrorist verurteilt, ist aus dem Gefängnis ausgebrochen, lebte vorübergehend in der Schweiz (!), befreite seinen Freund und Lehrer Kinkel aus einer anderen Haftanstalt, floh mit ihm abenteuerlich nach England. Dort heiratete er zunächst eine vermögende Deutsche, Margarethe Meyer. Durch diese sollte später der deutsche Begriff „Kindergarten" in die englische Sprache eingehen! Zunächst lebte er als nicht-englisch-sprechender Journalist vom Schreiben deutscher Artikel in deutschen Zeitungen und als Redner vor deutschen Auswanderern in Wisconsin. Das ging, denn es war die Überzahl. Er lernte schließlich doch Englisch!

Da er Menschen begeistern konnte, tat er es gegen Bezahlung für Lincoln, von dem man sagt, dass er ohne Schurz nie gewählt worden wäre – er besorgte ihm die deutschen Stimmen! Wahrscheinlich betrug die Zahl der Deutschen in den USA damals circa 50 %. Carl Schurz wurde Innenminister unter Lincolns Nachfolger, Präsident Hayes, und war während seines ganzen Lebens ein leidenschaftlicher Gegner der Versklavung der Afro-Amerikaner. Er ist fraglos als ein ganz großer amerikanischer Staatsmann in die Geschichte der USA eingegangen.

Aber wir haben noch einen 3. Deutschen, der im 20. Jahrhundert federführend für die riesige deutsche Einwanderungswelle der Hitlerzeit stehen kann, nämlich für die zahllosen zumeist hochgebildeten Deutschen, sehr oft jüdischen Glaubens, die vor Hitler flohen: Henry Kissinger. Als Kind bereits eingewandert, hat er als U.S.-Außenminister unter Präsident Nixon im Kalten Krieg an der Entwicklung der politischen Größe Amerikas teilgehabt.

Warum erzähle ich das? Diese Personen sind ein pars pro toto, um zu sagen, dass in vier Jahrhunderten unzählige, nämlich in die Millionen gehende Deutsche Amerikaner wurden und einige in der neuen Heimat auch absolut richtungsweisend waren.

Alle, auch die Unbekannten, haben fraglos gemeinsam mit anderen Einwanderungsvölkern an der Entwicklung der amerikanischen Lebensart und Kultur teilgenommen. Sie haben den Schmelztiegel Amerika, The American Way Of Life, geformt, denn jeder Einwanderer bringt nun mal seine Vergangenheit mit! Mit diesem deutschen Mitbringsel begründet sich das Gefühl einer Mentalitätsähnlichkeit als Kern dessen, was wir bei Amerikanern zu spüren vermeinen. Eine Mentalitätsähnlichkeit, die eine Freundschaft people2people begründet, die schließlich zu einer politischen Wertegemeinschaft nach dem Zweiten Weltkrieg führen sollte, welche nun seit der Wiedervereinigung zu einer guten Zweckgemeinschaft mutiert ist.

Denn trotz der starken Einwanderung aus Lateinamerika und Asien können heute noch circa 20 % der Amerikaner deutsche Wurzeln nachweisen. Und das sind um die 70 Millionen Menschen! Nicht zu vergessen die Millionen US-amerikanischer Soldaten, die seit 1945 in Deutschland stationiert waren und häufig mit guten Erinnerungen und gelegentlich sogar mit deutschen Ehefrauen nach Hause zurückkehrten. Man kann sagen, dass die Besatzungszeit der Amerikaner, die offiziell bis 1990 anhielt, anders als die anderer Besatzer, eine große Stütze für ein damals zu Recht gedemütigtes Volk war. Jeder Deutsche, welcher nach 1945 mit einem „Ami" befreundet war, hatte es einfach leichter als der ohne einen solchen! Es war der Beginn einer Verklärung.

Dabei bin ich bereits bei der anderen Seite angekommen, bei den Fußstapfen der Amerikaner in der deutschen Geschichte! In den ersten 400 Jahren, von denen ich sprach, sind U.S.-Bürger selten nach Deutschland gekommen oder gar hierhin emigriert. Es gab fraglos Besucher der alten Heimat, gelegentlich kamen sie als Geschäftsleute, aber in unbedeutender Zahl. Mark Twain schrieb in seinem Reisetagebuch Interessantes über Deutschland. Wer sonst? Das änderte sich alles anlässlich der Weltkriege des 20. Jahrhunderts, als Amerika zu einer Supermacht wurde. Den Jahren nach 1944 haben die Amerikaner als absolut stärkste Nation der Erde fraglos ihre Handschrift aufgedrückt. Und diese Handschrift war eine für Deutschland versöhnliche vor dem neuen Feind UdSSR!

In unerhört großzügiger Art wurde der Marschallplan verfasst – an dem fraglos auch Amerika verdient hat – Carepakete geschickt, die Berliner Luftbrücke installiert und die deutsche Wiedervereinigung gewährleistet. Diese war nach dem Fall der Mauer, diesem Schandfleck, wie ein Wunder und teilweise dem guten zwischenmenschlichen Verhältnis zwischen dem U.S.-Präsidenten Bush sen. und Helmut Kohl geschuldet und führte in Wahrheit zu einem Schachzug, nämlich des Beitritts der DDR zur BRD, genannt Wiedervereinigung. Dieser Beitritt war eine alles entscheidende Nuance, denn dadurch waren keine Friedensverhandlungen mit etwaigen Reparationszahlungen mehr nötig.

Im März 1991 ratifizierten die Russen unter Präsident Gorbatschow noch als letzte Nation den 2+4 Vertrag, der seither gültig ist. Ich entsinne mich heute noch, dass ich wie viele andere damals die Luft angehalten habe, ob dieser Vertrag tatsächlich von den ehemaligen Alliierten, vor allem den Russen, ratifiziert werden würde! Der Vertragstext wurde als Paradebeispiel für Diplomatie in das Weltkulturerbe aufgenommen! Ein einmaliger Vorgang, auf den man stolz sein kann! Das Original des Vertrages liegt im Auswärtigen Amt in Berlin.

So haben wir Deutsche amerikanischen Einfluss in großartiger Weise erlebt und allen Grund, dankbar und in Freundschaft über den Atlantik zu schauen. Amerikanische Lebensweise haben wir längst angenommen – wir sind amerikanisiert – aber andere Länder weltweit genauso, selbst die, denen es noch nicht gelungen ist, Demokratie einzuführen. Jeans, Cola, Burger, Sojabohnen (!), Jazz oder andere U-Musik sind weltumfassender Alltag. Wir Deutsche sagen viel häufiger you zueinander als früher, sind überhaupt viel lockerer geworden – eben amerikanisch! Zur Bestätigung muss man in Frankfurt nur aus dem Fenster schauen! Die Hauptsache aber ist, dass mit Hilfe oder unter dem Einfluss der USA in Deutschland eine mustergültige Demokratie aufgebaut werden konnte. Rechtsstaatlichkeit, Demokratie, Freiheit und Frieden sind keine holen Worte, sondern werden bewusst gelebt. Diese Begriffe, die die Amerikaner uns 1945 erst wieder beigebracht haben, bedeuten uns Deutschen heute SEHR VIEL! Vielleicht mehr als Völkern, die eine andere Geschichte als die deutsche haben?

Alles ist gut! Wenn nur nicht die verflixte Politik der letzten Jahre wäre! Wohin ist die Pax Amerikana gekommen? Hat sich (unbemerkt?) ein Amerika entwickelt, das uns fremd erscheint? Ein Amerika der Stärke, die benutzt wird, um interne Schwierigkeiten des Zurückbleibens mancher Bevölkerungsschichten durch Bedrohungen anderer Völker zu verdecken? Oder gar ein Amerika nicht mehr der Stärke, sondern der Sorge, zurück zu bleiben im freien Wettbewerb der Länder? Dieses großartige Einwanderungsland hat Angst vor Einwanderern?

Aber nicht alles ist falsch! Man muss zugestehen, dass amerikanische Forderungen gestellt werden, die gerecht sind: Warum 25 % Einfuhrsteuer auf amerikanische Autos nach Deutschland, aber 5 % Einfuhrsteuer auf deutsche Wagen nach USA? Warum anerkennt Deutschland die 2 % Klausel der Zahlung in das Abwehrsystem der Nato und hält sich nicht daran? Ist das gute Freundschaft?

Nein, es ist Politik!!

Es hat sich nämlich in den letzten zwei bis drei Jahren aus einer Wertegemeinschaft eher eine politische Zweckgemeinschaft entwickelt. Sie ist aber Normalität. Die rosarote Brille der Romantik, die wir Deutschen gerne tragen, ist abgesetzt; die BRD ist ein souveräner Staat, welcher sich in der Gemengelage behaupten muss. Aus meiner Sicht ist ein gutes Bündnis mit den USA in jeder Hinsicht unverrückbar, auch in der des politischen Zweckbündnisses. Wir ticken einfach ähnlich.

Betreffs der einzelnen Menschen hat sich die Freundschaft people2people durch persönliche Bande fraglos gehalten, etabliert. Hierfür ist die seit 1930 existierende Steuben-Schurz-Gesellschaft beispielhaft. Die Gesellschaft ist höchst aktiv – sie besteht nämlich aus einer Ansammlung von Menschen, die emotional an beide Länder gebunden ist – eben people2people! Sie stehen unverdrossen zu diesen Gefühlen, egal wie die Politik tickt! Sie stehen unverrückbar zu diesen Vereinigten Staaten von Amerika, weil sie Verwandte dort haben, weil sie Geschäfte miteinander machen, es ein schönes Land ist, weit ist, frei ist, scheinbar auch von Konventionen, zumindest von denen der alten Welt! Weil Amerika für uns immer noch gesellschaftlich offen erscheint, kreativ, hoffnungsvoll und positiv! Das Glas ist in Deutschland immer halb leer, in Amerika ist es halb voll – das eben ist der American Dream, den wir Deutsche zu gerne träumen! Anything goes.

Zurück zum Anfang meiner Ausführungen und damit zu der Aussage, dass es für eine lange Freundschaft ein kurzes Gedächtnis braucht! Für mich gilt: egal, ob kurzes oder langes Gedächtnis, um die deutsch-amerikanische Freundschaft **people2people** ist mir jenseits von Politik nicht bange! **Sie** ist eine standhafte transatlantische Brücke zwischen unseren Ländern!

QUO VADIS SSG? –
Ein SSG-Diskussionsabend 2019
Eine deutsch-amerikanische Entwicklung auf dem Prüfstand
Dr. Vera Bloemer im Gespräch mit Dr. Ingrid Gräfin zu Solms-Wildenfels

Präsidentin zu Solms (IzS) begrüßt am 27. Februar 2019 im Auktionshaus Arnold die SSG-Mitglieder des Abends und erläutert die generelle Frage in der Zeit des anstehenden Umbruchs der SSG, da sie nach 14 Jahren nicht mehr für eine Präsidentschaftskandidatur antreten wird: was war, was ist, was sein wird – Quo vadis SSG?

Vera Bloemer übernimmt „konstruktiv-kritisch" mit der Erwartung auf eine spannende Diskussion und regt zu einem Rückblick auf die

SSG parallel zum zeitgeschichtlichen Verlauf der BRD an. Sie zitiert die Präsidentin sinngemäß aus der Festschrift von 2008: Wer Gegenwart und Zukunft verstehen will, muss Vergangenheit kennen.

Ingrid zu Solms erinnert daraufhin an die erste Zeit, die Zeit enger Verbundenheit der SSG zu den Amerikanern, vor allem zum Militär: Der 1. SSG-Präsident wurde noch vom amerikanischen Hochkommissar eingesetzt (noch nicht gewählt!), es war der hessische Ministerpräsident Karl Geiler. Erster Schatzmeister war der legendäre Hermann Josef Abs, der die Londoner Verhandlungen über deutsche Schulden geführt hatte. Der längste und „politischste" Präsident war Menne mit 18 Jahren Präsidentschaft und sehr guten politischen Verbindungen als FDP-Abgeordneter im Deutschen Bundestag und Vorstand bei der Höchst-AG.

Die ersten SSG-Jahre, das war die große Zeit der SSG! Die Amerikaner waren Ansprechpartner in SSG-Angelegenheiten, und die SSG war es für die Amerikaner, denn sie wurden als die „guten Deutschen" angesehen mit der Möglichkeit der „Konversation" in Zeiten der No-Fraterization-Parole der Siegermächte. Es war „richtig", Mitglied in der SSG zu sein. Ein erster Rücksetzer für die SSG war dann bereits die Etablierung einer eigenen deutschen Regierung.

Aber das U.S.-Militär hatte weiterhin großes Interesse an SSG. Es war die Zeit der alten Traditionen, der eleganten Bälle (z.B. im Hotel Hessischer Hof oder im Schlosshotel Kronberg). Damals gingen Spendengelder bis in die zehntausende DM ein – jährlich. Das Präsidium war mit Bankern gut besetzt. SSG wurden auch vom US-Generalkonsulat finanziell gefördert, anfänglich sogar mit 20.000 DM jährlich, später kostenlose Büroräume im Amerikahaus, auch für Veranstaltungen in der Rotunde. Das lief alles bis 2006, erst danach wurde es finanziell schwierig!

Zuvor kam 1990 die Wiedervereinigung. Diese war für die SSG „ein kleines Desaster". Denn nun verließ ein Großteil der amerikanischen Streitkräfte die BRD, das Gästepotenzial schrumpfte, das deutsch-amerikanische Thema wurde nicht mehr als interessant wahrgenommen! Die zündende Idee kam vom damaligen Präsidenten David Fisher (1999–2005), selbst Princetonabsolvent, welcher ein Praktikantenprogramm einführte. Dies war damals in der BRD nicht sehr bekannt. Es nennt sich bis heute das USA-Interns-Programm für deutsche und amerikanische Studierende in Firmen des jeweils anderen Landes. Damit wurde die SSG fundamental verändert, eine Gesellschaft mit „Service-Charakter“! Auf Anregung des Mitglieds Klaus Scheunemann war vorher, 1988, der Medienpreis und das Luftbrückenstipendium eingeführt worden, beides als PR-Maßnahmen, die hervorragend liefen, aber letztendlich nicht ausreichten.

Solms führte aus: Meine Zeit begann 2005, damals mit großer Unterstützung der Gesellschaft durch das U.S.-Generalkonsulat mit Consul General Peter Bodde. Er lud mich sofort nach der Amtseinführung noch als geschäftsführende Präsidentin zu einer Veranstaltung ins Höchster Schloss, der damalige Ministerpräsident Roland Koch kurz vor meiner Wahl in die Staatskanzlei. Beides gab „Anschub und Anstoß“ für weitere Vortragsaktivitäten zahlreicher Referenten.

Um der Gesellschaft weiteres Leben einzuhauchen, wurden von mir nolens volens neue Formate geschaffen:

– Das Dr.-Albrecht-Magen-Stipendium als Zeichen der Verbindung der SSG zur Stadt Frankfurt. Frankfurter Studierende erhielten Hilfe für einen Studienaufenthalt in den USA, anfänglich vom Verband der Chemischen Industrie, dann von der Commerzbank und der Polytechnischen Gexellschaft finanziell unterstützt.

– Der Städte-/Kreispartnerschaftspreis. Dieser Preis wird von allen Mitgliedern als sehr wichtig erachtet, weil auf der kommunalen Ebene die detsch-amerikanische Freundschaft von besonderer Wirkung ist. Es ist der Level, auf den sich die SSG immer mehr zubewegt, ihr Alleinstellungsmerkmal! PEOPLE 2 PEOPLE! Man sollte es dann

Beim Newcomers Festival in Frankfurts Römer: v.r. Juliane Adameit, Koordinatorin für USA-Interns-Program, SSG-Präsidentin IzS, SSG-Vorstandsmitglied Dr. Thomas F. Young, SSG-Präsidiumsmitglied Klaus Steuernagel (stehend, recht), Gunnar Schanno, Redaktion SSG-Bulletin (stehend, links)

aber auch in Zukunft so benennen!

- Stammtische (Hauptgruppe/Juniorengruppe) zum inneren Zusammenhalt und freier Rede.
- Culture@Lunchtime: dieses Format mit großem Anklang bei Mitgliedern. Löste die bis dahin (unter Laura Fiore und Birgit Leiser) erfolgreiche, zuletzt aber nicht mehr zeitgemäße Ladies Group ab. Hier werden Führungen in Ausstellungen/Museen o.Ä. in der Mittagszeit angeboten.

– Schüler-Aufsatzwettbewerb für eine bisher nicht angesprochene Bevölkerungsgruppe, welche zumeist von der engen Beziehung zu den USA in der Nachkriegszeit zu wenig oder nichts weiß.

Dr. Bloemer eröffnet dann die Diskussion und fragt nach Stärken und Schwächen der SSG. Sie nennt den Begriff Gratwanderung zwischen Politik und Gesellschaft und erinnert an das von der Präsidentin Gräfin Solms 2005 geschaffene Motto für die Gesellschaft: Providing stability and friendship in a challenging environment.

In der Diskussion hinterfragt Prof. Dr. Puhle noch einmal den Begriff des Alleinstellungsmerkmals, stellt die Frage nach dem Profil der SSG. Welche Wettbewerbsmerkmale sind vorhanden. Wo können Verbindungen zu Amerikanern hergestellt werden? Dies ist der Kernpunkt der Diskussion und wird von Yvonne Menne als starker Kritikpunkt angesehen, weil es nicht klappe – auch dazu, dass heute viele Menschen mehr an Russland Interesse zeigen als an den USA.

Ute Vogler sieht die ausschließliche Vortragssprache Deutsch kritisch.

Prof. Dr. Puhle und andere sehen darin keinen Hinderungsgrund für Interesse an Veranstaltungen – Tendenz: Englisch-Deutsch je nach Situation, aber man solle kein Problem daraus machen.

Dr. Dickler betont Interesse an Fragen der Gemeinsamkeit von Werten und Interessen in Fragen wie: wo wird Freiheit bedroht, wo sind Gemeinsamkeiten zwischen Deutschland und Amerika? Diese müssen herausgestellt werden. Als Plattform sieht Dr. Dickler Städtepartnerschaften als „absolut richtig" an, darunter die zwischen Leipzig und Houston als erstrangig und vorbildlich.

Richard Clabaugh stellt die Notwendigkeit heraus, in Social Media aktiv zu sein. SSG-Infos müssen dort regelmäßig gepostet werden (auch in Englisch). Die Kommunikation in den neuen Medien muss stark gefördert werden, um über sie neue Interessierte zu gewinnen. Das großes Thema unter der jüngeren Generation sei „Die Zukunft der

Jährlich stattfindende SSG-Veranstaltungen: Generalversammlung, Barbecue, Thanksgiving Dinner mit Staatsminister Michael Bottenberg

Erde“, es wird „DAS Thema“ werden und sein. Weiter werde gefragt: Is democracy dead?

Prof. Dr. Puhle: Zu genanntem Alleinstellungsmerkmal-Profil befürwortet er viele Anstrengungen: Einbeziehung von jungen Leuten, von „Europäern“. „Propagandaoffensive“, denn Amerika ist *nicht* uninteressant, sondern ausgesprochen spannend. Es gibt noch viele USA-Interessierte. Man muss sie finden. (*Wo??* Antwort: in social media!!)

Der Medienpreis, eines der Preisformate der SSG, gegründet von SSG-Vizepräsident Klaus Scheunemann († links im Bild). Foto mit SSG-Präsidentin Dr. Ingrid Gräfin zu Solms-Wildenfels anlässlich der Medienpreisverleihung 2009 an Tom Buhrow (rechts)

Es stellen sich folgende Meinungen zur Wegbeschreitung heraus:

Regelmäßige Debatten ermöglichen, in Frankfurt/Main lebende Amerikaner einladen, und Formulierung einer neuen „mission", eines „statements" für die SSG! (Solms: Warum nicht people2people? Außerdem einen Online-Debattierclub eröffnen!) und vorhandene Projekt-Schienen pflegen, z.B. Städte-Partnerschaften, aber auch hier online gehen!

Solms sagt: So wie transatlantische Beziehungen derzeit sind, kann es gar nicht genug Kommunikation zwischen der deutschen und amerikanischen Gesellschaft geben. Es müssen auch heiße Eisen angepackt werden! Hilfreich sollten dabei die bereits vorhandenen Kooperationen mit den Gesellschaften German Society of Pennsylvania und Hesse-Wisconsin sein.

Junioren: auch Negatives in aller Freundschaft zu Themen machen, z.B. „Demokratie in Scherben?“ Ideen der Junioren zu gemeinsamen Aktivitäten unterstützen, Fremden interessante Orte zeigen, Veranstaltungen aufsuchen, Zielgruppen finden, u.a. an Unis, Präsenz in Social Media zeigen, an Community-Building teilnehmen, regelmäßigen Austausch nicht abreißen lassen.

Das Auditorium zeigt sich auch zustimmend zu Themen zu konkreteren Teilfragen wie z.B. soziopolitischen Einzelaspekten: Stellung der Frau in der amerikanischen Gesellschaft oder Rassenfrage heute.

Ich habe den damaligen Abend mit folgenden Worten abgeschlossen: Wir müssen gesellschaftspolitischer (!) werden, ohne den Service zwischen der Jugend der Länder zu vergessen, müssen Mitglieder gewinnen als Interessierte an gesellschaftspolitischen Fragen wie: die Zukunft der Erde, Demokratie heute, Einwanderung, Frauenrechte und Rassendiskriminierung. Es sind Fragen, die uns alle bewegen. Wie kann man es umsetzen? WEGE dazu wären, die Sozialen Medien besser zu bearbeiten, ebenso die Kooperations- und Städtepartnerschaften, Zweigvereine zu gründen, nicht nur in Hessen, Junioren zu stärken und Universitäten einzubinden. Mehr Kontakte zu den Amerikanern, die in Deutschland leben, z.B. in der Wirtschaft arbeiten, sollten geschaffen wurden, zum Beispiel über social media und vor allem über interessante Veranstaltungen, die großflächiger anzubieten sind. Die Hilfe des Generalkonsulats und der Streitkräfte zu erbitten, ist eine weitere Aufgabe.

Das Alleinstellungsmerkmal der SSG ist ihr Motto, welches stärker herausgestellt werden sollte: stability and friendship in a challenging environment people2people, anders als die Mitbewerber mit alleinigem Schwerpunkt große Politik wie die Atlantikbrücke oder mit Schwerpunkt Wirtschaft, nämlich die American Business Clubs. Die verstärkte Hinwendung zur Jugend und ihren neuen Plattformen der social media erscheint dringend notwendig! Damit seien alle Teilnehmer an der letzten Veranstaltung einer 14-jährigen Präsidentschaft herzlich bedankt: Die SSG wird auch in Zukunft weiterleben!

Soweit diese Veranstalung.

Die Steuben-Jahre waren für mich eine rundherum erfüllende, auch eine lehrreiche Zeit. Ich habe viele Hilfsangebote nicht nur verbaler, sondern tatkräftiger Art bekommen und habe echte Freundschaftsdienste erfahren. Dank an Juliane Adameit für 16 Jahre als hervorragende Koordinatorin des USA Interns Program der SSG und Gunnar Schanno für unermüdliche umfassende Berichterstattung dieser Zeit!

Es ist eben eine gut durchmischte Gesellschaft aller Schichten, Religionen und Nationen, geeint in dem übergeordneten Gedanken westlicher Werte, die da sind Demokratie, Friede, Freiheit, willens sich dieser wegen einzusetzen! Vor allem war es eine gendergemischte Gesellschaft, wodurch reine Frauenthemen nur gestreift und viele unterschiedliche Themen diskutiert wurden. An der Themenauswahl habe ich übrigens die Mitglieder des Präsidiums immer teilhaben lassen. Circa 150 Reden habe ich in dieser Zeit für die SSG gehalten, circa 100 davon einführende zur Erklärung des Themas des Hauptredners, über welches ich mir oft so meine eigenen Gedanken gemacht hatte. Die Hauptredner waren mit sehr wenigen Ausnahmen bekannte Personen des öffentlichen Lebens mit großer Kompetenz und großen Namen. Dabei lernte ich, mich zurückzuhalten, besonders in den Trump-Jahren. Die SSG hat nicht nur deutsche Mitglieder. Sie hat sicher auch Mitglieder aller deutschen und amerikanischen politisch zugelassenen Parteien; das ist auch gut so. Als Präsidentin muss man allen gerecht werden. So kam ein aufgebrachtes Mitglied der „Reps abroad" anfangs der Trump-Zeit zu mir mit der Rüge: Wie sprechen Sie eigentlich über den Präsidenten der Vereinigten Staaten von Amerika? Ich habe die Klage verstanden. So sind denn auch die meisten Reden zu verstehen ...

Rede im Kaisersaal des Frankfurter Römer anlässlich 60 Jahre SSG

Für Steuben-Schurz habe ich aber nicht nur geredet, sondern konnte mein organisatorisches Talent entdecken. Darüber werden Sie in Quo Vadis gelesen haben. Aber wir sind auch gereist! Die vielen innerdeutschen Reisen zumeist in Begleitung von Gunnar Schanno als Pressesprecher und „Mitdenker" zu den Zweigvereinen Berlin (ursprünglich auch noch Potsdam) und Magdeburg waren unvergessliche Erlebnisse! Oft kam ich mir vor wie ein Rodeoreiter auf einem noch nicht berittenen Hengst. Drei Reisen führten nach USA: immer nach New York (einmal zur Steuben-Parade, immer zur d-a Handelskammer, zum Generalkonsulat, zur Washington Universität in NY), nach Chicago (Das Hotel Palmer House, meine alte Liebe aus Zonta-Director-Zeiten!, aber hauptsächlich zur deutsch-amerikanischen Handelskammer wegen des Interns Program), einmal nach Wisconsin (Kooperationsvertrag mit dem amerikanischen Verein Hesse-Wisconsin, welcher seinerseits mit dem Verein Hessen-Wisconsin der Hessischen Staatsregie-

rung kooperiert), zweimal nach Philadelphia (Kooperationsvertrag mit der German Society of Pennsylvania). Die mitreisenden Mitglieder waren ausnahmslos unserer deutsch-amerikanischen Freundschaftsidee verhaftet. Sie standen geschlossen hinter unserer Mission der Völkerverständigung und waren einfach good guys; großartige Erlebnisse, für die ich dankbar bin.

Sicher habe ich auch Negatives erfahren, das bleibt nicht aus. Es kam aber zumeist von außen und war häufig der Tatsache geschuldet, dass manche Menschen Vorurteile gegenüber meinem Namen hatten, bzw. mich in ein Klischee einpackten, in das ich als moderner Mensch nicht passe. Daran habe ich mich gewöhnt und es zu übergehen gelernt.

Ich konnte 14 Jahre konstant monatlich mindestens eine Veranstaltung mit 36–120 Teilnehmern durchziehen (Motto: gib panem et circenses!) und die Gesellschaft mit 524 Mitgliedern und stattlichen finanziellen Rücklagen Ende März 2019 stabilisiert meinem Nachfolger, Professor Dr. Johannes Beermann, übergeben.

Zuletzt kommt meine Stiftung an die Reihe – sie ist ja sozusagen mein Kind – welches, ganz wie im richtigen Leben, zu oft zu kurz kam, da „Mutter beruflich unterwegs war" – sprich, sich um fremde Veranstaltungen kümmern musste – oder wollte? Meine analytische Ader sagt mir: WOLLTE, denn eine Stiftung ist für das Ende des Lebens des Stifters gemacht – und daran wollte ich lange Zeit noch nicht erinnert werden – also besser gar nicht daran denken! Doch irgendwann kommt die Erkenntnis, dass dies auch keine Lösung ist und man das Endschicksal tatsächlich mit allen Lebewesen der Erde teilt: Der Tod ist Teil des Lebens. Man muss gehen, jeder alleine, nackt und bloß, und alles, was man geschaffen, erarbeitet, besorgt, ja vielleicht geliebt hat, bleibt zurück. Wo? Bei wem? Lesen Sie, wie ich versuche, es zu regeln.

Stifter planen – Stiftungen helfen

Initiative Frankfurter Stiftungen
Rede zur Anleitung des Stiftens im Dormitorium des Karmeliterklosters 2000

Über Stiftungsgründung, Idee, Planung und Realisierung – ein großes Thema – will ich sprechen und gebe einen groben Einblick, um damit auch meine Stiftung vorzustellen. Die Ingrid zu Solms-Stiftung ist eine kleine Stiftung. Aber vielleicht macht es Sinn, gerade eine so kleine Stiftung vorzustellen.

Denn erstens: „Kleinvieh macht auch Mist" – auch eine kleine Stiftung kann einiges bewegen und erst recht können dann viele kleine Stiftungen zusammen Großes auf kulturellem, sozialem oder wissenschaftlichem Gebiet tun. Wir wissen ja heute alle, dass gespart werden muss, und dass damit Großes in dieser Republik auf all diesen Gebieten auch durch Bürgerinitiative angegangen werden muss. Hier ist Not am Mann oder der Frau.

Zweitens kann man mit der Vorstellung einer kleinen Stiftung vielen Menschen Mut machen, sich ebenso in eine Stiftung (und sei sie noch so klein) hineinzuwagen. Das möchte ich tun. Ich möchte erklären, was mich zur Stiftung brachte, etwas zu meinem Stiftungszweck sagen, sowie kurz den Weg dazu aufzeichnen, um dann auch die Problematik gerade einer kleinen Stiftung nicht zu verhehlen.

Mir ist eines Tages bewusst geworden, dass ich ein normaler Mensch bin: sterblich, kinderlos und ohne Verwandte ersten oder zweiten Grades! Gleichzeitig wurde mir der Wunsch klar, etwas von mir am Ufer zurücklassen zu wollen, wenn ich denn über den Fluss gehen muss. Alle Personen, die von mir erben würden, hätten von mir als Mensch zu wenig gewusst, um etwas in meinem Sinne zu tun und müssten zusätzlich eine erhebliche Erbschaftssteuer zahlen. So sehr ich diese

Republik liebe – ich bin bekennende Deutsche, vor allem auch bekennende Frankfurterin – finanziell möchte ich den Staat eigentlich anonym nicht mehr unterstützen als nötig.

Was bietet sich dann an? Eigentlich nur eine *Stiftung*. Aber ich hatte Sorgen: Ist die auch sicher, macht die nicht, was sie will? Ich habe mich belesen, genauer gesagt, mir den „Ratgeber für Stifter“ gekauft. Dabei habe ich festgestellt, dass es mehrere Stiftungsformen gibt, nämlich nicht rechtsfähige und privatrechtliche Stiftungen, sowie Stiftungen des öffentlichen Rechts. Nicht rechtsfähige Stiftungen sind – grob gesagt – solche, bei denen das Geld an juristische Personen, also z.B. an die Universität für einen zu bestimmenden Zweck geht (z.B. Bibliothek). Privatrechtliche sind Familienstiftungen oder solche für Betriebsangehörige o.Ä. Ich habe mich dann für eine Stiftung öffentlichen Rechts entschieden.

Weshalb? Diese bieten m.E. auf Dauer größten Rechtsschutz für den Stiftungszweck. Sie werden von den jeweiligen Ländergesetzen getragen, eine staatliche Aufsichtsführung garantiert den Stifterwillen durch jährliche Kontrolle des Tätigkeits- und Rechnungsberichts. In unserer Stadt Frankfurt liegt die Kontrolle beim Rechtsamt, genauer dessen Stiftungsabteilung.

In der Verordnung zu diesen Stiftungen heißt es: „Die Achtung des Stifterwillens ist oberste Richtschnur bei der Handhabung des Gesetzes.“ Weiter: Das Vermögen muss erhalten bleiben, nur die Erträge werden jährlich zur Verwendung für den Stiftungszweck ausgeschüttet und zwar zeitnah, d.h. innerhalb des Jahres des Zuflusses und dem darauffolgenden Geschäftsjahr, und selbstlos. Das war für mich entscheidend, denn ich wollte, dass das Stiftungsvermögen laut Gesetz ungeschmälert erhalten bleibt, also kein sauer erarbeitetes Geld wie auch immer verjubelt wird. Ein Teil der Erträge kann im Übrigen auch zum Inflationsausgleich des Vermögens benutzt werden. Auch wichtig!

Bei meinen weiteren Erkundigungen fand ich heraus, dass es Stiftungen zu Lebzeiten oder von Todes wegen gibt, Letzteres also via Testament und Erbschaft. Man kann auch beides miteinander verbinden. Auch hier: Was ist der Vorteil – was der Nachteil?

Bei einer Stiftung von Todes wegen fällt keine Erbschaftssteuer an. Bei einer Stiftung zu Lebzeiten fällt Einkommensteuer auf die Stiftungssumme an, wenn auch reduziert. Anders ausgedrückt und positiver heißt das: Dem Spender wird für jedes dem Gemeinwohl gewidmete Geld eine kleine Steuerersparnis zuteil.

Meines Erachtens ist die kombinierte Variante vorzuziehen. Sie haben zwar persönlich den Nachteil der Gründungsarbeit, welche nicht gering ist, und müssen sich auch sofort von einem gewissen Kapital trennen, welches Ihnen dann nicht mehr gehört und müssen trotzdem darauf – wenn auch verringerte – Einkommenssteuer zahlen, aber Sie haben die Genugtuung, Dinge in die gewünschte Bahn zu lenken.

Was ist nach der Entschlussbildung als erstes zu tun? Zunächst muss man, wie immer im Leben, genau wissen: was will ich?

Erstens: Wie hoch stiften? Also Geld abgeben. Zweitens: Wen oder was bedenken? Also den Stiftungszweck festlegen. Drittens: Die Stiftungsorganisation angehen. In Stifterdeutsch heißt dies: Der Stifterwillen wird in einem Stiftungsgeschäft, einer Satzung, niedergelegt, danach der Vorstand (mit oder ohne Kuratorium, also Aufsichtsrat) bestellt. Viertens: Ein Bankkonto muss errichtet werden. Erst wenn das Geld dorthin geflossen ist, steht Ihre Stiftung.

In Frankfurt haben Sie es leicht; Sie müssen nur zum Stiftungsamt, heute zu Herrn Magistratsdirektor Peter Peiker, gehen, welcher Sie selbstlos, kompetent und humorvoll in die höheren Weihen einführt; er wird Sie letztendlich dann an das Finanzamt und den Regierungspräsidenten zur Endgenehmigung weiterleiten. Sie können natürlich auch einen Rechtsanwalt/Notar und Steuerberater bemühen. Letzteres ist empfehlenswert. Ich bin im Übrigen Medizinerin und kann hier weder Rechts- noch Steuerrat verbindlich geben.

Nun zurück zu Punkt eins: Zum Stiftungskapital ist zu sagen, dass die kleinste Frankfurter Stiftung nach dem Krieg 1989 mit 5000 DM gegründet wurde und ihren Zweck aus den Erträgnissen bis heute erfüllen kann. Sie können daraus bereits ersehen, wie hoch oder niedrig Ihr Kapital auch sein mag: aus dessen Erträgnissen muss der Stiftungszweck erfüllbar sein. Sonst wird sie nicht genehmigt. Dies ist bereits ein Maßstab für die Höhe des einzusetzenden Kapitals.

Heute könnten Sie z.B. mit 40 000 DM Stiftungsgrundkapital beginnen, auch mit weniger, nach oben natürlich unbeschränkt. Aus diesen 40 000 DM könnten Sie heute einen Ertrag von vielleicht 6 %, das wären 2400 DM/Jahr erwirtschaften und für den Stiftungszweck ausschütten.

Um zum zweiten Punkt nochmal etwas zu sagen: Bezüglich des Stiftungszweckes gibt es unendlich viele Möglichkeiten, die sich aber zunächst unterteilen lassen in: gemeinnützig, das sind Stiftungen, durch die die Allgemeinheit auf materiellem, geistigem oder sittlichem Gebiet selbstlos gefördert wird; mildtätig sind Stiftungen, welche hilfsbedürftige Personen selbstlos unterstützen; kirchliche Stiftungen unterstützen selbstlos eine Religionsgemeinschaft, die ihrerseits Körperschaft öffentlichen Rechts ist. Privatnützige Stiftungen dagegen sind auf die eigene Familie, Betriebsangehörige o.Ä. gemünzt, wie schon erwähnt. Worin liegt der Unterschied? Hauptsächlich im Steuersatz für den Spender. Privatnützige Stiftungen sind betreffs des Vermögens und der Erträgnisse voll steuerpflichtig. Bei den rechtsfähigen Stiftungen werden gemeinnützige, mildtätige und kirchliche Zwecke unterschiedlich begünstigt.

Die IzS-Stiftung besteht seit 1993/94, ist gemeinnützig; sie hat nach einer in diesem Jahr stattgefundenen Satzungsänderung allerdings mehrere Stiftungszwecke: Förderung der Jugendpflege und Jugendfürsorge, z.B. durch Unterstützung oder Einrichtung von Waisenhäusern und Kindertagesstätten im Inland und in Krisenherden im Ausland oder durch Durchführung von sinnvollen Beschäftigungsmaßnahmen für Jugendliche. Sodann Förderung der internationalen Gesinnung, der Toleranz auf allen Gebieten der Kultur und des Völkerverständigungs-Gedankens, z.B. durch Verleihung des Ingrid zu Solms Menschenrechtspreises für besondere Verdienste auf dem Gebiet der Wahrung der Menschenrechte oder durch eigenständige Aktionen für diese. Zusätzlich wird alle zwei Jahre der Ingrid zu Solms-Wissenschaftspreis für hervorragende wissenschaftliche Arbeiten einer Medizinerin oder Psychotherapeutin und auf dem Gebiet der MINTs vergeben. Bisher haben vier Frauen diesen Preis bekommen, alle vier sagen, dass er ihnen bei der Karriereplanung und -durchsetzung geholfen habe.

Diese Stiftung ist also in eine bestimmte Richtung ausgerichtet (für Benachteiligte, speziell Frauen) – es gibt aber viele andere Richtungen, sodass jeder/jede etwas finden kann. Der Fantasie ist Tür und Tor geöffnet. Ich wollte zuletzt noch ein paar Worte zu der Problematik gerade kleiner Stiftungen sagen. Sie liegen m.E. einmal im Stiftungszweck, der bei kleinem Grundkapital relativ beschränkt bleiben muss, da nie genug Ertrag für eine größere oder mehrere Aufgaben erwirtschaftet werden kann. Auch ich musste das Grundkapital aufstocken, um die Satzung erweitern zu können. Die Lösung für so ein Problem heißt: Beschränkung des Stiftungszwecks oder Erhöhung des Stiftungskapitals. Zum anderen bekommen Sie mit einer kleinen Stiftung eventuell Schwierigkeiten betreffend Verwaltung der Stiftung, da ein Vorstand, welcher über einen Kopf – nämlich Ihren – herausgeht, auch eines größeren Aufwandes bedarf.

Auch hier ist die Lösung: entweder Beschränkung und die Arbeit alleine machen oder eventuell angebotene Verwaltungen in Anspruch nehmen, so durch den Deutschen Stifterverband in Essen oder durch Banken.

Oder aber: Stiften Sie nicht in eine eigene Stiftung, sondern beteiligen Sie sich an einer bereits existierenden Stiftung durch *Zustiftung*.

Dazu gibt es genügend Stiftungen in der Hauptstadt der Stiftungen, die zurzeit Frankfurt am Main heißt. Dazu lädt auch meine Stiftung herzlich ein.

Wie wird man Stifterin?
Erster Wissenschaftspreis der IzS-Stiftung an Babette Simon in der Aula der Alten Universität Marburg am 25. Februar 1996

Unter den Gästen: Dr. med. Babette Simon, Philipps-Universität (Preisträgerin), Prof. Dr. Ingrid Langer, Vizepräsidentin der Philipps-Universität), Dr. Ute Otten (Präsidentin des DÄB), Claudia Schellenberger, Universität Mainz

Im Allgemeinen ist man heutzutage daran gewöhnt, dass Stiftungen einen persönlichen Namen tragen, nur: der Träger dieses Namens ist zumeist nicht anwesend; dann ist es auch leichter mit ihm umzugehen. Zumeist ist er nämlich nicht mehr unter den Lebenden, das ist natürlich der einfachste Fall. Insofern muss ich mich erst einmal entschuldigen: ich lebe! Ich müsste an sich längst tot sein. Ich erfreue mich aber sehr meines Lebens und hoffe, dies noch möglichst lange zu tun. Insofern bin ich also ein etwas ungewöhnlicher und schwieriger Stifter. Warum die meisten Stifter ihre Stiftungen selbst nicht erleben, hat natürlich einen einleuchtenden Grund. Stiftungen werden im Allgemeinen zu Lebzeiten gegründet, aber dann erst aus dem Erbe heraus finanziert, ruhen also bis zu diesem Zeitpunkt.

Ich habe dies anders gehandhabt, da ich meinte, schlecht ertragen zu können, dass ein ganzer Berufsstand, dazu noch mein eigener, selbstverständlich nichts sehnlicher herbeiwünscht als ein schnelles Ende: mein Ende. So dachte ich – natürlich ohne jeden Aberglauben – trenne dich sofort von etwas, was du normalerweise längst an Kinder ausgegeben hättest, wenn diese vorhanden wären – und erkaufe dir damit gewissermaßen die Freiheit, fröhlich und mit freiem Rücken möglichst alt zu werden. Spaß beiseite, ich glaube tatsächlich, dass beide Teile mit der jetzigen Lösung gut leben können: der begünstigte Deutsche Ärztinnenbund, welcher ab sofort einen Preis vergeben kann, ebenso wie ich als Stifterin, die erleben kann, wie sich ihre Stiftung entwickelt und vielleicht dabei auch noch weiter vergrößerbar erscheint.

Wie aber wird man überhaupt Stifterin?

Für mich möchte ich es einfach formulieren: Ich wurde durch Zufall Stifterin. Natürlich könnte man es auch Schicksal nennen. Natürlich steckt hinter diesem Zufall, wie hinter jedem Zufall, das Zusammentreffen von vielen richtungsweisenden Kriterien, die völlig unbewusst den Zufall schaffen.

So traf auch bei mir einiges zusammen: Rein oberflächlich betrachtet saß ich als Vorsitzende der Gruppe Frankfurt des Deutschen Ärztinnenbundes in einer Sitzung des Deutschen Ärztinnenbundes, als die gerade neugewählte Vorsitzende desselben, Dr. Ute Otten, den Wunsch nach einem Wissenschaftspreis äußerte – mit der Bemerkung, es fehle nur noch an einer Stiftung! Hier gingen in meinem Kopf verschiedene Lichter an. Mag es sein, dass ich als ganz junges Ding bereits von den Erzählungen meiner immer berufstätigen Mutter geprägt wurde – die auch Ärztin war und immer beklagte, sich als Ausnahme fühlen zu müssen; so führte sie an, dass die Gattinnen der Kollegen ihr gesellschaftlich vorgezogen wurden, und dass bei gleichem oder sogar besseren Können und Leisten sie im Ansehen hinter Männern zurückstehen musste. In den 1920er Jahren blieb ihr, wie sie meinte, nur die Niederlassung als Praktikerin! Bei ihrem Beruf meinte sie auch, sich ein Kind nicht leisten zu können – bis es zu einem sehr späten Zufall kam. Dieser Zufall steht vor Ihnen.

Durch die Gnade der späten Geburt hat sich mir das Weiterkommen in der Medizin selbst nicht mehr so schwierig dargestellt: zumindest nicht auf dem gesellschaftlichen Sektor. Zu meiner Zeit auch nicht betreffs einer Fachausbildung, die war ohne weiteres zu bekommen.

Aber auf dem wissenschaftlichen Sektor hatte sich nicht viel geändert.

Alle männlichen Kollegen wurden an der Münchner Universitätsklinik in ein wissenschaftliches Programm eingebunden. Ich durfte massenhaft Gutachten machen, die Geld brachten, aber keine Ehre und kein Fortkommen an der Universität. Als ich dann kündigte, um zu heiraten, habe ich zu meiner größten Verwunderung vom Oberarzt gehört: Wie schade, dass Sie fortgehen, Sie hätten sich doch habilitieren können! Ich habe ihn fassungslos angesehen. Ein solches Wort zur rechten Zeit war nie gefallen.

Ich will nicht sagen, dass man uns Frauen damals ein minderes Hirngewicht direkt vorgeworfen hat. Wir galten als fleißig, aber nicht wissenschaftsfähig, eben nicht kreativ und dadurch auch nicht als unterstützungswürdig. Ich persönlich habe es als männliches Schutzgebaren untereinander eingeschätzt. Das hat sich heute gebessert, sonst gäbe es nicht unsere Preisträgerin! Heute hat sich m.E. eine Erkenntnis zumindest durchgesetzt: Wenn zwei verschiedenen Geschlechts das Gleiche machen, ist die Frau die bessere – sie wäre sonst nicht dort, wo sie ist! Das spricht natürlich Bände. Ich habe mich damals nach einer weiteren dreijährigen psychotherapeutischen Zusatzausbildung an der Mainzer Universitätsklinik als Internistin niedergelassen und damit getan, was Frauen in der Medizin leicht möglich ist: den Männern in freier Praxis eine völlig gleichberechtigte und nicht zu verachtende Konkurrenz zu sein.

Letztendlich hat mich das alles in den Stand versetzt zu stiften. Umso mehr freut es mich, dass dieser Preis heute an Sie, Babette Simon, geht, einer Mutter mit drei Kindern, die sich mit ihrer wissenschaftlichen Arbeit auf dem Gebiet der inneren Medizin habilitiert. Sie haben etwas erreicht, was ich und Generationen von Kolleginnen unbedingt erreichen wollten, aber niemals auch nur im Ansatz erreichen konnten: Familie und wissenschaftlich anerkannte kreative Leistung zu verbinden. Meine Hochachtung! In dieser Verbindung sind Sie geradezu ein Glückstreffer für den Deutschen Ärztinnenbund und für meine Stiftung! Ich gratuliere Ihnen von ganzem Herzen dazu und hoffe und wünsche Ihnen, dass Sie weitermachen und möglichst viel Erfolg dabei haben werden. Sie sollten sich als Fackelträgerin eines ganzen Berufsstandes fühlen, als Vorbild für junge Frauen, die immer wieder in dem Gedanken bestätigt werden müssen, dass man als Frau genauso wie als Mann Familie und geistiges Arbeiten, Forschen, also Kreativität, verbinden kann und soll. Ich hoffe und wünsche darüber hinaus, dass dieser Preis Ihnen und vielen folgenden Generationen von jungen Ärztinnen zur außerordentlichen wissenschaftlichen Ehre gereichen möge! Allerdings wird die Ehre auch durch die Weiterentwicklung der verschiedenen Peisträgerinnen geprägt werden! Umso stärker werden meine persönlichen Wünsche Ihr Fortkommen, liebe Frau Simon, begleiten. Noch einmal: dem Preis und Ihnen als erster Preisträgerin gelten meine besten Zukunftswünsche: ad multos annos!

Rede anlässlich der Verleihung des IzS-Wissenschaftspreises für Medizin an Heike Allgayer

am 21. Januar 2004 im Klinikum der Universität Frankfurt

Professor Dr. Thomas Vogl, Präsident der Landesärztekammer Alfred Möhrle, Prof. Dr., Dr. mult. h. c. Christiane Nüsslein-Volhard

Wir möchten niemanden langweilen, aber: bevor ich zum offiziellen Teil meiner Aufgabe übergehe, ist es mir ein Anliegen, ein echtes Bedürfnis, Dank zu sagen. Ich möchte mich bei all denen bedanken, die diesen Weg mit mir bis zu diesem besonderen Tag gegangen sind und ihn dadurch erst ermöglichen. Allein hätte ich dies alles nie zusammengebracht, und Sie werden sich wundern, wie viele Menschen es für einen solchen Preis braucht. Offensichtlich haben diese alle den Grundgedanken der IzS-Stiftung verstanden und unterstützen ihn, der da ist: Benachteiligte der Gesellschaft zu stützen – heute zumeist Frauen und Kinder. Möglicherweise wehren sich manche hier im Raum nun innerlich dagegen, Wissenschaftlerinnen als Benachteiligte der Gesellschaft zu outen. Aber es ist so.

Meine Damen und besonders meine Herren, Frauen haben es in der medizinischen Wissenschaft schwerer als Männer, die mit ihrem Netzwerk seit Generationen erfolgreich powern. Ich habe noch keine Wissenschaftlerin gesprochen, die keine Klagen vorzubringen hatte. Wir haben uns daher die Eliteförderung der Wissenschaftlerinnen in der und für die Medizin auf unser Banner geschrieben. Wir unterstützen damit Frauen und die Wissenschaft gleichermaßen. Letzteres kann man anhand der Qualität der Preisarbeiten beweisen.

Mein Dank gilt in erster Linie meinem Vorstand und meinem Kuratorium, den tapferen Mitstreitern – Streiter ist manchmal schon das rechte Wort, denn wir müssen uns nicht nach innen, aber vor allem nach außen durchsetzen. Dies sind in alphabetischer Reihenfolge: Dieter Kleine, Ulrike Knapp, Claudia Schellenberger-Hauk, Babette Simon und Olof Graf Sponeck als Vorstände, Helmut Kammerlocher und Helga Rehder als Kuratorium, also Aufsichtsräte. Auch der Landesärztekammer und ihren Gremien sei in diesem Zusammenhang herzlich gedankt. Liebe Frau Vizepräsidentin Stüwe, Ihre Unterstützung, die wir nun schon zum zweiten Mal im Vorfeld bei der Preisausschreibung, bei der Bearbeitung der Eingänge und bei der Pressearbeit durch ihre Gremien erhalten, ist uns sehr wertvoll. Ich möchte hier besonders Frau Katja Möhrle und Herrn Olof Bender hervorheben.

Vor erst eineinhalb Jahren haben wir uns um einen Wissenschaftlichen Beirat vergrößert, welches ein wichtiger Schritt in die richtige Richtung war, weil er nämlich tatsächlich funktioniert, an der Preisgestaltung mitarbeitet, Ideen einbringt, für die ich immer sehr dankbar bin. Es sind die Professoren Albrecht Encke, Manfred Kaufmann, Wolf Singer, Marianne Springer-Kremser, Dr. Hasselblatt für die LÄK und auch hier die Beiratsvorsitzende Helga Rehder, die überhaupt meine wesentlichste Stütze in allen Jahren von Anbeginn war und ist. Der Beirat hat vor allem die Jury bestimmt. Bestimmen reicht aber nicht, sie haben sie auch dazu bewegt, ehrenamtlich und einigermaßen zeitgerecht mitzuarbeiten!

Der heutige Abend ist letztendlich durch die erhebliche gemeinsame Arbeit der Jury und des wissenschaftlichen Beirats zustande gekommen, 17 wissenschaftliche Arbeiten müssen nicht nur gelesen, sondern beurteilt und gegeneinander abgewogen werden – herzlichen Dank den Jurymitgliedern, den Professoren Kiechle, Henne-Bruns, Fonatsch und Pietsch! Mein vorletzter Dank gilt Ihnen, lieber Professor Vogl, für Ihre unkomplizierte Unterstützung, indem Sie uns in die Frankfurter Medizinische Gesellschaft für einen Abend integriert haben!

Das Besondere habe ich mir bis zuletzt aufgehoben, liebe Frau Nüsslein-Vollhard! Sie haben auf den Brief einer Unbekannten spontan zugesagt, heute hier vor uns zu reden. Sie ehren dadurch nicht nur unsere heutige Preisträgerin ganz außerordentlich, sondern darüber hinaus auch die ganze Stiftung. Es ist für uns wie ein Ritterschlag! Ich bin sehr froh darüber, dass Sie, eine der hervorragendsten Gestalten deutscher Wissenschaft, offensichtlich unseren Wunsch unterstützen, junge Medizinerinnen, die oftmals des Kämpfens müde werden, zu ermutigen weiterzumachen, auch wenn der Weg steinig ist.

Nun aber zu unserer Hauptperson: Liebe Frau Allgayer, darf ich Sie zu mir bitten.

Der Wissenschaftliche Beirat und die Jury der IzS-Stiftung hat Ihrer Arbeit unter 17 eingereichten anderen Arbeiten den Preis zugesprochen. Ich darf ihn hiermit verleihen und verlese die Urkunde.

Herzlichen Glückwunsch!

IzS-Wissenschaftspreis für Heike Allgayer (Mitte),
rechts: Prof. Dr. Dr. h. c. mult. Christiane Nüsslein-Volhard (rechts)

Gegen weibliche Verstümmelung

Verleihung des ersten Menschenrechtspreises der Ingrid zu Solms-Stiftung (IzS) an FORWARD Germany e.V. Rede am 25.11.02 in der St. Katharinenkirche, Frankfurt

Unter den Gästen: Alice Schwarzer als Schirmherrin von Forward Germany an dem Abend,
Dr. Tobe Levin v. Gleichen, Vorstandsvorsitzende von Forward Germany e.V und deren Mitglieder

Dies ist wahrlich ein Tag großer Freude für uns – aus zweierlei Hinsicht! Erstens ist der Zuspruch zu unserer Einladung groß. Das zeigt uns, dass unsere Gedanken verstanden und vielleicht sogar geteilt werden. Seien Sie alle daher herzlich willkommen!

Darüber hinaus ist es aus unserer Sicht ein besonderer Tag, weil heute der Weltfrauentag der UNO zu feiern ist. Wir haben dieses Datum allerdings mit Absicht gewählt. Mit voller Absicht verleiht die IzS-Stiftung ihren ersten Menschenrechtspreis an Frauen. Warum? In vielen Teilen dieser Erde ist noch nicht Allgemeingut, dass Menschenrechte auch Frauenrechte sind! Frauen sind dort nämlich leider Menschen zweiter Klasse. Hier in Deutschland erleben wir uns in voller Selbstverständlichkeit alle als gleiche Menschen, denn wir sind seit Jahrzehnten vor dem Gesetz Männern gleichgestellt und können dies einklagen, wenn es nötig ist. Tun wir auch ab und an! *Woanders ist es anders:*

In den meisten afrikanischen und asiatischen Ländern sind Frauen den Vätern, Onkeln, Brüdern, Cousins, Ehemännern und deren Befürchtungen voll ausgeliefert, auch wenn das Gleichstellungsgesetz in vielen dieser Ländern offiziell gilt. Frauen haben aber kaum Möglichkeiten, sich anders zu verhalten als von Männern bestimmt. Von Selbstbestimmung keine Rede. Wenn wir von diesen Befürchtungen der Männer hören, müssen wir fragen: Was fürchten diese Männer eigentlich? An erster Stelle sind wohl sexuelle Befürchtungen zu nennen, die der Familienehre zugeschrieben werden, aber es existieren auch medizinisch nicht haltbare Infektionsängste vor Frauen. Seit Jahrhunderten haben sich daraus archaische Traditionen entwickelt, die der Religion oder Kultur zugewiesen werden: Female Gender Mutilation oder Frauenbeschneidungen.

Es stellt sich die Frage, ob diese Traditionen weiblicher Beschneidungen vielleicht eher aus wirtschaftlicher Sicht zu verstehen sind? Im Klartext: ein beschnittenes, am besten danach auch noch zugenähtes Mädchen bringt der Familie mehr Ehre und damit mehr Brautgeld. Daraus hat sich eine Sitte – Unsitte – gebildet, die zwar von Männern ausgeht, aber von Frauen ihren kleinen Töchtern oder anderen abhängigen weiblichen Verwandten angetan wird. Das Motto dazu lautet: „Frauen ergeht es allen gleich, dir soll es ergehen wie es auch mir ergangen ist. Du teilst allgemeines Frauenschicksal!“

Wir Frauen der sogenannten westlichen Welt kennen es anders! Wir denken, eine Frau muss nicht beschnitten sein, um ehrenvoll leben zu können – sie muss darüber hinaus das Recht zur gleichen Erfüllung haben wie der Mann! Ganz zu schweigen von anderen Gesundheitsproblemen, die durch die Beschneidung für das weibliche Kind entstehen können. Ich spreche von Schmerzen und Infektionen, die bei beschnittenen Frauen durch die Beschneidung zumeist ein Leben lang anhalten und grauenvoll sein können. Die IzS-Stiftung will daher heute einen Menschenrechtspreis gegen diese Unmenschlichkeit stiften und zwar an eine Frauenorganisation, welche nicht nur in Afrika, sondern auch hier in Deutschland aufklärt und Tabus brechen hilft.

Warum ist es hier überhaupt notwendig? Ich möchte vorwegnehmen:

Wir wollen nicht eine andere Kultur anprangern, andere Frauen etwa diskriminieren, wir wollen aber Offenheit signalisieren, Solidarität und Tatkraft. Wir bieten Hilfe, wenn Sie denn unsere helfende Hand akzeptieren wollen. Viele fragen vielleicht: Werden Menschenrechte nicht von staatlichen Stellen, so von der Völkergemeinschaft der UN, ausreichend eingefordert? Das werden sie sicher, die Gesetze werden von den Staaten auch unterschrieben; zuhause wird es aber vergessen, sie umzusetzen! Die Gleichstellungsgesetze werden vor Ort nur halbherzig praktiziert. Viele ausländische Frauen, die nach Deutschland kommen, wissen daher gar nicht, dass hier Frauen niemals beschnitten werden, dass es gesetzlich sogar untersagt ist.

Wir als IzS-Stiftung wollen daher hier vor Ort in Frankfurt Frauenrechte unter den ausländischen Frauen öffentlich machen; wir wollen hier vor Ort Frauenrechte anregen und verstärken, zu denen übrigens auch die bewusste Begrenzung der Mutterschaft gehört! Damit möchten wir gleichzeitig etwas für die Integration von Fremden in unsere Kultur tun. Kein Wunder also, dass der Preis an eine Organisation geht, welche Frauen aus der afrikanischen Welt in Frankfurt betreut.

FORWARD GERMANY erhält den Preis allerdings für ihr Mädchenprojekt in Hessen. Sie unternehmen dies, um Mädchen im Alter von 12 Jahren und mehr klar zu machen, dass sie, wenn sie hier leben wollen, sich hier in Deutschland gegen solche Tradition stellen müssen! Denn das deutsche Gesetz verbietet Beschneidungen. Notfalls helfen Jugendämter.

Der Gedanke zu dieser Preisverleihung ist mir übrigens erstmals durch einen Film gekommen, welcher im ZDF ausgestrahlt wurde. Es zeigt ein mit versteckter Kamera gefilmtes Interview zwischen einem Arzt und einem gestellten Schauspielerehepaar. Der in der Bundesrepublik Deutschland approbierte, niedergelassene Arzt versprach, die kleine Tochter für 4000 DM in Berlin zu beschneiden. Ein Fall von schwerer Körperverletzung und von Nichteinhaltung der Gesetze der

BRD und keine Hilfe für die Integration von Ausländern in unser Land! Dieses Interview hat in Berlin stattgefunden. Zu unserer Schande muss gestanden werden, dass der Arzt nicht verurteilt werden konnte, weil das gestellte Schauspielerpaar vor Gericht nicht aussagen wollte. Es hatte Angst vor Ausschluss aus der afrikanischen Community und tauchte unter!

Mit anderen Worten: Die Gefahr der weiblichen Genitalverstümmelung lauert auch hier! Hier auch ein Wort zur Macht fremdländischer Communities: Sie ist enorm, denn diese Menschen haben keine Deutschen als Vertrauensperson. Wer nimmt notfalls eine afrikanische Frau in seine deutsche Familie auf? Wir geben höchstens Geld ... Das Mädchenprojekt von FORWARD GERMANY ist eine Möglichkeit der Abwehr, eine private, individuelle, nicht staatliche Abwehr.

Eine andere Abwehr wäre, wenn man der IzS-Stiftung Material über ähnliche Vorgänge wie in Berlin zur Verfügung stellen würde, damit die Justiz von uns eingeschaltet werden könnte. Wir sind bereit!

Zuletzt: WIR kämpfen gemeinsam mit FORWARD Germany und sicher mit Ihnen allen hier im Raum um die Ehre der afrikanischen Frau, welche – genau wie wir westlichen Frauen – sehr wohl in der Lage ist, sich sexuell und gesundheitlich selbst zu bestimmen, ohne dadurch eine Gefahr für ihre Gesellschaft zu werden!

Nun komme ich zur Preisverleihung. Ich bitte Dr. Tobe Levin v. Gleichen, als Vorstandsvorsitzende von Forward Germany e.V., zu mir, um ihr die Urkunde der Verleihung des Menschenrechtspreises 2002 der Ingrid zu Solms-Stiftung zu übergeben.

Weiter so – viel Glück auf dem Weg!

So soll Kunst entstehen

Dankesrede auf Isabel Mundry nach der Uraufführung ihrer Dufay-Bearbeitungen im Mozartsaal der Alten Oper Frankfurt

Ich denke, ich spreche allen aus dem Herzen, wenn ich sage: Wir haben eben etwas Besonderes erlebt, musikalisch, aber auch szenisch. Seit ich von Isabel Mundry hörte, wusste ich, dass sie Klang, Raum und Zeit verbindet. Sie hat einmal den Satz gesagt: Wenn ich Räume sehe, höre ich Musik, wenn ich Musik höre, imaginiere ich Räume. Daher ist das Besondere an ihrer Musik der Zusammenhang mit räumlicher Imagination. Die veränderte Räumlichkeit der Instrumente verändert nämlich die Akustik.

Es ist mir daher eine große Freude, Ihnen die Dufay-Bearbeitungen I-III heute hier als unseren Kompositionsauftrag vorstellen zu können. Ich denke, wir haben damit etwas Gutes auf den Weg gebracht.

Wieso gibt es überhaupt Kompositionsaufträge? Sie haben eine lange Tradition. Beethoven soll der erste Weltmeister im Einsammeln von solchen Kompositionsaufträgen gewesen sein, habe lange Zeit nur davon gelebt – und nicht schlecht! Das könnte kein Musiker heute in Deutschland. Aber in USA kommt eine neue Tradition auf, bei besonderen Anlässen auf Geschenke zu verzichten und um Unterstützung betreffend eines Kompositionsauftrags zu bitten. Ich sage dies nicht ohne Grund, nämlich zur Anregung!

Wir haben nach längerem Suchen Isabel Mundry für einen solchen Auftrag gefunden. Die Komposition stammt ursprünglich von Chansons des niederländischen Kirchenmusikers Guillaume Dufay aus dem 16. Jahrhundert, sie wurde von Isabel Mundry auf andere Instrumente und eine neue Räumlichkeit transformiert . Das bedeutet: einen Teil der Musiker sehen und hören Sie auf der seitlichen Empore, ein neues akustisches Erlebnis, auf das mich der Intendant dieses Hauses, Herr Michael Hocks, aufmerksam gemacht hat. Daher ein Wort an die konservativen Zuhörer unter Ihnen, die Sie dies alles vielleicht als sehr modern ansehen: Auch Mozart war einmal ein moderner Musiker, ein junger Wilder, zu dem sein Kaiser und Auftraggeber einmal sagte: „Schreibe er weniger Noten!“ Und wie gern hören wir heute jede einzelne von ihnen!

Die Musikerin Isabel Mundry ist ein Glücksfall für uns. Sie sucht einen neuen Weg. Ich bin sehr dankbar, dass sie unseren Auftrag angenommen hat und wünsche ihr und jetzt auch uns den gleichen Erfolg wie ihn einst Mozart hatte: dass ihre Musik den Weg durch Raum und Zeit gehen möge, den darzustellen sie so gut beherrscht: durch Jahrhunderte und durch die Welt!

IzS Stiftung – Menschenrechtspreis an Seyran Ates

Aus einer Rede, gehalten am 10. Oktober 2007 in Frankfurt

Es ist mir eine Ehre und eine besonders große Freude, als Vorsitzende der IzS-Stiftung den IzS-Menschenrechtspreis 2007 an eine besonders tapfere und mutige Frau, an die türkisch-deutsche Rechtsanwältin Seyran Ates, vergeben zu können. Diesen Menschenrechtspreis vergibt die IzS-Stiftung nicht regelmäßig, nicht jedes Jahr, sondern nur, wenn wir das Gefühl haben, wir haben eine besonders würdige Person gefunden.

Die erste Vergabe erfolgte 2002 an FORWARD Germany e.V., welcher unter der Leitung von Tobe Levin von Gleichen einen sehr schweren, hartnäckigen Kampf gegen die Beschneidung von Mädchen führt. Der Preis war zur finanziellen Unterstützung von Mädchen gegen die Beschneidung gegeben, die ihnen drohen könnte, obwohl sie in der Bundesrepublik Deutschland leben. Nachdem ich vor zwei Jahren in Berlin die Rechtsanwältin Seyran Ates gesprochen habe, war mir klar: wir haben wieder eine Kandidatin! Warum passt sie zu unserer Preisausschreibung?

Seyran Ates arbeitet als Rechtsanwältin in Deutschland. Rechtsanwälte vertreten deutsches Recht, wenn sie hier niedergelassen sind. Wenn Rechtsanwälte bei der Verteidigung der Gesetze dieses Landes von anderen in diesem Lande Lebenden physisch wie psychisch so angegriffen werden, dass sie um ihr Leben fürchten müssen, dass ihnen jahrelang Personenschutz gewährt werden muss, dass sie gar ihren Beruf nicht mehr ausüben können, mit allen sich daraus ergebenden Folgen – dann ist eine Toleranzschwelle überschritten! Ich spreche hierbei über etwas, das unsere Preisträgerin erlebt hat und immer noch erlebt. Dabei ist ihr Verhalten nur das einer völlig normalen Rechtsanwältin, spezialisiert auf Familienrecht! Sie vertritt u.a. türkische Frauen vor Gericht, die ihre türkische Ehe aufgeben wollen. Damit wird die Ehrvorstellung erzkonservativer türkischer Männer angegriffen! Diese bedrohen nicht nur die Ehefrau, die sie verlassen will, sondern vor allem die Rechtsanwältin, die diese darin laut deutschem Recht verteidigt. Eine Kugel ging knapp an ihrer Halsschlagader vorbei, ein anderes Mal ist Seyran Ates „nur" zu Fall gebracht worden. In einem anonymen Telefonanruf wurde sie unlängst „beruhigt": Wir tuen dir in Zukunft nichts an, wir nehmen nur deine Tochter …

Hier müssen wir uns als Deutsche identifizieren, Farbe bekennen. Das tut die IzS-Stiftung, denn sie verleiht den Menschenrechtspreis 2007 an Seyran Ates für ihren Kampf für die Rechte türkischer Frauen, die sich in der Bundesrepublik Deutschland unter die hier herrschenden Gesetze stellen! Herzlichen Glückwunsch!

Ausschnitt aus Reden für Zarifa Ghafari

Foto im Saal der Evangelischen Akademie Frankfurt am 1. November 2022 – (v.l.) Prof. Dr. Elisabeth Koch, Prof. Dr. Susanne Schröter, die Stifterin. Beigeschaltet aus Kabul: die Preisträgerin Menschenrechte 2020, Zarifa Ghafari

The IzS-Foundation was founded in 1993/94 as a foundation to give awards to young scientists in medecine, later also in natural science and culture. In 2005 we extended the foundation and since then we also have been giving awards to women who work for Human Rights as written in the UN paper.

Our award winner of 2020 was a young Mayor from Afghanistan, from whom we read and learned by a Swiss Newspaper, the Zürcher Zeitung.

She passed our Jury, but we could not pass the award to her in that year, because of Corona, but we could give it to her together with the winner of 2021: Migrantinnen für Säkularität und Selbstbestimmung, or shortened „MSS“ in person Naila Chikhi and Fatma Keser. At July 1st the granting of the awards took place in Frankfurt; we gave the award to the two ladies of MSS in Frankfurt and to Zarifa Ghafari by zoom in Kabul. It was about six weeks before she had to escape …

Now, who is this Zarifa Ghafari ?

1992 born in Paktia, Afghanistan, oldest of six siblings. Her father was colonel in the army, her mother studied physics; both parents were Pashtunes. When she was 6 the Taliban firstly took over, therefore she could not enter school before the age of 12. She finished High School in the Paktio Province, to where her parents moved and later studied economy at the Panjab University in India. Already during her studies she started to build up a NGO: APAW Assistance and Promotion of

Afghan Women and moreover a broadcast for young females: PeghlaFM. By that her career started!

In November 2018 she became Mayor of Maidan Shar, capital city oft the Wardak Province, with 35 000 inhabitants. She was the youngest to be appointed, then 26. men with guns prevented her to enter her office. Months later she could start to work. She survived several attacks, resided in Kabul because of the danger to be murdered in Maidan Shar, even though she was always accompanied by a guide. Her father was shot in November 2020. Her efforts for the city were great: She opened a marked for women only, by this she created jobs for women. Those jobs were seldom to get. She also introduced an anti-litter campaign in town, where most women can not read or write.

Her efforts were not only great as role model for other Afghan women but accomanied by deeds for all inhabitants of her city: e. g. she demanded to keep the city clean and tried to sell old paper and metalls for the cash balance of the city ... Enough for the Taliban to hate her.

Remember: At July 1st the Ingrid zu Solms AWARD for human rights was given to her via Zoom. 5–6 weeks later the Taliban stood outside Kabul, her life was in danger and a disastrous time began. That gave me a bad conscience, because I feared that our award might bring her even in greater danger. Now we got connected by WhatsApp. Her problem was, that she had not worked for any foreign country or armed forces, she worked for a free Afghanistan! Therefore she was not at a list of German Ortskräfte, who came more or less automatically on a list to fly out. The female German minister of defense Annegret Kramp-Karrenbauer understood me. And Zarifa Ghafari came on the German list. She and her family of 8 persons could leave Kabul on a Turkish aircraft via Islamabad and Istanbul by their own. Yet at last by this list they received in Istanbul visa for Germany by the German ambassador to Turkey and could fly with Pegasus to Düsseldorf... on the evening of August 23rd they all landed.

Once more: Welcome, Zarifa Ghafari!

Gymnasium Internat Schloss Hansenberg – Stipendium 2022

Sehr geehrter Herr Schuldirektor, sehr geehrte Frau v. Zitzewitz, sehr verehrte Lehrerinnen und Lehrer, meine Damen und Herren, aber vor allem liebe Schülerinnen und Schüler des Internats Schloss Hansenberg!

Wir alle begehen dieses Weihnachtsfest mit geteilten Gefühlen, da einerseits in Europa ein grauenvoller Krieg tobt mit schlimmen Folgen auch wirtschaftlicher Natur, wir andrerseits froh sind, dass Corona nachlässt und wir endlich wieder relativ unbeschränkt miteinander umgehen können.

So sind wir froh, das Stipendium der IzS-Stiftung und die ganze Stiftung wieder persönlich vorstellen zu können. Wir wurden 1993/94 gegründet und vergeben seither alle zwei Jahre jeweils einen Preis an eine herausragende Wissenschaftlerin, die in der oder für die Medizin arbeitet, und in den Naturwissenschaften, also den sogenannten MINT-Fächern; ferner für Frauen in der Kunst und last not least für Menschen, die sich für Menschenrechte einsetzen. Das sind zumeist die Rechte von Frauen, die in vielen Ländern überhaupt nicht gewahrt, in anderen nur teilweise umgesetzt werden. Wir sprechen da nicht nur vom Iran.

Liebe Schülerinnen, seit Gründung 2003 vergibt die IzS-Stiftung jährlich zusätzlich ein Stipendium für eine Schülerin, die sich nicht nur in ihren schulischen Leistungen bewährt hat, sondern auch in ihrem sozialen Engagement. Nächstes Jahr werden es bereits 20 Stipendiatinnen sein! Das Stipendium unfasst die Übernahme der Internatskosten und das Angebot der Teilnahme an den Angeboten der Stiftung, auch im Sinne von coaching durch unsere Preisträgerinnen! Das ist m.E. nicht zu verachten und man sollte davon Gebrauch machen.

Wir freuen uns sehr, wenn viele Schülerinnen unsere Ausschreibungen wahrnehmen, die Jury aus dem Beirat kann aber leider nur eine Schülerin pro Jahr beehren. Denen, die das Stipendium nicht gewonnen haben, möchte ich zurufen: Es ehrt alle, die die Herausforderung der Teilnahme annehmen! Es ist wie bei Olympia: Dabeisein ist alles!

Jetzt komme ich zur Verleihung des Stipendiums 2022 der Ingrid zu Solms-Stiftung. Herzlichen Glückwunsch!

Was hat mich Stifterin werden lassen? Goldenes Stifterbuch der Stadt Frankfurt am Main

Dank an die Mitwirkenden am 22. November 2010 im Limpurgsaal des Römers

Unter den Gästen: Stadtrat, Kulturdezernent und Festredner Professor Felix Semmelroth, Mitwirkende der IzS-Stiftung

Sie sehen mich hoch erfreut über all das, was Sie gesagt haben! Ich denke, ich kann im Namen aller Mitglieder des Kuratoriums und des Vorstands der IzS-Stiftung sprechen, wenn ich sage: Wir alle arbeiten gemeinsam an der Stiftung und ihren Idealen, wir fühlen uns durch Ihre Worte alle gemeinsam geehrt und – ja – endlich auch einmal bestätigt in dem, was wir da so tun. Sehr herzlichen Dank dafür!

Was hat mich zum Stiften gebracht? Bei so einem Anlass steht die Frage im Raum. Man kann verschiedene Gründe anführen, die aus „normalen" Menschen Stifter werden lassen – meist wird angeführt, dass man der Gesellschaft, die gut zu einem war, etwas zurückgeben möchte. Dieser Gedanke war jedoch bei mir nicht relevant. Aber es sind drei andere!

Zuerst der, dass ich gern über meine eigenen Lebensgrenzen hinweg etwas in die Zukunft hinein gestalten möchte. Es ist mein Versuch eines winzigen Beitrags dazu, dass man die Welt ein bisschen besser gemacht haben sollte, wenn man sie wieder verlässt.

Ein zweiter Grund ist, dass ich mich diesem Land tatsächlich sehr verbunden fühle und jahrelang den Exodus von geistiger Elite als ein großes Manko empfunden habe. Es gab diesen Exodus geistiger Elite ja nicht nur in den Jahren 1933 bis 1939, sondern es gibt ihn im starken

Maße seit 1945, wenn auch aus anderen, zumeist finanziellen Gründen. Seit diesen Jahren droht das Land in ein Mittelmaß abzudriften, auch weil man vorhandene, hier gebliebene geistige Eliten nicht genug fördert. Teilweise ist die Förderung in Abwehr einer Wiedergeburt des Gedankenguts brauner Eliten unterblieben (die ja nun niemand will), teilweise geschah und geschieht es bei den 68ern und ihren Nachfolgern in Abkehr von falsch verstandenem Autoritäts-Denken (ich erinnere an den Slogan vom Muff in den Talaren). Ein hochintellektuelles Land braucht jedoch Talare, um nicht in großes Mittelmaß zu geraten! Und es braucht auch eine erzieherische Autorität.

Auch dies hat mich umgetrieben und später angetrieben, mit meinen geringen Mitteln dagegen zu steuern – einfach um Farbe zu bekennen. Vergessen wir nicht, dass man hier erst nach der Veröffentlichung der ersten Pisa-Studie und dem bald darauf folgenden Exzellenztrend der Universitäten umdachte und in der BRD jetzt auch Eliten fördert, die man aber Exzellenzen nennen muss! Wir aber, die IzS-Stiftung, leben diese Elitenförderung seit 1994! Darauf sind wir stolz!

Am Stiftungsanfang war das Wort „Elite“ im Übrigen auch bei uns so verpönt, so dass mein erster Vorstand mit Austritt drohte, sollte ich das Wort bei meinen Reden weiterhin benutzen. Ich blieb standhaft! Das Kopfschütteln in der ersten Reihe habe ich sehr wohl gesehen – und übersehen! Und sie sind trotzdem geblieben. Die meisten sind zu meiner Freude auch heute hier!

Zur Willensbildung kommt noch ein dritter Punkt hinzu. Seit meiner Kindheit ist mir ein gewisser Gerechtigkeitssinn nachgesagt worden, der mich immer aufgebracht hat, wenn der Gerechtigkeit aus meiner Sicht nicht Genüge getan wurde, warum auch immer. Das hat mich dem Frauenthema nähergebracht.

Aber der letzte Impetus zur Stiftungsgründung kam von außen, nicht von mir. Ich wusste zwar, dass eine kinderlose Person sich Gedanken über Erbfolge machen sollte, aber das war es auch. Ich wusste nicht, was ich eigentlich wollen sollte. Es passte noch nicht zusammen, was da gärte. Der zündende Gedanke kam schließlich von außen. Ich war 1994 als Vorsitzende der Gruppe Frankfurt auf dem Kongress des deutschen Ärztinnenbundes, als die damalige Präsidentin Ute Otten in ihrer Rede beklagte: „Zur Verbesserung der miserablen Situation der Ärztinnen in der Wissenschaftskarriere fehlt ein Wissenschaftspreis für Ärztinnen!“ Es hat sofort bei mir Klick gemacht! Jetzt kam plötzlich alles zusammen! Ich ging sofort zu ihr und sagte: „Wenn das Ihr Ernst ist, dann haben Sie den Preis! Ich gründe dafür eine Stiftung!“ Gesagt – getan.

Und schnell getan! Ich habe deswegen Anlass, einem Anwesenden besonders herzlich zu danken. Ich bezeichne ihn immer als unseren guten Geist. Er selbst bezeichnet sich gern als unsere Hebamme: Magistratsdirektor Peter Peiker! Er war gewillt, in alles entscheidenden Satzungsfragen schnell und uneigennützig zu beraten. Es tat gut und es tut heute noch gut zu wissen, dass Sie bei uns sind, lieber Herr Peiker! Danke!

Damit bin ich mit dem Danken aber noch nicht zu Ende! Ich habe heute ebenso großen Anlass, einer Frau zu danken, nämlich Sela Birkner. Sie hat unsere Seite im Goldenen Buch, wie sie da vor uns liegt, für uns gestaltet. Ich denke, sehr geschmackvoll! Darüber hinaus hat sie mit unseren Vorständen Michael Steinau und Vera Bloemer gemeinsam unsere Webseite auf den Kopf gestellt – und siehe da, die Seite kam verjüngt hervor! Es ist geradezu fantastisch, wie Sie sich ehrenamtlich einbringen! Man sollte Sie weiterempfehlen, aber wir wollen Sie ja allein für uns behalten!

Wie ging es weiter nach der Gründung? Holprig! Die Trennung vom Deutschen Ärztinnenbund erfolgte vier Jahre später, weil diese den Preis nicht nur an Wissenschaftlerinnen, sondern auch an Frauenbeauftragte, die für die Durchsetzung der Quote arbeiten, geben wollten; ich aber nicht. Ich hatte und habe mit der Quote nichts am Hut. Der Medizinerpreis ist und bleibt ein reiner Wissenschaftspreis für hervorragende Arbeit zum Fortschritt der Medizin! Darin haben mich auch die jungen Wissenschaftlerinnen bestärkt, mit welchen ich durch den Preis zusammenkam, und die wegen hochwertiger Leistung anerkannt werden wollten, nicht wegen ihrer Weiblichkeit, nicht wegen einer Quote! Die jungen Frauen haben mir allerdings auch die Augen geöffnet über teilweise unglaubliche Schwierigkeiten auf dem Weg zu der obersten Karrierenspitze. Es geht da zu wie bei Vorstandsposten der Dax-Unternehmen. Mit einer Quote können Sie aber nur sehr schlecht Aufsichtsrätinnen, geschweige denn Kliniks- oder Institutsdirektorinnen aus dem Hut zaubern, die Patienten behandeln, ein Klinikum führen und daneben internationale, wissenschaftliche Trends setzen sollen. Sie brauchen geistige Elite, die Verantwortung tragen will, aber vor allem auch tragen kann. Sie brauchen in der Medizin Frauen, welche in langen Jahren von entgegenkommenden Chefs lernen, selber Chef zu sein. Durch Quoten lassen sich solche Frauen schlecht finden, schlecht herausfiltern. – Preise können hilfreich sein!

Ich danke heute allen, die mit mir die Anfangswehen der IzS, die Selbstfindungsphase, überstanden haben, als wir noch mit Identitätsproblemen kämpfen mussten! Es war vor allem Helga Rehder, heute leider in Wien, die mir beim Austritt aus dem DÄB den Rücken stärkte, aber auch Dieter Kleine, Ulrike Knapp, Helmut Kammerlocher, Klaus Reichert, Dr. Kajo Neukirchen, und last not least Frau Staatsministerin a.D. Ruth Wagner. Ich verdanke ihrer aller Einsatz in unseren Anfangsjahren viel!

Sie haben die erste Form der Glocke gegossen, die heute so vielstimmig klingt! Das gilt auch für die Kultur- Beiräte des Anfangs: Hilmar Hoffmann und Alexandra Prinzessin v. Hannover! Beide so bekannt, dass allein der Name auf dem Flyer Hilfe bedeutete!

Der Austritt aus dem DÄB wurde durch die finanzielle Erweiterung der Stiftung auf zusätzliche Preise möglich. Es sind insgesamt alles

Preise geworden für Frauen in für Frauen seltenen Berufssparten: insbesondere in den Naturwissenschaften, Mathematik, Physik, Informatik. Wir können hier aber nur Dissertationsarbeiten belobigen! Es ist eine Schande! Für Habilschriften ist es tatsächlich noch zu früh – es werden zu wenige eingereicht! Das sagt schon alles … Auch in der Kultur wollen wir seltene Sparten belobigen. Malerinnen und Schriftstellerinnen gibt es en masse, auch Pianistinnen und Geigerinnen! Sie brauchen uns nicht. Auf dem Sektor Cello haben wir vier Preisträgerinnen, Nathalie Clein, Kaori Yamagami, Eun-Sun Hong und San-Eun Lee. Auf dem Sektor Komposition gab es bisher nur einen Kompositionsauftrag an Isabell Mundry, auf dem noch schwierigeren Sektor Dirigentin haben wir bisher nur Shiyeon Sung finden können, die heute Assistentin in Boston bei Levine ist.

Es werden auch ANDERE Kultursparten angedacht: Architektur, Regie, Skulptur. Wir haben also noch viel vor!

Betreffs des von Ihnen, Herr Stadtrat, genannten Stipendiums für Mädchen in dem Hochleistungsgymnasium Schloss Hansenberg hoffen wir, unseren eigenen Nachwuchs zu unterstützen, also „Nachhaltigkeit" zu fördern. Das Gymnasium ist nämlich naturwissenschaftlich ausgerichtet. Zusammengefasst: es gibt bei uns Belobigung für Frauen mit hervorragenden Leistungen, die an mehr Fronten zu kämpfen haben als die mit ihnen konkurrierenden Männer! Nämlich zusätzlich:

- gegen Vorurteile – „das können Mädchen nicht! Frauen sind hierfür nicht geeignet!" und
- gegen die „traditionellen" Geschlechtsgenossinnen, die noch nicht im 21. Jahrhundert angekommen sind und ihnen das Leben schwer machen, warum auch immer, zumeist aus schlichter Stutenbeißerei. Das gilt besonders in der Situation, wenn unsere Frauen dann auch noch Mütter werden! Dann schlägt die Missgunst voll zu. Nicht jede kann mit dem Wort Rabenmutter umgehen, wenn sie selbst damit gemeint ist! Das sind Tatsachen!

Übrigens steht in unserer Satzung, dass die IzS-Stiftung für Menschen mit Elitepotenzial, die in Schwierigkeiten sind, kämpft – also gewissermaßen für solche, die noch keine ausreichende Lobby für sich haben. Es steht nicht darin, dass es Frauen sein müssen! Es sind zurzeit aber Frauen! Ich freue mich auf den Tag, an dem wir den ersten Wissenschaftspreis an einen Mann geben können, weil er aus Gründen des männlichen Geschlechts Schwierigkeiten in der Durchsetzung seiner Leistung hat und aufgeben möchte! Aber ich fürchte, dass ich diese Freude nicht mehr erleben werde.

Die Stiftungserweiterung brachte aber auch noch einen ganz anderen Preis, vielleicht den, der mir am meisten am Herzen liegt. Es ist ein Preis für Menschen, also gegebenenfalls auch für Männer, welche für gedemütigte Frauen weltweit kämpfen, nämlich für deren Menschenrechte! Für die Einhaltung des internationalen Status der Frau als Mensch, wie es in der Charta der Vereinten Nationen steht, die von fast allen Staaten unterschrieben, aber dann betreffs der Frauen nicht umgesetzt wird (siehe Steinigung im Iran)! Es ist ein andauernder Skandal!

Leider kann unsere letzte Preisträgerin Sabatina James, die seit circa zehn Jahren gegen die Zwangsehen kämpft – heute nicht kommen. Ich bin stolz auf sie, wie auch auf Ihre Vorgängerinnen: Seyran Ates in ihrem Kampf für die Rechte türkischer Frauen in Deutschland und Tobe Levin von Gleichen in ihrem Kampf gegen die Beschneidung von Mädchen. Ich bedaure sehr, dass wir hier bisher wenig verändern konnten.

Alles, was ich aufgezählt habe, macht Arbeit – ehrenamtliche Arbeit. Alle, die mit mir für die IzS-Stiftung tätig sind, arbeiten ehrenamtlich und stehen mir großartig zur Seite! Gerade in den jetzigen Zeiten, in denen wir feststellen, dass wir von keiner anderen Institution Hilfe bei den Preisausschreibungen bekommen können, da wir selbständig bleiben wollen, nicht von der LÄK, nicht von der Universität. So müssen wir uns mal wieder tapfer auf unsere eigenen Kräfte besinnen, tun es auch!

Ich danke in alphabetischer Reihenfolge ausdrücklich den Mitgliedern des Kuratoriums:

Dr. Ulrike Bilstein, Dr. Jürgen Krumnow, Prof. Dr. Helga Rehder, Prof. Dr. Rudolf Steinberg; Prof. Dr. Babette Simon.

Ferner danke ich den Mitgliedern des heutigen Vorstands: Prof. Dr. Jürgen Bereiter-Hahn, Dr. Vera Bloemer, Dieter Brockmeyer, Prof. Dr. Simone Fulda, Olof Graf v. Sponeck, Prof. Dr. Anna Starzinski-Powitz, Michael Steinau.

Beim Danksagen darf ich natürlich die Beiräte mit ihren profunden Ratschlägen nicht vergessen:

Der Medizinerbeirat: unter dem Vorsitz des sehr bewährten, unendlich verlässlichen Professors Dr. Albrecht Encke gemeinsam mit unserem Dekan Prof. Dr. Josef Pfeilschifter, den Professoren Volker Diehl, Manfred Kaufmann, Christiane Nüsslein-Volhard, Wolf Singer, Marianne Springer-Kremser, Ortrud Steinlein.

Der gleiche Dank gilt dem Naturwissenschaftsbeirat unter Vorsitz des ebenso bewährten Prof. Dr. Jürgen Bereiter-Hahn, den Professoren Wolfgang Grill, Hartmut Michel, Volker Mosbrugger, Ekaterina Kostina und natürlich dem Kulturbeirat, Prof. Dr. Norbert Abels, als Chefdramaturg der Oper Frankfurt überaus beschäftigt, hat er sich dennoch die Zeit genommen, mit mir das Musikarchiv der Frau zu inspizieren und zu begutachten – Danke!

Und genau so danke ich:

- den Fellows, der Gemeinschaft des kostbaren Mittelpunkts unserer Stiftung, den erstklassigen Preisträgerinnen, die die Reputation unserer Stiftung ausmachen (was denn sonst!), die getreulich zusammenhalten, sich gegenseitig stützen, einen jährlichen Workshop abhalten, alles unter der Leitung von Prof. Dr. Dr. Heike Allgayer, 5. Preisträgerin aus 2003, heute Leiterin der Abteilung für experimentelle Chirurgie am Uni-Klinikum Mannheim und zusätzlich Leiterin der Abt. für molekulare Onkologie am DKFZ Heidelberg und stolze Mutter einer sechs Monate alten Tochter!

– den Freunden der IzS unter Dr. Vera Bloemer, die sich enorm für uns einsetzt, u.a. ehrgeizige Ziele für uns zusammen mit anderen verfolgt … Hier wird gemeinsam mit männlichen Mitgliedern darüber nach-geträumt, ob man eine Stiftungsprofessur errichten kann … irgendwann … wenn ich längst tot bin.

All das braucht sehr viel Geld! Ein leidiges Thema. Wir sind nämlich eine selbständige Stiftung, die nur aus sich heraus lebt! In den Jahren seit Gründung haben wir pro Jahr maximal 100 € Spenden bekommen, fremde Zustiftungen erhalten von insgesamt 1260 € in 15 Jahren! Über diese Anerkennung haben wir uns sehr gefreut. Weitere Zustiftungen wären immer willkommen. Aber:

Wir bedienen eben keinen Mitleidsfaktor, arbeiten nicht für Arme, Alte, Arbeitslose! Oder zumindest nicht direkt. Wir kommen von der anderen Seite, wollen nicht von unten anheben, sondern nach oben hochziehen! Getreu dem Motto: Wer die werdende geistige Elite unterstützt, unterstützt auch die anderen, zwar indirekt, aber effektvoll!

Wir haben einen intellektuellen Überbau, welcher meist als gut bezeichnet, aber leider nur verbal unterstützt wird. Ansonsten unterstützt auch die etablierte Elite nicht die werdende Elite dieses Landes! Insofern hat es also bei mir als Stifterin mit einer angeforderten Aufgabe nicht geklappt: nämlich andere anzustiften … Obwohl wir z.B. durch Unterstützung der Grundlagenforschung in der Medizin sicher indirekt für Kranke, Alte und Kinder, durch Grundlagenforschung in den Naturwissenschaften für neue Arbeitssparten eintreten. Wir passen nicht in den Mitleidskatalog – gestrichen und vergessen!

Wir lassen uns aber nicht beirren, sind standhaft! Wir suchen weiter Preisträgerinnen, die www sind: weiblich, würdig, wissenschaftlich.

Eintragung ins Goldene Stiftungsbuch der Stadt Frankfurt

Ein neuer Slogan für die Stiftung, erfunden von unserem Vorstandsmitglied Michael Steinau. Ich darf mich noch einmal bedanken: Bei Ihnen, Herr Professor Semmelroth, für die Ehrung und die großzügige Gestaltung dieses Abends, bei Eun-Sun Hong, unserer Cellistin, für deren hervorragendes Programm und für Ihre Bereitschaft, liebe Eun-Sun, heute uns den Abend zu verschönern und für Ihr hinreißendes Spiel! Es ist wieder einmal klar geworden, dass wir Recht hatten, Ihnen unseren Kulturpreis 2007 zu verleihen! Allen danke ich, die Sie heute hierhergekommen sind, um mit uns diesen ehrenvollen Tag zu begehen! Vor allem bei den Vertretern des Magistrats, der Stadtverordnetenversammlung, und der Parteien, aber auch den Personen aus den Vorständen der anderen Stiftungen, also sozusagen bei den Kollegen, mit denen wir uns gerne austauschen werden! Ihrer aller Anwesenheit, ja, die Anwesenheit jedes Einzelnen, lässt ein wärmendes Licht auf uns scheinen, auf unsere Arbeit und vor allem auf unsere hervorragenden Preisträgerinnen! Das brauchen sie! Das brauchen wir!

Zuletzt danke ich meinen Freunden und meiner Familie, die mir vieles nachsehen müssen! Ich fürchte allerdings, dass das so weitergehen wird! Denn ich möchte gerne weitermachen getreu meines von Goethe abgewandelten Leitspruchs: Zu neuen Ufern lockt eine neue Tat!

Schaun mer mal … was es noch zu tun gibt!

25 Jahre IzS-Stiftung: Gremiumsmitglieder IzS-Stiftung mit Preisträgerin Düzen Tekkal (5.v.r.), 2018
Von links: Dr. Vera Blömer, Dr. Ursel Gödel, Prof. Dr. Babette Simon, Prof. Dr. Wolfgang Grill, Prof. Dr. Elisabeth Koch, Prof. Dr. Christine Freitag, Prof. Dr. Heike Allgeyer, Ulrike Bilstein, Prof. Dr. Ulrike Ackermann, IzS, Düzen Tekkal, Babo Graf von Harrach, Katharina Stüber, Cornelia von Wrangen, Jagjeet Anders

Rede zum Elisabeth-Norgall-Preis Stiftung – ein Weg zur Förderung von Frauen

Preis des International Womens' Club Rede in der Villa Bonn, Frankfurt am Main, 11. März 2020

Unter den Gästen: IWC-Präsidentin Roseann Padua, Bürgermeister Uwe Becker, Katharina Höfer, Sabine Schmitt, Jury des IWC

Dear Roseann, I am overhelmed … simply overwhelmed …

Ich bin sehr geehrt durch diesen Preis und die vielen Worte – berührt, gerührt und dankbar – das möchte ich ausdrücklich sagen.

Ich bin überwältigt von dem, was hier heute geschehen ist – aber ich war bereits überwältigt, als Sie, liebe Frau Schmitt, mich eines Abends im letzten Jahr während einer Vorstandssitzung der IzS-Stiftung anriefen und vom Norgallpreis sprachen. Ich dachte, ich solle die Laudatio auf eine Preisträgerin halten, und fragte: „WER ist es denn?“ Dann sagten Sie: „SIE, die Preisträgerin sollen SIE sein!“ Ich musste mich erst mal setzen – ich – einen Preis! – Aber da hüpfte mein Vorstand bereits um mich herum und rief: ein Preis, ein Preis, wir bekommen einen Preis! Und das WIR stimmt auch: Alle Arbeit der IzS-Stiftung, deretwegen ich heute hier stehe, ist Teamarbeit. Ich danke stellvertretend für alle meine Mitstreiter und Mitstreiterinnen:

Vor allem den heute Anwesenden aus dem Vorstand, den Vorsitzenden Prof. Dr. Elisabeth Koch, Babo Graf Harrach, Dr. Katharina Stüber und Cornelia v. Wrangel! Aus dem Kuratorium Dr. Jürgen Krumnow, aus den Beiräten Marie Theres Deutsch! Ich nehme den Preis für mich an, aber im übergeordneten Sinn auch für Vorstand, Kuratorium und alle Beiräte der Ingrid zu Solms-Stiftung! Denn nur zusammen kann dieser ehrenamtliche Einsatz geleistet werden, der wirklich richtige Arbeit ist!

Es ist eben viel über mich gesagt worden. Sie, liebe Frau Schmitt (Sie, lieber Herr Becker) haben geschildert – an manchen Stellen habe ich mich gefragt: bin ich das wirklich? Mit neuen Ideen wird so manches Alte aus dem Bewusstsein verschoben. Aber irgendwie ist es wohl tatsächlich so geschehen.

Aber Sie geben mir den Preis hauptsächlich wohl für die Hauptschiene meiner aktuellen Tätigkeit: die IzS-Stiftung. Da will ich aus dem Nähkästchen plaudern! Diese Stiftung ist kein hehrer Entschluss gewesen, sie ist eigentlich durch einen Zufall entstanden – wie viele gute Dinge im Leben.

Mit den Jahren hatte auch ich bemerkt, dass nicht nur andere sterblich sind, außerdem, dass ich sicher kinderlos, aber hoffentlich nicht mittellos bleiben würde. Und dann fangen Gedanken ja so richtig an. Ich dachte und dachte. DRK, Waisenhaus oder doch lieber Tierheim? Zu dieser Zeit war ich Vorsitzende der Gruppe Frankfurt/Rhein-Main des DÄB.

Bei einer Tagung im selben Jahr sagte die amtierende Präsidentin des DÄB: Alles, was Ärztinnen brauchen, um anerkannter zu werden, ist ein Wissenschaftspreis für Ärztinnen. Ich saß in der letzten Reihe, und es machte klick – ich bin sofort nach der Sitzung zu ihr gegangen und habe gesagt, wenn Sie das ernst meinen, dann haben Sie den Preis.

Gesagt – getan. 1993/94 wurde die IzS-Stiftung gegründet mit einem Wissenschaftspreis für Grundlagenforschung für die Medizin in der Wertigkeit von Habilitationsschriften für Frauen, die für die Medizin arbeiten (also heute auch für Humanbiologinnen) oder medizinischen Psychotherapeutinnen zusammen mit dem Deutschen Ärztinnen-Bund.

Dieses funktionierte fünf JAHRE lang gut, aber dann nicht mehr! Das hing damit zusammen, dass eine neue Führungsriege im DÄB den Wissenschaftspreis auch den Frauenbeauftragten der Universitäten geben wollte, die für die ersten Quoten zuständig waren. Hier entstand Konfliktstoff, den es heute noch an vielen Stellen gibt!

Quoten waren nicht in unserem Sinn! Der Wissenschaftspreis ist mit Exzellenz, nicht aber mit Quote vereinbar – das passt einfach nicht. Wir trennten uns vom DÄB, sind seither eigenständig unterwegs. Wobei ich sagen möchte, dass ich heute Quoten in Firmen oder in der Politik etc. am Anfang für gerechtfertigt halte, um die Aufmerksamkeit z.B. der Personalchefs oder sonstiger Mächtiger auf Frauen zu lenken, an die sie sonst aus purer Gewohnheit und/oder aus männlichem *Hochmut* gar nicht denken würden. Wenn aber genügend Frauen etabliert sind, sie zum Alltag gehören – sollte die Quote abgeschafft werden – wer will denn schon ein Quotenmensch sein?

Gleichzeitig mit der Trennung haben wir 2007 die IzS um einen Natur-, Lebenswissenschaften- und Ingenieursbereich erweitert, also im Groben die Fächer zugefügt, in denen Frauen noch unterrepräsentiert sind. Hier werden exzellente Promotionsarbeiten ausgelobt, denn um diese Zeit, 2006, gab es nicht genügend Habilschriften von Frauen! Darüber hat Katharina Höfer bereits berichtet, besser als ich es könnte. Sie hat damit vielleicht auch einen Teil der Frage beantwortet, die wohl im Raum steht: WAS haben Frauen eigentlich von diesem Preis? Kurz gesagt: Öffentlichkeit, Ehre, Geld – und Hilfe? Wollen wir es näher beleuchten.

Unsere erste Preisträgerin 1995 war Babette Simon, später die erste erste Präsidentin einer Uni in Deutschland, nämlich *Oldenburg* (nicht Frankfurt!) und heute Vorsitzende unseres Kuratoriums.

Sie war es, die mir als Erste die Augen öffnete, als sie berichtete, dass sie nur durch den IzS-Preis durchsetzen konnte, einige Arbeiten an der Uni-Klinik Marburg übernehmen zu dürfen, die sie für eine

Oberarztstelle brauchte. Das waren Arbeiten, die ihr aber aus Konkurrenzgründen mit einem männlichen Kollegen von ihrem Chef versagt wurden. Als Preisträgerin durfte sie die Arbeit vornehmen. Das war damals der Alltag in der Wissenschaft – und er ist es heute noch.

Wenn es um gute Stellen, Macht und Geld geht, kämpfen Männer in der Wissenschaft mit harten Bandagen gegen Frauen, aber auch gegeneinander – das muss man ehrlicherweise sagen. Aber ich möchte fragen: Wird auch bei Männern so oft anonym darauf hingewiesen, dass eine Veröffentlichung zu gut ist, dass sie nie von dieser Frau geschrieben sein kann? Eine fast unglaubhafte Tatsache.

Aber erinnern wir uns: Was sagte Gerhard Schröder am Abend seiner verlorenen Wahl 2005? „Die Kirche muss im Dorf bleiben! Diese Frau meint doch nicht, Bundeskanzlerin werden zu können?"

Deswegen, meine Damen, haben wir auch von Anfang an etwas eingeführt, was es im Allgemeinen nicht gibt. Bewerberinnen brauchen kein Empfehlungsschreiben ihres Vorgesetzten vorzulegen. Sie werden von unserer hochkarätigen Jury absolut unabhängig beurteilt. Sie müssen also nicht das liebe Kind des Chefs sein … Me too gibt's auch nicht.

UND: Die Verwendung der Preissumme steht der Preisträgerin anheim, sie muss nicht in den großen Uni-Topf fließen. Sie wird ja für die ureigene Geistesarbeit verliehen. Eine ist sofort nach Afrika gereist. Es war ihr Traum. Und wir wollen ja Träume erfüllen! Aber: Unser Ziel war und ist es, Frauen auf dem steinigen Weg zur geistigen, kreativen Elite zu fördern – von oben nach noch weiter oben hochziehen – dorthin, wo auch für Männer die Luft dünn wird –, aber Frauen sich nicht nur gegen diese behaupten müssen, sondern auch noch gegen die Meinung vieler traditioneller Menschen!

Diese meinen immer noch, dass Frauen dort nicht wirklich hingehören, sondern Kinder haben sollen – d'accord –, diese aber vor allem auch selbst versorgen sollen … Hier sind wir anderer Meinung! Leider ist es so, dass die Frauen, die sich selbst nicht in der Lage sehen, Beruf und Familie unter einen Hut zu bekommen, denen, die leistungsfähiger sind, es gern vermiesen. „Rabenmutter“ heißt das ... Homo hominis lupus est – oder: Frauen sind auch nur Wölfe. Hier tut sich Gottseidank vieles, es wird zunehmend normal, sein Kind in die Kita zu geben, wenn man denn eine findet! Aus einem moralischen Problem wird dann ein politisches.

Uns ging es und geht es immer nur um den Beweis, dass Frauen in ihrem Kopf genauso viel Grips haben wie Männer und diesen genauso gut einbringen können wie Männer und zwar 30 Tage im Monat jeden Tag, auch die jüngeren Gebärfähigen! Und das können allein die geistigen Eliten der Frauen den geistigen Eliten der Männer beweisen.

Unsere Frauen haben im Übrigen Erfolg: Bis heute sind aus 13 Preisträgerinnen für Medizin vier Leiterinnen von Universitätskliniken und zwei Institutsleiterinnen in Deutschland hervorgegangen! Eine davon ist ähnlich Babette Simon 18 Jahre später zusätzlich Vizepräsidentin ihrer Universität geworden, nämlich Simone Fulda, Goethe Universität Frankfurt, Preisträgerin 2001! Drei unserer sieben Naturwissenschaftlerinnen sind später sehr renommierte Leibniz-Preisträgerinnen geworden. Große Freude!

Ich habe übrigens in den 90er Jahren viel Häme wegen des Wortes „Elite“ einstecken müssen! Während die übrige westliche Welt stolz auf ihre geistigen Eliten war, war in Deutschland das Wort verpönt und damit auch dessen Sinn. Die braune Vergangenheit lässt grüßen. Hitler war ja gegen Berufstätigkeit von Frauen, gegen das „Doppelverdienertum“. Das konnte leicht von links übernommen werden. Auch hier ist Gottseidank Normalität eingekehrt, wenn auch etwas verändert, heute heißt es Exzellenz-Cluster. Derselbe Wein in anderen Schläuchen.

Zurück zum Werdegang der Stiftung! Es kam die Erweiterung auf für Frauen in immer noch seltenen Berufsbildern, auf dem Kultursektor, dazu eine Kindersparte und eine für Menschenrechte.

Kultur ist ein relativ schwieriges Unterfangen, aber mit der renommierten Komponistin Isabel Mundry mit ihrer Oper „Ein Atemzug, Odyssee“ 2005, der Dirigentin Eun-Sun Kim, zukünftige Musical Director an der Oper L.A., und vielen anderen sind wir zumindest in der Sparte Musik sehr gut aufgestellt! Zuletzt hörten wir im Januar hier im Haus die großartige Cellistin Raphaela Gromes.

Unser Kinderprojekt ist durch Internats-Stipendien für hochbegabte Mädchen in der Hochleistungsschule Hansenberg in Geisenheim ein Renner: Hier fördern wir sozusagen unseren eigenen Nachwuchs und haben viel Spaß daran, deren sehr kreative Entwicklung einmal im Jahr bei der jeweiligen Weihnachtsfeier zu erleben.

Heute stehen die Menschenrechte meinem Herzen fast am nächsten. Ich freue mich sehr, dass wir Seyran Ates, die erste Imamin und Gründerin der Goethe Moschee in Berlin, und Düzen Tekkal, die sehr umtriebige Jesidin, in unseren Reihen haben. Die vorletzte Preisträgerin Lana Idriss aus 2016 hat ihren Preis wegen ihre Arbeit für die syrischen Frauen in jordanischen Flüchtlingslagern bekommen. Sie war damals von Beruf Vorstandsmitglied der BHF Bank, hat ihren Beruf tatsächlich aufgegeben und ist seit Kurzem als Geschäftsführerin von Amnesty International Deutschland in Berlin. Sie sagt, dass der Preis zur Entschlussbildung beigetragen habe. Ich habe mich selten über eine Nachricht so gefreut wie über diese!

Sie werden sich sicher fragen, warum ich das alles gemacht habe. Ich war ja auch noch berufstätig. Aber ich hatte ein ROLE MODEL: Meine Mutter. Ich bin selbst als spätes Einzelkind zweier Mediziner geboren, meine Mutter war selbständig in großer Praxis niedergelassen, also eine der wenigen Akademikerinnen ihrer Zeit, die sich durchgebissen hat, während mein Vater, als Chef einer Klinik, sie natürlich hätte ernähren können. Das war für sie ausgeschlossen. Dafür hatte sie nämlich die großen Schwierigkeiten des Studiums nicht auf sich genommen. Heute ist das Studium für Frauen viel leichter, sie geben

Von links nach rechts: Dr. Hannelore Daubert (Presse und Norgall-Team), Roseann Padula (President), Pilar Colino Boronat (Norgall Team), Dr. Katharina Höfer, Sabine Schmitt (1. Vizepräsidentin), IzS, Angelika Schaak (Norgall Team), Uwe Becker (Stadt Frankfurt), Dr. Mirjana Kotowski (Presse und Norgall-Team)

allerdings den weiteren Berufsweg nicht selten auch viel leichter auf! Vielleicht wertschätzt frau nicht, was frau leicht erreicht? Lieber einen Mann für sich arbeiten lassen? Das alte Rollenspiel zurück? Zu meiner Geburt hat meine Mutter drei Wochen pausiert. Als Tochter dieser Mutter hat die Berufstätigkeit für mich daher nie infrage gestanden.

Role models halte ich für wichtig, besonders für Frauen, die eher traditionell aufwachsen, um ihnen die Möglichkeit zu einem selbstbestimmteren, unabhängigeren Leben aufzuzeigen, vor allem mit eigenen Denkanstößen außerhalb familiärer Grenzen! Beides geht besser durch einen Beruf – der übrigens auch ein Korsett bei schwierigen emotionellen Herausforderungen sein kann. Wobei natürlich klar ist, dass kein Beruf nur Honigschlecken ist, sondern auch Stress und Ärger bedeutet – aber das traditionelle Leben birgt dieses auch!

Liebe Mitglieder des IWC: Wenn man eine solche Stiftung gründet, dann tut man es im Allgemeinen, weil man etwas erreichen will. Ich wollte etwas für die Wissenschaft tun, ich war damals keine Feministin, die eine Stiftung gegründet hat. Ich habe eine Stiftung gegründet und bin dadurch zur Feministin geworden! Durch die Schicksale, die ich gehört habe. Das ist traurige Wahrheit.

Bei einer solchen Gründung passiert es auch, dass man Fehler begeht, unverstanden bleibt, angegriffen wird. Ich dachte oft: Ist das, was ich tue, auch sinnvoll, ist es „richtig“, kommt es bei den Frauen an? Man steht manchmal im Nebel, kennt das Ziel – aber man sieht den Weg nicht mehr –, und dann kommt plötzlich ein erhellender Sonnenstrahl:

Der Norgall-Preis!

Ich danke Ihnen!

Frauen im Gespräch (FRiG)

Eine ungehaltene Rede zum Abschied nach sechs Jahren des Versuchs mit geflüchteten Frauen, besonders mit Musliminnen, ins Gespräch zu kommen.

In diesen verrückten Corona-Zeiten stellt sich früher als je erwartet heraus, dass wir unser Projekt hinterdenken sollten! Daher ist es meines Erachtens Zeit, einmal auf unsere Entwicklung zu schauen.

Im Jahr 2016 haben wir uns zusammengetan, um ein Projekt wieder aufleben zu lassen, welches aus den Jahren 1990–1992 stammte und damals sehr erfolgreich war. Damals hatten wir aus den Reihen des Zonta Clubs Bad-Soden-Kronberg, aber von diesem unabhängig, eine eigenständige Gruppe gegründet, mit der wir in die damals noch existierende DDR fuhren, um den Frauen dort zu berichten wie das Leben in Westdeutschland verläuft. Aus einer anfänglich kleinen, sehr vorsichtigen, eher ängstlichen Frauenschar sind die ersten drei recht selbstbewussten Zonta Clubs in Ostdeutschland entstanden – aus damaliger Sicht ein grandioser Erfolg.

Nach Beginn der Flüchtlingswelle 2015 aus den vorzugsweise arabischen, aber auch vorderasiatischen Staaten vor allem nach Deutschland, haben wir uns dieser Gruppe entsonnen und sie wieder aufleben lassen als einen nicht eingetragenen Verein gleichen Namens, nämlich FRiG: Frauen im Gespräch. Dieses Mal waren wieder einige Frauen aus der alten Riege des Zonta Clubs Bad-Soden-Kronberg dabei, außerdem andere Zontians, aber auch weitere Frauen, die aus Interesse an dem Thema mitmachen wollten. Insgesamt sind wir heute vierzehn Frauen mit geringer Fluktuation.

Laut der uns selbst gegebenen Satzung ist es unsere Aufgabe, mit Frauen aus anderen Kulturkreisen, vorzugsweise muslimischen,

Gespräche zu suchen. Wir wollen dabei weder missionieren noch therapieren, sondern ihnen unser Leben in diesem Land erklären, wie wir es uns in nunmehr mehreren Generationen erkämpft und erarbeitet haben. Es war deshalb weniger an die Aufarbeitung der Vergangenheit oder der Fluchtfolgen unserer ausländischen Gesprächspartnerinnen gedacht. Es sollte primär eine Hilfe des Einstiegs in diese durch die Flucht selbst gewählte „neue Heimat(?)“ sein. Wir haben zunächst Flyer über uns hergestellt, diese auch ins Arabische übersetzen lassen. Wir haben uns außerdem ins Arabisch übersetzte, comicartig aufbereitete Gesetzestexte vom Justizministerium besorgt, um deutsche Gesetzestexte leicht verständlich zu machen. Wir waren glücklich, eine Zeichnerin als vorübergehendes Mitglied gefunden zu haben, welche unsere Berufe und unsere Belange durch Zeichnungen auch den Frauen deutlich machen konnte, welche überhaupt keine Fremdsprachen beherrschten oder gar Analphabetinnen waren. Sie konnte auch die ersten Gespräche zeichnerisch begleiten – sehr hilfreich, wenn zwei Seiten keine gemeinsame Sprache sprechen und noch keine Übersetzungs-App zur Hand ist!

Nach den Vorarbeiten suchten wir Gesprächspartnerinnen von der anderen Seite, der der Flüchtlingsfrauen, von uns auch FF genannt. Dies war schwieriger als gedacht, denn wie kommt man an diese Frauen überhaupt heran? Der erste Ansprechpartner war ein Sozialverband in Frankfurt, welcher ein Flüchtlingsheim betrieb. Dort konnten wir über mehrere Monate recht gute Kontakte mit einigen Frauen aus Pakistan, Somalia und Syrien knüpfen. Dann wurde dieses Heim geschlossen, da der Verein es abgab, uns aber gern behalten wollte, denn wir wirkten angeblich imagehebend (gegenüber dem Magistrat der Stadt Frankfurt als Geldgeber?). Tiefere Interessen an unserer Integrationsarbeit gab es nicht. Es war eine ehrliche Aussage!

Dann wurden wir einer in eine Unterkunft umfunktionierten Schule mit 200 Flüchtlingen zugeteilt. Diese waren allein reisende Männer und Frauen sowie Familien mit Kindern, alle in einer großen Halle durch Vorhänge oder Schränke geteilt untergebracht. Dort ereilte uns das gleiche Schicksal wie zuvor, wir waren schnell wieder draußen. Wieder wurden gerade aufblühende Verbindungen gekappt. Tapfer zogen wir weiter, jetzt in ein richtiges, stabiles Flüchtlingsheim, zwei Frauen aus dem verlassenen Ort folgten uns gesprächsweise auch dorthin. Jetzt, so wurde versprochen, soll alles besser, geordnet und dauerhaft zugehen.

Die Ordnung bestand hauptsächlich daraus, dass jede von uns, die wir der Organisation seit circa einem Jahr bekannt waren, ein Führungszeugnis beibringen, jeden Aufenthalt vorher anmelden und später dokumentieren musste. Obwohl wir dies taten, wurden die Flüchtlingsfrauen aber von der Leitung des Hauses nicht ausreichend oder überhaupt nicht auf unseren Besuch hingewiesen, obwohl man es uns zusagte. Wir mussten an den Wohnungstüren der Flüchtlinge klopfen und sie zum Gespräch herbeibitten. Es bestand vonseiten der Heimleitung wieder kein wirkliches Interesse an unserer Aufbauarbeit.

Warum? Wir haben über die Gleichgültigkeit uns gegenüber zunächst gerätselt. Vielleicht ist die Antwort aber gar nicht so schwer: Es lag möglicherweise an der Leitung des Flüchtlingsheims. Hier war eine Gruppe von Menschen mit ausländischen Wurzeln angestellt, die seit Jahrzehnten in Deutschland lebten und teilweise auch die deutsche Staatsangehörigkeit besaßen – angeblich waren sie bestens integriert, was immer das heißen sollte! Natürlich lebten sie in der Vergangenheit in Deutschland in mehr oder weniger prekären Verhältnissen. Diese Anstellung, die sie wegen ihrer Sprachkenntnis und ihrer Kenntnis der Gepflogenheiten und Mentalitäten der Flüchtlinge, nicht aber wegen besonderer Qualitäten im Umgang mit Flüchtlingsgruppen bekamen, war für diese Menschen, zumeist Frauen, eine immense Chance! Sie sahen in uns Ehrenamtlichen eher eine Bedrohung als eine Hilfe. Sie wollten ihre Position absichern, indem sie uns abwerteten, am besten ausschalteten. An einer Integration der Flüchtlinge in unser Land hatten sie kein gesteigertes Interesse, auch keine Fähigkeiten, da diese Integration ihnen selbst nur teilweise gelungen war.

Nun wurden wir gebeten, weniger zu thematisieren, wie die Flüchtlingsfrauen sich in Deutschland einleben können, sondern wir sollten sie, als Fachfrauen (!), unterstützen, die Traumabewältigung von Flucht und Repressalien zu bearbeiten. Als ich in einem Vortrag über deutsche Frauen im Umgang mit deutschen Männern sagte: deutsche (!) Frauen seien keine Gebärmaschinen, erhielt ich Hausverbot! Ich hätte die Flüchtlingsfrauen diskriminiert, da ich behauptet hätte, sie wären Gebärmaschinen. Das stimmte natürlich nicht! Nach Rückfrage hatte sich auch keine einzige Flüchtlingsfrau beschwert, sondern nur das *Personal* des Betreibers! Es wurde kein echtes, klärendes Gesprächsangebot gemacht – einfach nichts. Nach einer internen Abstimmung haben wir FriG dann die Zusammenarbeit mit diesem Betreiber aufgegeben. Danach fanden wir noch zwei andere Betreiber, mit denen wir ohne solche Probleme arbeiten konnten.

Bis Februar 2020 sind wir also unterschiedlich unterwegs gewesen, dann kam Corona! *Hier* stehen wir jetzt, müssen zugeben, dass unser Ziel: „Integrationsarbeit für Flüchtlingsfrauen" insgesamt nicht erfolgreich war. Unter den Flüchtlingsfrauen fanden wir keine mit intellektuellen Interessen, unter den FriGs wenige, die sich nur mit Kinderfragen, Zoobesuchen und Nähproblemen etc. zufriedengeben konnten. Mein persönlicher Eindruck ist, dass anders als bei den später ankommenden Ukrainern bei diesen Flüchtlingen wenig Interesse an der Lebensweise ihres neuen Aufenthaltsortes, geschweige denn an unserer Kultur bestand. Gleichzeitig ist bei der deutschen Bevölkerung kein echter Wille vorhanden, die Flüchtlinge aus dem fremden Kulturgebiet an unserem Lebensstil teilhaben zu lassen. Oder haben Sie schon ein muslimisches Paar aus der Nachbarschaft zum Kaffeetrinken zu sich nach Hause eingeladen?

Beide Seiten fremdeln, Änderungswille ist beidseits nicht in Sicht. Das hat mich veranlasst, dieses Projekt zu verlassen, obwohl sich keine Nachfolge gefunden hat. Meines Erachtens müssen wir Probleme in Deutschland strandender Fremder realistisch angehen, nicht idealistisch aus der Mitleidperspektive. Echt verfolgte Asylanten sind immer willkommen, Wirtschaftsflüchtlinge nur, falls sie in unsere Arbeitswelt passen und solange sie bereit sind, unsere Kultur anzuerkennen und sich einzuordnen. Das muss gesetzlich verankert und klar durchgesetzt werden.

Nachlese

Warum habe ich dies alles getan? Warum habe ich an alledem gearbeitet, geredet, gegründet? Warum bin ich nicht zuhause geblieben und habe andere machen lassen?

Letztendlich weiß ich es nicht. ES in mir hat es gemacht: das Unbewusste! Oder: ein Konglomerat aus Genen, frühkindlicher Erziehung und vielen Erlebnissen, Aktionen und Reaktionen – also das Leben! Als Antwort auf das Leben bin ich über meine berufliche Tätigkeit zu Tätigkeiten in Frauenvereinen, welche sich um den Status der gebildeten Frau organisieren und danach in gesellschaftspolitisch aufgestellte Organisationen und in meine Stiftung geführt worden. Während ich anfangs hauptsächlich an der Sache des jeweiligen Vereins interessiert war, bin ich mit der Zeit immer interessierter an der Frage geworden, was die Vereinsarbeit für den Status der Frau bedeutet und damit feministischer geworden. Es stimmt sicher, was ich einmal beim IWC sagte: Ich wurde nicht als Feministin Stifterin, sondern als Stifterin Feministin.

Natürlich frage ich mich, was ist in der Zeit zwischen den Reden und dem heute eigentlich geschehen? Ist die Zeit über diese Reden längst hinweggegangen und hat sie uninteressant gemacht? Wenn ich ehrlich bin: JEIN! Natürlich sind die Alltagsthemen, Namen etc. absolut uninteressant geworden – interessant ist m.E. der eine oder andere historische Hinweis, an den man nicht mehr denkt, welcher aber hilft, einen Standpunkt zu finden, denn „Zukunft braucht Herkunft", also Vergangenheit. Interessant ist sicher das, was immer noch stockt, stagniert, obwohl es bereits vor circa 40 Jahren angesprochen wurde, und sich doch eigentlich schneller ändern müsste, besonders für Frauen. Hier fehlt es mir an Kampfesmut der Frauen – aber wo soll dieser nach Millionen von Jahren einer angepassten Unterdrückung der Frau unter den Mann herkommen?

Natürlich war vor der Zeitrechnung ein Überleben in Wildnis und Höhlen, in der Umgebung von Bären und anderen starken Tieren nur in engen Familien- und Klanhierarchien möglich. Der Bär konnte nur von mehreren Männern zusammen getötet werden, Frauen und Kinder waren nur für Hilfsarbeiten oder am Feuer gefragt. Nahrhafte Regionen mussten gegen fremde Klans verteidigt werden. Das ist unser evolutionäres Erbe! Damals war richtig, was heute falsch ist! Denn unsere Welt hat sich Gottseidank geändert! Unser Ziel kann nur Freiheit unter freiheitlichen Gesetzen für alle Menschen sein, auch für Frauen! Leider müssen viele von ihnen an Traditionen, wie zum Beispiel solchen in Familien oder Familienklans, festhalten, obwohl diese Traditionen fortschrittliches Denken, eine eigenständige Entwicklung verhindern. Zu viele müssen sich unter Zwang diesem beugen. Vor allem die, die ohne eine ausreichende Sozialversicherung leben müssen.

Am fassungslosesten macht mich, wie es möglich geworden ist, dass Dinge passieren, die man sich nach der Katastrophe von 1933–45 nicht mehr hat vorstellen können oder hat vorstellen wollen. Der Glaube, dass alle daraus gelernt haben, zeigt sich als falsch. Es kann der Gute nicht in Frieden leben, wenn es dem bösen Nachbarn nicht gefällt. Der Mensch ist weiter der Feind des Menschen und jeder ist sich selbst der Nächste. Diese uralten Spruchweisheiten gelten nach wie vor! Wandel durch Handel ist ein frommer Wunsch, der von der anderen Seite missbraucht wurde. Wie in uralten Zeiten müssen manche Menschen ihre Macht auf Kosten anderer zeigen, vor allem ausweiten. Es reicht offensichtlich einigen Menschen nicht, mit der Welt ihre Macht zum Besten aller zu teilen. Das darf in Zukunft nie wieder vergessen werden! Friede ist nur vollbewaffnet möglich! Eine bittere Lehre ... Leider hat ausgerechnet eine Frau hier versagt

Die Menschheit wird nicht klüger? Nein, und wenn doch, dann so langsam, dass Lebende es nicht bemerken können. Ein Schritt zu schnellerer Gangart wäre meines Erachtens, wenn man sich nicht immer wieder ängstlich an einem gefühlten Mainstream-Gedankengut gemeinsam festhalten würde, sondern angstfrei andere Meinungen anhören und darauf ruhig antworten würde. Wokeness und cancel culture sind gute Ansätze zu Diskussionen, nicht aber zu Verteufelungen und Anfeindungen Andersdenkender! Bleiben wir doch in diesem Fall alle christlich: In meines Vaters Haus sind viele Wohnungen. Miteinander reden, diskutieren! Das heißt gegensätzliche Meinungen austauschen, überzeugen, jedoch nicht um jeden Preis recht haben wollen! Andere nicht niederbrüllen, das wird in den Schulen nicht ausreichend gelehrt und später nicht geübt. Man fühlt sich nur im Mainstream, manchmal einer nur kleinen Gruppe wohl, will diesen durchsetzen und nicht demokratisch andere Meinungen tolerieren. Manchmal ist es auch umgekehrt, die Mehrheit will kleine Minderheiten nicht tolerieren. Toleranz wird als Tugend zwar anerkannt, als Monstranz vor sich hergetragen, aber vergessen, dass man sie nur gegenüber Andersdenkenden walten lassen kann!

Betreffs der Frauenfrage ist natürlich einiges geschehen. Aber das meiste ist nicht erreicht, immer noch nicht! Ungebildete finden Arbeitsplätze, falls sie echt suchen, aber skandalöserweise nicht zu gleichen finanziellen Konditionen wie ungebildete Männer. Von den Gebildeten ziehen sich zu viele in das Hausfrauenleben und Muttersein zurück und scheuen das Risiko eines selbständigen Lebens. Gilt es immer noch als „unfein", zu arbeiten? Die Töchter „aus gutem Haus" haben Abitur und Studium wie einfache Mädchen, wie können sie sich differenzieren? Sie müssen nicht arbeiten! Noch vor ein paar Tagen sagte mir eine Geschlechtsgenossin: „Na, es arbeitet doch keine, wenn sie nicht arbeiten muss, um zu leben!" Ich antwortete: „Gibt es keine Frauen, die arbeiten, weil sie darin einen Lebenssinn sehen? Arbeit ist sinnstiftend und bringt andere soziale Kontakte!" Es wurde beschwichtigend geantwortet: „Ja, natürlich, wenn es SPASS macht!" Ich: „Nein, auch wenn es gelegentlich gar keinen Spaß macht" – und bin immer noch erschüttert. Arbeit als Spaßfaktor? Eine andere klagt, dass der Staat sich nicht genug dafür einsetzt, dass Frauen Führungspositionen als Teilzeitjob bekommen, da sie ihre Kinder nicht nur abends erleben möchte. Staatliche Arbeitsregelung als Erlebnismanagement? Eine Generation verwöhnter, gebildeter Frauen, die nie Not oder Entbehrung gespürt haben, trumpfen auf und wollen den Staat für ihren Eigennutz benutzen? Sie wollen sich gar nicht an der Entwicklung einer Zukunft, ihrer eigenen (!) Zukunft beteiligen oder am Erarbeiten des Bruttosozialprodukts des Landes. Wenn die Kinder längst aus dem Haus sind, klagen sie über mangelnde Wiedereinstiegsmöglichkeiten in das Erwerbsleben – nicht selten lautstark über die Gefahr der Altersarmut von Frauen! Weniger gebildete Frauen sind auch in Deutschland wie in ganz Europa Arbeitsdruck ausgesetzt, ihnen muss allerdings nach 45-jähriger Arbeitszeit eine auskömmliche Rente sicherer sein als heute! Hier gibt es Nachholbedarf! Wie überhaupt darauf hingewiesen werden muss, dass sich weniger gebildete Frauen schlechter gegen Diskriminierungen helfen können und auch in Zukunft von den gebildeteren Frauen mitgenommen werden müssen.

Aber zu viele der gebildeten deutschen Frauen definieren sich weiter über einen Mann – oder über das Muttersein, ihre Kinder. Je mehr Geld es für Kinder gibt, umso mehr Kinder gibt es erstaunlicherweise auch in gebildeten Kreisen. Am wenigsten definieren diese Frauen sich über sich selbst. Lieber nehmen sie die Position ein, die in den meisten europäischen Ländern von gebildeten Frauen an Kitas/Kindermädchen/Erzieherinnen übergeben wird und dort nicht zum Nachteil der Kinder. Gleichzeitig könnte dies für Frauen eines geringeren Gebildetenstatus ein weiteres Jobangebot sein, zumindest in anderen Ländern! Muttersein ist definitiv die erste „Aufgabe“ der Frau, aber nicht das Ende ihrer Aufgaben! Besonders dann und dort nicht, wo es ausreichend Hilfen und Hilfseinrichtungen gibt! Kinder brauchen die Wärme der Mutter und ihren Halt – aber sicher nicht 24 Stunden am Tag …

Werden hier eigene Defizite abgearbeitet oder das Gegenteil: nämlich Wiederholungszwang ausgeübt? „Es soll dir nicht anders gehen als mir!“

So empfinde ich meine Schwestern immer noch in der zweitklassigen Rolle verhaftet, selbstredend besonders die älteren. Junge und sehr junge dagegen treten manchmal überheblich fordernd auf. Dies wird sehr gut dargestellt in dem Buch von Bettina Weiguny „Denn es ist unserer Zukunft“. Es lässt eine eigentlich nur an sich selbst denkende, um sich selbst besorgte Generation über Klimaschutz, Umweltverschmutzung und Rassendiskriminierung etc. zur Sprache kommen, interessanterweise fast nur junge Frauen. Sie erscheinen teilweise in sich selbst versunken, ja verliebt. Eine narzisstische Jugend macht den vorherigen Generationen Vorwürfe? Noch ist weltweit keine ruhige Gleichgewichtung der Geschlechter untereinander auf Augenhöhe eingetreten, jetzt tritt zusätzlich eine größere Entfremdung zwischen den Generationen ein! Das ist sehr beunruhigend. Die öffentliche Diskussion/Politik hat dieses Problem des Generationenkonflikts meines Erachtens noch nicht ausreichend auf dem Radar. Früher galt ein alter Mensch als weise und wurde geachtet, heute sollte er besser leise sein und verschwinden ... Das erscheint mir armselig. Altersdiskriminierung ist sicher kein Zeichen einer Hochkultur!

Es sollte selbstverständlich werden, dass alle Menschen, Männer wie Frauen, Alte wie Junge, für sich selbst durchsetzungsstark am vollen Leben teilhaben– wozu es auch eine gute Vernetzung braucht. Netzwerken heißt, sich austauschen, den Dialog suchen, um daran zu wachsen, auch mal Tipps geben. Hier haben Frauen Nachhohlbedarf! Aber wir sind auf dem Weg, wenn auch in verschiedener Gangart, und auf unterschiedlichen Wegen auf den verschiedenen Kontinenten. Ich bin mir aber sicher: Wir werden in einer Welt gleichberechtigter, wenn auch absolut ungleicher Menschen ankommen, die untereinander loyal, auch solidarisch sind. In wieviel 100 Jahren? Hoffentlich schneller!

Bis dahin ist meine kleine Stiftung wohl doch ein Asset! Der Gedanke, einen Teil der Menschheit, nämlich Frauen, nicht von unten anzuheben, sondern von Starken nach oben zu ziehen, erscheint mir heute sogar besser als bei der Gründung. Die intellektuellen, kulturellen Fähigkeiten von Frauen zu fördern, muss weiter umtreiben! Mich wird es, solange ich lebe, beschäftigen, gerade, weil ich Männer liebe! Sie dürfen nicht um einen Teil unserer besten Fähigkeiten betrogen werden!

Wenn du die Welt verändern willst, so versuche es, bevor du sie verlässt! Wer Zukunft gestalten will, muss heute beginnen.

Miteinander reden oder Reden halten erscheint mir dazu das beste Mittel!

Dankesworte

Last not least möchte ich vor allem einem Menschen herzlich danken: Es ist Gunnar Schanno, welcher den ursprünglichen Gedanken zur Veröffentlichung meiner Reden für die SSG hatte. Als es dann mehr Reden wurden, hat er selbstlos und unermüdlich betreffs der Auswahl dieser Reden mitgedacht, mitgearbeitet und gescannt. Er war mir die größte Hilfe. Aber auch Ortrun Lenz und ihrem Verlag sei für ihr Mitdenken, all ihre freundliche und zügige Hilfe von Herzen gedankt!

Max Kruse

Antworten aus der Zukunft

Max Kruse schreibt im Nachwort: "Dies sind Gedanken eines langen Lebens, das ich nicht beenden möchte, ohne sie ausgesprochen zu haben." Er versteht sein Buch als eine Art geistiges Testament. Es ist sowohl eine Bestandsaufnahme als auch eine Vision. Er hofft auf eine friedlichere Zukunft und weist einen Weg dorthin. Mit der Idee, wie es im Jahr 2251 auf der Erde aussehen könnte, bringt er den Leser in die wohltuende Distanz eines Beobachters und lässt ihn Antworten auf Fragen finden, die von Tag zu Tag drängender werden. Max Kruse ist der Autor vieler erfolgreicher, in zahlreiche Sprachen übersetzten Bücher, die von Funk, Fernsehen und als Kinofilme adaptiert wurden. Überarbeitete Neuauflage des im März 2007 unter dem Pseudonym Friedhelm Schenitz erschienenen Buches En(t)dzauberung – Herbst des Religionszeitalters. Der erste Leser schrieb: "Jedes Kapitel überzeugt ... Lob und Anerkennung ..." Pressestimmen: "... scharfsinnige Beurteilung ... nachdenklich und mit Substanz ..." (Neues Deutschland) "... brillant geschrieben ..." (Unitarische Blätter) "Man kann dieses Buch in einem Zug verschlingen – ich habe das getan –, man sollte aber auch ein zweites und drittes Mal zu ihm greifen. Es lohnt sich auf jeden Fall." (www.hpd.de)

243 Seiten | kart. | ISBN 978-3-933037-70-1 | € 19,90

Vallabh Patel

Du hast nur ein Leben für das Glück
Der beweisbare Sinn unseres Dasein

„Natürlich habe ich nur ein Leben, mag der rational veranlagte Leser jetzt denken. Manche glauben vielleicht an Wiedergeburt; für sie wäre der Buchtitel schon nicht mehr zutreffend. Andere glauben an ein Leben nach dem Tod und daran, dass das Glück nur im Jenseits zu finden ist, während die Erde ein Jammertal ist.“ Vallabh Patel

In diesem Buch geht es um den Sinn des Lebens, der das persönliche Glück, aber auch das der Welt beinhaltet, unabhängig von Herkunft und Religion. Es handelt von einer rationalen, beweisbaren Ethik, einer Philosophie für jedermann, im täglichen Leben. Ein klug und verständlich geschriebenes Buch, das keine philosophischen Kenntnisse voraussetzt. Hier geht es um eine praktische Lebenshaltung in einer Zeit weit verbreiteter Orientierungslosigkeit. Das Buch bietet dem Leser Stütze und Hilfe für fast alle Bereiche des Lebens.

332 Seiten | kart. | ISBN 978-3-943624-09-0 | € 19,90

Arnher E. Lenz (Hg.)

Die Wahrheit soll man nie fürchten!
Freigeistige Texte und Vorträge von Gerhard von Frankenberg

„Die großen Fortschritte der Naturwissenschaften werden, ob wir Menschen wollen oder nicht, unser Weltbild umgestalten. Viele religiös Gesinnte fürchten das, aber die Wahrheit soll man nie fürchten“, stellte Gerhard v. Frankenberg (1892–1969) fest. Die Beiträge des Biologen und Monisten zur Entwicklung des freigeistigen Denkens sind wertvoll und noch heute lesenswert. Den in moderner Zeit vielerorts aufblühenden Kreationismus beispielsweise widerlegte er schon in den 20er und 30er Jahren des vorigen Jahrhunderts.
Eingehend untersuchte er viele Gegenstände der Biologie und kam zu Schlüssen, die ihn zu einer Art Naturphilosophie brachten. Dennoch verstand er sich ebenso gut auf die menschlichen Stärken und Schwächen, die auszuleuchten ihm offenbar große Freude bereitet haben muss. Was seine Texte trotz aller kritischen Töne noch heute so liebenswert erscheinen lässt, ist seine große Toleranz gegenüber Andersdenkenden und sein Verständnis für alles Menschliche. Die Fähigkeit, große Zusammenhänge allgemein verständlich zu erläutern, machte Gerhard von Frankenberg zu einem gleichermaßen beliebten Redner wie Autor zahlreicher Zeitschriftenartikel und Bücher.
161 Seiten | kart. | ISBN 978-3-933037-60-2 | € 13,90

Liane Lüthy

Kopflos – Das Tagebuch der Trud von 1844

Hin- und hergerissen zwischen den Zwängen der üblichen Frauenrolle und dem Aufbegehren dagegen, zwischen Glauben und Zweifel, zwischen Halluzinationen und Wissensdurst, Schuldgefühlen und Liebe, sind der jungen Trud auch fromme Lügen recht, um bei aller Angst vor der eigenen Courage allein aufzubrechen – oder zu fliehen?
Das Journal einer Reise nach innen und außen.
360 Seiten | kart. | ISBN 978-3-943624-83-0 | € 24,90